JN309558

# アメリカ黒人女性とフェミニズム

## ベル・フックスの「私は女ではないの？」

世界人権問題叢書 73

ベル・フックス 著
大類久恵 監訳
柳沢圭子 訳



明石書店

AIN'T I A WOMAN
Black Women and Feminism
by
bell hooks

First published in the United States by South End Press,
7 Brookline Street 1, Cambridge, MA 02139-4146, USA.
www.southendpress.org

Copyright © 1981 Gloria Watkins

For rights contact: southend@southendpress.org

Japanese translation published by arrangement with South End Press
through The English Agency (Japan) Ltd.

私も昔は詩を書いていたのよ、
あなたの読書好きと作文好きは
私譲りね、と子ども時代の私に言っていた、
母、ローザ・ベルへ――

# 謝辞

八年前、この本を書くための下調べを始めたとき、「黒人女性とフェミニズム」や「人種差別とフェミニズム」が論じられることは稀であった。私がアメリカ合衆国の黒人女性の境遇に関心をもっていると知ると、友人も友人でない者も怪訝《けげん》な顔をしたり嘲《あざけ》ったりした。ある夕食会で起きた出来事をいまでも思い出せる。私が執筆中であった本書の話をしたところ、同席者の一人が大笑いしながら、息も絶え絶えに「黒人の女について、言うことなんてあるのかい！」と叫んだのである。ほかの人たちも一緒になって笑った。私の草稿にはすでに、黒人女性が無視されたり軽んじられたりしがちであると書いてあったが、この体験はそれを裏づけたわけである。

友人でパートナーのネイトには、執筆のほとんどの段階で手伝ってもらい、支えてもらった。私が図書館から帰宅し、黒人女性に関する本のあまりの少なさに憤りと失望を覚えていたとき、それなら自分で書けばいいと最初に提案してくれたのはネイトであった。本書の背景となる情報を調べてくれるなど、さまざまな形で助けてくれた。また、一九七三年から七四年にかけてバークリー電話局で一緒に働いた黒人女性の仕事仲間も、私を大いに励まし、執筆を応援してくれた。私はウィスコンシン州の大学院へ行くために電話局を辞め、以後は音信不通になってしまったが、みなさんのエネルギーや、黒人女性について語るべきことはたくさんあるという意識、そして「私」こそがそれを語れると信じてくれたことは、私にとって精神的な支えとなった。さらに出版の過程では、サウスエンドプレスのエレン・ハーマン氏に大変お世話になった。私たちの関係は政治的なものであった。二人とも、公私の垣根を越えようと努め、執筆者と出版者の交流を非人間的なものではなく、肯定的な経験にすることを目指した。

本書を母ローザ・ベル・ワトキンズに捧げる。母は私たち娘を尊重し、守り、勇気づけ、愛することによって、シスターフッド〔女性同士の連帯や親密な結びつき〕は女性に力を与えると教えてくれた。

◆本書は、bell hooks, *Ain't I a Woman: Black Women and Feminism*, South End Press, 1981 の全訳である。

◆訳者による注のうち、短いものは文中に〔　〕でくくって示し、長いものは＊印で示し巻末にまとめた。

◆他の文献からの引用箇所に既存の訳を引用している場合は、巻末の訳注にその邦訳書の書誌情報を記載した。

◆原文であえて差別的な意味合いを込めて、あるいは歴史的用語として〝Negro〟が使われている場合は「黒人《ニグロ》」という表現を使用した。引用文中にある〝Negro〟も同様である。

◆性役割の固定化を回避するために現在では使わないことが望ましいとされている職業の呼称などの用語のうち、一部を歴史的用語として使用している。また著者が負のニュアンスを込めて使っている言葉については差別的な訳語を採用した。

◆〝colored〟は「黒人」とした。

◆アメリカ合衆国は、「アメリカ」と略記する場合がある。

# 目次

# 序章

アメリカの歴史の中で、女性の社会的平等が叫ばれ、性差別が私たち女性の社会的地位に悪影響を与えている事実を認めろという声が上がったとき、アメリカ中の黒人女性が団結して、これに加わってもおかしくはなかった。しかし、私たちはおおむね沈黙を保った。この沈黙は、白人の女性解放運動家への単なる反発でもなければ、黒人男性との結束を示したものでもなかった。それは被抑圧者特有の沈黙であった。自分が置かれた境遇への諦念から生まれる、あの深い沈黙である。現代の黒人女性が女性の権利を求める闘いに加わらなかったのは、「女性であること」を重視しなかったからである。人種差別的・性差別的な社会化を受けたせいで、私たち黒人女性は女性であることの価値を低く見、人種だけが重要であると思わされてきた。言い換えれば、自分の一部を否定するように求められ、それに応じてしまった。だから女性運動が性差別による迫害の問題を提起したとき、私たち黒人女性は、人種差別というもっと厳しい現実を考えれば、性差別など取るに足りないと主張した。性差別が人種差別と同じくらいひどい迫害をもたらすことを認めたくなかった。自由になるには、人種的な迫害から解放されれば十分であるという希望にしがみついた。私たちは、服従することや、女性の劣等性を認めて、沈黙することを教え込まれた新世代の黒人女性であった。

十九世紀のアメリカの黒人女性は、私たちとは違っていた。彼女たちは、真の自由にはあらゆる女性の人権を剝ぎ取る社会秩序からの解放が必然的に含まれるが、それだけでは十分でないことに気づいていた。それで、人種平等を求める闘争と、女権拡張運動〔女性参政権運動〕の両方に参加したのであった。女権拡張運動への参加は、人種平等の闘争に差し障るのではないかという疑問が呈されると、黒人女性の社会的地位が少しでも向上すれば黒人全体にとってプラスになると反論した。アンナ・ジュリア・クーパー[*1]は一八九三年に開かれた世界女性代表者会議の演説で、黒人女性の地位について次のように述べている。

文明の成果は、すぐには得られませんし、三〇年〔奴隷解放宣言が発せられたのは一八六三年〕という短期間で正常に育まれるわけでもありません。何世代にもわたる長く苦しい成長が必要なのです。でも、黒人の女性の歴史は——まだ書かれてはいませんが——この国で最悪の迫害が行なわれた時代をも通じて、勇敢な闘いに満ちあふれています。それはほとんど勝ち目のない闘いであり、多くの場合、むごたらしい死で終わりました。闘いの目的は、女性にとって命よりも大切なものを維持し、守ることでした。娘の身柄の所有権を得て、娘を手元に置くという、母親として当然の権利を手にするための、つらく忍耐強い沈黙の闘い。あるいは罠にかかった雌トラのようにあがきながら、自らの尊厳を保とうとした絶望的な努力。これらは叙事詩の題材にもなるでしょう。この奔流では、流れをせき止めた人よりも沈んでしまった人の方が多かったのですが、それも驚くには当たらないのです。わが黒人女性たちの大半は歴史の主人公ではありません。もっとも、いかなる人種であっても、大半の女性が歴史の主人公になることなどありません。でも、これさえ知っていれば私には十分です。すなわちアメリカの最高裁判所にとってアフリカ系アメリカ人女性が単なる動産であり、責任能力も思考能力もなく、所有者の意のままに操られるだけに見えたとしても、本人たちは何ごとにも恥じることなく、女性としての理想を抱きつづけたという事実です。黒人女性の素朴な心の中には、そのような理想がふつふつと息づいていましたが、法廷でそれを聞いてもらうことはできませんでした。白人女性の場合、少なくとも自分を解放してほしいと嘆願することは可能でした。しかし、二重の意味で奴隷にされていた黒人女性は、ただ耐えて闘い、しかも沈黙しているしかなかったのです。

メアリ・チャーチ・テリル[*2]やソジャーナ・トゥルース[*3]、アンナ・クーパー、アマンダ・ベリー・スミス[*4]といった黒人女性たちは、アメリカ史上初めて、長年の沈黙を破って自分の経験を述べたり記録したりしはじめた。こうした黒人女性が特に強調したのは、「女性」としての自己であった。これによって、黒人女性が置かれた境遇は黒人男性とは異なるものになった。その違いがあらわになったのは、白人男性が全女性に選挙権を与えないまま、黒人男性への選挙権付与を支持したときである。ホレス・グリーリー[*5]とウェンデル・フィリップス[*6]はこれを「黒人《ニグロ》の好機」と呼んだが、実のところ、黒人の選挙権として論じられていたのは黒人男性の選挙権のことであった。白人男性は、黒人男性の選挙権を支持しつつ、白人女性による選挙権の要求を非難したことで、性差別の根深さを露呈させた。このとき白人男性の性差別は、人種差別を上回っていたのである。白人男性が黒人男性の選挙権を支持する以前、白人女性の活動家は、黒人の政治活動家と手を組めば選挙権を得ることが容易になると考えていた。しかし、自分たちに選挙権がないまま黒人男性が選挙権を得る可能性が見えてくると、黒人との政治的な結束など忘れ去られてしまった。白人の女権拡張論者は、白人としての結束を白人男性に迫り、黒人男性の選挙権に優先させるべきであると主張した。

　白人の女権拡張論者が抱いていた人種差別が表面化すると、黒人活動家とのもろい絆は崩壊した。エリザベス・ケイディ・スタントン[*7]は、一八六九年に『レヴォルーション』紙に載った「女性と黒人男性」という論説で、共和党が推す「成年男子選挙権」が黒人男性とすべての女性を敵対させるためのものであることを、示そうとした。しかし、両者の間にできた溝は埋められなかった。黒人男性の政治活動家の中には、女権拡張論者の主張に共鳴する人も多かったが、自分たちが選挙権を得る好機を逸するつもりはなかった。そのため、黒人女性は板挟みになった。女性の選挙権を支持することは、人種差別を大っぴらにした白人女性の活動家と手を組むことを意味した。しかし、黒人男性のみの選挙権を支持すれば、自分たちに政治的発言権を与えない家父長制的な社会秩序を是認することになる。急進派の黒人女性活動家は、黒人男性とすべての女性に選挙権を与えるよう要求した。この問題で誰よりもはっきり発言した黒人女性は、ソジャーナ・トゥルースであった。トゥルースは、女性の選挙権獲得を公然と支持し、女性が選挙権を得られなければ黒人女性は黒人男性に服従しなければならなくなると力説した。「黒人男性の選挙権獲得が大いに物議をかもしているのに、黒人女性の選挙権については一言も口にされていません。黒人男性が選挙権を得て、黒人女性が得られないならば、黒人男性が黒人女性の主人になってしまうでしょう。それではまるで奴隷制時代のようではありませんか」。トゥルースのよく知られたこの言葉は、性差別が人種差別と同じくらい黒人女性の自由を脅かす現実であることを、アメリカ人一般に気づかせた。しかし、白人女性と黒人女性の活動家が行なった抗議もむなしく、性差別が勝利し、黒人男性が選挙権を手にしたのであった。

奴隷制時代と再建期[*8]の大部分を通じて、黒人女性と黒人男性は解放を目指して同等に闘ったにもかかわらず、黒人男性の政治指導者は男性優位の価値観をもちつづけた。黒人男性はアメリカ社会のあらゆる領域で足場を固めていくに従い、黒人女性に従属的な役割を担うよう促した。十九世紀の黒人女性が知的・政治的な貢献で見せた革命精神は、徐々に抑制されていった。二十世紀になると、黒人の政治・社会問題において黒人女性が果たす役割は、決定的に変化した。この変化は、急進的な社会改革を目指すアメリカ女性の取り組みが、全般的に衰えたことを物語っていた。女権拡張運動が一九二〇年代に終結すると、黒人の女性解放論者は、もはや声を上げなくなった。女権拡張運動のかつての熱気は、戦争〔第一次世界大戦〕によって冷めていた。黒人女性は、黒人男性と同様に生き延びるために就ける仕事に就いたが、性差別の廃止を唱えはしなかった。二十世紀の黒人女性は性差別を避けがたい現実として受け入れるようになっていた。もし一九三〇年代と四〇年代の黒人女性に、自由を最も抑圧するものは何かと尋ねたら、性差別ではなく人種差別という答えがまず返ってきたであろう。

一九五〇年代に市民権運動が始まると、黒人女性と黒人男性は人種平等を求めて再び共闘した。しかし、国民の称賛は男性の指導者に向けられ、女性の活動家には向けられなかった。アメリカ社会一般の例に漏れず、黒人社会の中でも性差別を助長する性役割は当たり前になっており、最も尊敬される指導者が男性であることを、黒人はすんなりと受け入れていた。黒人活動家は、アメリカ文化の中で市民として認められることこそが黒人の解放であると考えていたので、アメリカ文化の価値体系そのものを拒絶するつもりはなかった。だから、家父長制の正当性を疑わなかったのである。六〇年代の黒人解放運動は、人種差別に抵抗する闘争としては初めて黒人女性と黒人男性の性役割を明確に打ち出した。黒人男性の活動家は、運動に参加する黒人女性に対して、性差別を助長する役割に従うよう公言してはばからなかった。黒人女性は従属的な立場を担うよう要求された。つまり家庭を守り革命の戦士を産むことが黒人女性の役割であると諭されたのであった。六〇年代の黒人の活動組織にはびこっていた性差別的な態度を、トニ・ケイド[*9]は「役割の問題について」で論じている。

男性が声明書を書いたり方針を決定したりする横で、女性陣が電話番やお茶くみの仕事に腹を立てる。そんな事態に、どの組織も一度は対処せざるをえなかったようである。お情けで女性に二、三の幹部職を割り振った組織もある。そうかと思えば、組織内に女性だけの小会派を作らせ、組織を分裂させないような活動に取り組ませたところもある。また、邪険な対応をしたために、女性が怒って組織を飛び出し、別の研究集会を結成した例もある。年月がたつうちに、事態はある意味で沈静化した。しかしどの組織からも、この問題にどのような立場をとっているかを冷静に分析する声が聞こえてこない。どこかの男性が決まって口にするのは、黒人男性が男らしさを取り戻せるように、黒人女性は忍耐強く協力しなければならないという言葉である。こうした輩《やから》は、女性らしさなどというものは、男性が男性らしさをどう規定するかによって変わるものであるとうそぶく。もっとも、無理やり意見を求められでもしない限り、男性が女性らしさについて論じること自体が稀である。いずれにせよ、こうしたたわごとばかりが語られつづけるのである。

黒人女性の活動家の中には、運動において補助的な役割を強いようとする黒人男性の企てに抵抗した人もいた。逆に、服従しろという要求に屈した人もいた。人種差別による迫害からすべての黒人を解放しようとして始まった運動が、黒人の家父長制を確立するための運動になってしまったのである。運動が黒人男性の利益を図ることに終始していたのであるから、黒人女性の社会的地位が、性差別と人種差別という二重の迫害によって脅かされていることに注意が払われなくても不思議ではない。黒人女性は脇役に回ってくれと頼まれた。そうすれば、黒人男性だけが注目を集められるからである。黒人女性が性差別と人種差別による二重の迫害に苦しんでいるのは、些細なことと見なされた。女性の苦しみがいかに壮絶でも、男性の苦痛をしのぐべくもないということであった。

近年の女性運動によって、黒人女性が二重の差別を強いられている事実が白日のもとにさらされた。しかし皮肉にも、白人のフェミニストは迫害の悪影響を論じるのではなく、黒人女性の経験を美化して描く傾向があった。黒人女性が差別されていると認めつつ、黒人女性の強さを強調すれば、

「黒人女性には、迫害の悪影響を回避できるだけの強さがある」とほのめかすことになる。しかし、現実はそのような状況にはない。一般に語られる黒人女性の「強さ」とは、迫害に耐えている黒人女性がどう見えるかであって、迫害に耐えられることと、迫害を克服することが同じではないという事実は見逃されている。忍耐強く差別に耐えることを、差別的な状況が改善されたことと取り違えてはならない。しかし、得てして混同されてしまう。黒人女性の経験を美化して描く傾向はフェミニスト運動から始まり、文化全体に反映された。「強い」黒人女性というお決まりのイメージは、もはや女性の人間性を無視するものとは見なされなくなり、むしろ黒人女性にとって新たな名誉にさえなった。女性運動が最高潮に達し、白人女性が自分たちは子産み機ではないし、つらい仕事に耐えるつもりも、性の対象にされるつもりもないと言明したとき、黒人女性は母親としての献身ぶりや、どんなにつらい仕事にも耐えうる「生来の」能力を褒めそやされ、性の対象としてはますます重宝がられた。どうやら私たち黒人女性は、白人女性が遺棄した役割を引き継ぐ役回りに満場一致で選ばれたようである。白人女性向けに、『ミズ』誌〔フェミニスト運動の流れを汲む雑誌〕が創刊され、私たち黒人女性には『エッセンス』誌〔内容はファッションが主〕が創刊された。白人女性向けには、性差別が生活に悪影響を及ぼすと論じる本が書かれ、私たち黒人女性向けには、女性解放運動から黒人女性が得るものは何もないと断じる本が書かれた。黒人女性の品格は、性差別からの解放とは無関係に、境遇に順応し、うまく対処する能力にこそ求められるというわけであった。私たち黒人女性もまず立ち上がることを求められたが、「善良なかわいい女性」であると賛辞を受けた後は、座って口を噤《つぐ》めと命じられたのである。性差別が――単独であれ、人種差別と連動した場合であれ――どのように作用して私たち黒人女性を抑圧するのかなど、誰もわざわざ論じたりしなかった。

黒人女性ほど、自己を殺すように社会化された集団は、アメリカにはほかにない。この文化の中で、私たち黒人女性が黒人男性と別個の集団であると認められることはめったにないし、「女性」という集団の一部と認められることもほとんどない。黒人について論じられるときは、性差別のせいで黒人女性の声がかき消され、女性について論じられるときは、人種差別のせいで、やはり黒人女性の声がかき消される。黒人について論じられるときは、たいてい黒人男性に、女性について論じられるときは、たいてい白人女性にスポットライトが当てられる。この傾向がどこよりもはっきり現れているのは、フェミニストによるの膨大な量の著作の中である。その好例がウィリアム・オニール著『誰もが勇敢であった』の中の一節である。ここでは、十九世紀に白人男性が黒人男性の選挙権を支持したときの、白人女性の反応を描写している。

黒人《ニグロ》の選挙権を支持し、女性の選挙権を支持しないという、これほどひどい侮辱を男性が自分たちに加えるなんて――この衝撃は、黒人男性への共感の限界を示すとともに、かつての味方同士の仲をさらに引き裂いた。

この文では性と人種の線引きが正確になされておらず、それが黒人女性の排除に一役買っている。「黒人《ニグロ》の選挙権を支持し、女性の選挙権を支持しないという、これほどひどい侮辱を男性が自分たちに加えるなんて」という一節のうち、男性という言葉は実際には白人男性だけを、黒人《ニグロ》という言葉は黒人男性だけを、女性という言葉は白人女性だけを指している。男性・黒人《ニグロ》・女性という言葉が具体的に何を指すのかは、都合のよいことに、明確にされていない。もしかしたら、これらの言葉が指すものの一部は、あえて削除されているのかもしれない。もうひとつの例はもっと新しく、歴史家バーバラ・バーグの『記憶された入口――アメリカのフェミニズムの起源』から抜き出したものである。バーグは次のような意見を述べている。

……女性は選挙権を求める闘いの中で、女権拡張運動《フェミニズム》の原理を無視するとともに傷つけた。世紀転換期におけるアメリカ社会の複雑さに引きずられて、参政権拡張論者は選挙権を要求する根拠を変えてしまったのである。

バーグが言う女性は白人女性に限定されるが、それがまったく記されていない。白人女性の経験のみを指していても「女性」という言葉を使う研究者の慣習は、アメリカ史が始まって以来、白人による人種帝国主義によって維持されてきた。しかし、このような慣習は、意識的にであれ無意識的にであれ、アメリカの非白人女性の存在を否定することになり、人種差別の持続につながる。そのうえ、性差別も持続させてしまう。なぜならこの言葉遣いは、白人女性が性別だけで自己を定義することを想定しており、白人という人種面でのアイデンティティを否定しているからである。白人の女性解放運動家はこの性差別的・人種差別的な慣習に異議を唱えなかった。それどころかむしろ、この慣習を継続させた。

白人の女性解放運動家が黒人女性の排除に荷担していることが最もはっきり示されたのは、「女性」と「黒人」とを類比したときであった。実際には、白人女性の社会的地位と黒人の社会的地位が比較されていたのである。白人のフェミニストは、この人種差別社会で大勢の人がするように、何の違和感も覚えることなく、「女性」と「黒人」を類比して「女性の問題」に関する本や記事を書くことができた。そもそも類比とは、本質的に異なるふたつの事物の間に類似性を見いだしてこそ成り立ちうる。それゆえ、白人女性が「黒人」と「女性」の間に重複、つまり黒人女性の存在を認めれば、類比は意味をなさなくなる。「女性」と「黒人」の類比を絶えず行なうことによって、白人女性は図らずも、「女性」を「白人女性」と、「黒人」を「黒人男性」と同義と見なしていることを露呈している。つまり、性差別による迫害をなくそうとする運動の言葉遣いに、黒人女性への性差別的・人種差別的な態度が存在するのである。アメリカ社会では、性差別的・人種差別的な態度は、男性の意識の中だけに存在するわけではない。それは私たちアメリカ人の考え方や在《あ》り方すべてに現れる。女性運動には、フェミニストの言葉を使いさえすれば、性差別的な考え方から逃れられるという思い込みが蔓延していた。さらに、自分を迫害される側に置いてしまえば、迫害者ではなくなるとも考えられていた。このような思い込みが足かせになって、白人のフェミニストが、黒人女性に対する自らの性差別的・人種差別的な態度を承認し克服することはきわめて難しくなった。シスターフッドや女性の結束といった概念に口先だけの敬意を払いはしたが、同時にいともたやすく黒人女性をそこから切り捨てることができた。

十九世紀に、黒人男性の選挙権と女性の選挙権をめぐる対立で黒人女性が板挟みになったように、現代の黒人女性もやはり難しい立場に追い込まれた。黒人男性の利益を図る黒人運動と、人種差別主義者の白人女性の利益を図る女性運動の、どちらかを選べと言われているように感じたのである。しかし、黒人女性はどちらの運動に対しても、軌道修正や黒人女性の利益の勘案を求めなかった。既存の運動に修正を求めるかわりに、圧倒的多数の黒人女性は、自分たちの利益を守ってくれそうに思われた、黒人の家父長制と手を組んだ。フェミニスト運動を選んだ黒人女性も多少はおり、女性の権利を支持するとあえて公言して批判にさらされた。ほかに、どっちつかずの黒人女性もいた。性差別主義者の黒人男性とも、人種差別主義者の白人女性とも手を組みたくなかったからである。

このように、黒人女性の利益を無視したふたつの運動に私たち黒人女性が一体となって抗議しなかったこと自体が、性差別的かつ人種差別的な社会化による洗脳を物語っていた。このような社会化のおかげで、私たち黒人女性は、自分たちの利益など闘ってまで追求するには値しないと感じ、自分たちにはほかの人の言葉に従う以外に道はないと信じ込まされてしまったのである。黒人女性は、正面を切って異議を申し立てたり、疑義をただしたり、批判することはしなかった。ただ反発しただけであった。多くの黒人女性が女性解放運動を「白人女性の愚行」と非難した。あるいは、白人女性の人種差別への反動でブラック・フェミニストの団体が作られたりもした。私たち黒人女性は、黒人男性が黒人としての男っぽさを売りものにするブラック・マッチョという概念を、胸の悪くなる不快きわまりないものとして非難したが、自身についてはいっさい語らなかった。黒人女性であること、つまり、性差別と人種差別による迫害の犠牲者であるとはどういうことかを、論じなかったのである。

黒人女性が自分の体験や、女性の社会的役割に対する見解、性差別の有害な影響などを説明しようとした試みのうち、トニ・ケイドが編纂した『黒人女性』という選集は、最も注目に値する。しかし、見るべきものは、それくらいであった。女性に関する文献の需要が高まったために、女性について書いてあればどのような本でも売れたし、少なくとも若干の注目は集めるようになった。特に、黒人女性に関する文献はそうであった。需要に応えて書かれた黒人女性関連の文献は、性差別的・人種差別的な思い込みを満載したものが大半であった。黒人女性を題材に選んだ黒人男性は、予想に違わず性差別的な文章を書いた。十九世紀の黒人女性の著作から素材を集めた選集も数多く出版されたが、このような選集はたいてい白人が編纂していた。オーストリア生まれの白人女性、ガーダ・ラーナーは『白人のアメリカに生きる黒人女性――記録資料による歴史』を編纂して、多額の研究助成金を得た。私は、この選集自体は重要な作品であると思う。ただ、私たちの社会では、白人女性が黒人女性を研究して助成金をもらう一方で、黒人女性が白人女性史研究のために資金をもらった例はひとつも見つからない。そこが重要なのである。黒人女性を題材にした選集の多くは学術界から出版されている。学術界では研究者を出版へと駆り立てる強迫観念にも似た圧力が常に働いている。こうした状況を考えると、研究者が黒人女性史への純粋な関心から選集を出版するのか、それとも黒人女性を扱った本が出版しやすいからこの題材を使って書いているだけなのか、首をひねりたくなる。すでに出版されたほかの本から黒人女性の著作を集めてきて選集にする――こうしたやり方があまりにも一般的になっているので、研究者は黒人女性を真剣に学術的な研究対象として扱うつもりがないのではないか、と訝《いぶか》ってしまう。こうした選集の序文には、しょっちゅう登場する記述がある。それは、黒人女性の社会的地位について論じる包括的な研究書は必要であるがまだ書かれていないというものである。では、一体なぜ誰もそういった本を書こうとしないのかと、私はよく考えた。書店で女性研究の書棚にある本のうち、黒人女性の経験について一人の著者が本にまとめた本格的研究といえば、いまもジョイス・ラドナーの『明日の明日』くらいしかない。時折、黒人女性が新聞や雑誌に人種差別や性差別についての記事や論文を書いてはいるが、性差別が黒人女性の社会的地位に及ぼす有害な影響について論じたものは、あまり見当たらない。ただし、アリス・ウォーカー[*10]やオードリー・ロード[*11]、バーバラ・スミス[*12]、セレスティン・ウェア[*13]といった黒人女性の著述家は、意欲的にフェミニストの理論的枠組みを取り入れてきた。

ミシェル・ウォレス[*14]が書いた『強き性、お前の名は』が出版されたとき、この本は黒人女性を題材にしたフェミニストの本の決定版としてもてはやされた。カバーには、グロリア・スタイネム[*15]による次のような言葉が引用されている。

ミシェル・ウォレスの著書は、七〇年代における『性の政治学』に匹敵するほど八〇年代において重要である。ウォレスは性別と人種の障壁を乗り越えて、アメリカで黒人女性として成人することが、政治的、個人的に何を意味するかを、すべての読者に理解させてくれる。

このような引用文は皮肉に見える。というのも、ウォレスは著作でまず黒人男性と白人女性を長々とこきおろして、その後でようやく黒人女性の社会的地位を論じているからである。奇妙なことに、ウォレスはフェミニストを自称しているにもかかわらず、性差別や性差別による迫害が黒人女性に与える有害な影響についてほとんど語っていないし、フェミニズムと黒人女性との直接的な関連についても論じていない。この本はウォレスの私生活の物語として読めば興味深いし、そこには黒人男性の活動家を突き動かす家父長制の衝動について、洞察力とウィットに富んだ分析が含まれている。しかし、フェミニストの著作としても、黒人女性に関する著作としても、この本は重要とは言えない。一人の黒人女性の物語としてのみ重要なのである。アメリカ社会では、一人の黒人の体験談や意見を聞きさえすれば、黒人について知るべきことはすべてわかると決めつけることがあまりにも多い。スタイネムも例外ではない。ウォレスの著書がケイト・ミレット[*16]の『性の政治学』に匹敵すると示唆したとき、スタイネムはやはりそのような偏狭で人種差別的な決めつけを行なった。ミレットの著書はアメリカにおける性の政治学を理論的・分析的に検討している。性役割の特性やその歴史的背景、家父長制の価値観が文献にいかに浸透しているかなどを網羅している。五〇〇ページ以上の大部で、自伝的な内容ではなく、いかにも学者の手になる本である。結局スタイネムは、こう考えているとしか思えない。すなわちアメリカ国民が黒人の性の政治学について知るためには、六〇年代の黒人運動の考察と、奴隷制時代の黒人女性の役割に対するおざなりな検討、そしてミシェル・ウォレスの身の上話を読みさえすれば十分であると。何も私は、ウォレスの著書の価値をおとしめたいわけではない。ただ、本の価値を適切に理解すべきであると思う。ふつう、フェミニズムとして分類される著作は、「女性の問題」の何らかの側面に焦点を絞って書かれている。

しかし、『強き性、お前の名は』の読者が最も興味を抱いたのは、黒人男性の性に関する著者の見解であり、それがこの本の主題でもあった。確かに、黒人女性奴隷が味わった経験や、そうした奴隷に特徴的であった無抵抗な性差別の受容についても、短い批評がなされてはいる。しかし、その部分はほとんど顧みられなかった。

女性運動がきっかけとなり、多くの女性が女性の問題に関する文章を書いたが、黒人女性の経験については批評眼のある深い分析は生まれなかった。ほとんどのフェミニストは黒人女性が直面している問題の原因は人種差別であって、性差別ではないと思い込んでいた。人種の問題は性別と切り離せる、あるいは性別の問題は人種と切り離せるという思い込みのせいで、「女性の」問題を扱うアメリカ人思想家や文筆家の目はすっかり曇ってしまった。そのため性差別や、性差別による迫害、そして社会における女性の立場に関する考察は、そのほとんどが偏ったものであったり、誤っていたりするのである。家父長制のもとで女性に割り当てられた役割を指摘するだけですべての女性が置かれている立場を説明できるわけではない。また、黒人女性が置かれている特有の立場は、人種の階層に目を向けるだけでは描ききれない。

私は女性運動に関わりはじめた当初から、人種と性別を別々の問題と見なす白人の女性解放運動家の主張に戸惑った。両者が一体不可分であることは、すでに自分の人生経験からわかっていた。この世に誕生した瞬間、黒人であり女性であるというふたつの要素が、私の運命を定めたのである。

七〇年代前半に、スタンフォード大学で白人女性が教える女性学のクラスに初めて入ったとき、授業では、黒人女性による著作や黒人女性をテーマとした著作が使われていなかった。私はその理由を、担当教授が人種差別社会の白人として、黒人女性の存在を無視することに慣らされているせいであると考えた。教授が女性に生まれついたからであるとは考えなかった。同じ頃、私はフェミニズムを支持しようとする黒人女性がとても少ないという懸念を、白人のフェミニストに伝えていた。それに対して返ってきた答えは、黒人女性はすでに人種差別を廃止するために闘っているのであるから、フェミニストの闘争に加わろうとしないのも理解できるというものであった。当の黒人女性たちにフェミニストとして積極的に活動するよう勧めても、私たちは「ウーマンリブの闘士」になるべきではない、なぜなら私たちの生活における迫害の要因は人種差別であって、性差別ではないからであると反論された。どちらの集団に対しても、私は自分の信念を表明した。人種差別廃止の闘いと性差別廃止の闘いは必然的に絡み合っており、両者を切り離せば私たちが存在するという基本的な真理を否定することになる。人種と性別はいずれも、変えることのできない私たちのありようである、と言ったのである。

本書のための下調べを始めたとき、私の最大の目的は、性差別が黒人女性の社会的地位に与えている有害な影響を実証することであった。黒人女性は性差別による迫害の犠牲者ではなく、解放など必要ないという、フェミニストに反対する声高な主張に対して、反駁するための具体的な証拠を挙げたかったのである。作業を進めるうちにわかってきたのは、人種差別と性差別の双方が人間集団にいかに作用するかをフェミニストの視点から検討しない限り、黒人女性の経験も、私たちと社会全体との関係も、完全には理解できないということであった。こうして本書では以下の五点を検討することになった。すなわち、奴隷制時代に性差別が黒人女性に与えた有害な影響、黒人女性であることの価値をおとしめる動き、黒人男性の性差別、近年のフェミニスト運動がはらむ人種差別、黒人女性とフェミニズムとの関わりであり、それぞれを各章で検討する。本書では十九世紀のアメリカで始まった黒人女性の経験をめぐる対話を、さらに進展させるつもりである。黒人女性の性質についての人種差別的・性差別的な思い込みから脱し、私たち黒人女性の実態をとらえることを目指している。本書では焦点を黒人女性に合わせているが、私たちの解放闘争は、あらゆる人々の解放を基軸にすえたフェミニスト運動の中で闘われてこそ、意義をもつのである。

# 第一章　性差別と黒人女性奴隷の経験

黒人女性奴隷が味わった経験を振り返ってみると、黒人女性の生活の中で、性差別は人種差別に劣らぬほど大きな迫害の要因であったことがわかる。制度化された性差別、つまり家父長制は、人種帝国主義とともに、アメリカの社会構造の基盤をなしていた。性差別は白人植民者がヨーロッパの祖国からもち込んだ社会秩序や政治体制に欠かせない要素で、黒人女性奴隷の運命にきわめて有害な影響をもたらした。奴隷貿易の初期段階には、労働力の輸入に主眼が置かれていたため、黒人男性が重要視された。黒人女性奴隷は黒人男性奴隷ほど価値を認められておらず、概して男性奴隷の方が値段が高かった。アメリカの植民地では働き手が不足し、黒人女性の数が比較的少なかった。そのため、一部の白人男性のプランター〔プランテーションの所有・経営者〕は、新たに働き手を生み出す手段として、移民の白人女性を説得したり強要したりして黒人男性奴隷と性的関係をもたせた。メリーランド植民地では一六六四年に、人種の混交を禁じる最初の法律が可決されている。この法律の目的は、白人女性と黒人男性奴隷の性的関係を抑制することにあった。法律の前文には次のような文章が含まれている。

> 誰であれ、奴隷と異人種間結婚をする自由人の女性はみな、今議会の最終日以降、夫の存命中はその奴隷の主人に仕えるものとする。また、そのような結婚をしたかかる自由人の女性の子はみな、その父親と同じように奴隷になるものとする。

当時の事例として最もよく知られているのは、アイルランド人のネルの一件である。ネルはボルティモア卿[*1]が南部のプランターに売った年期奉公人で、そのプランターからバトラーという黒人男性との結婚を勧められた。この話を耳にしたボルティモア卿は、白人女性が自らの選択で、または強要されて、実際に黒人男性奴隷と性的関係をもっていることに衝撃を受け、この法律を無効にした。新たな法律では、白人女性と黒人男性の間に生まれた子どもは自由人になると規定された。このように法を曲げてまで、黒人男性と白人女性の異人種間関係を阻もうとした白人男性側の努力は功を奏したが、今度は黒人女性奴隷が新たな立場に置かれることになった。プランターが、黒人奴隷の女性に子を産ませれば儲かることに気づいたからである。奴隷を海外から輸入することに対して激しい非難が浴びせられるようになると、奴隷を繁殖させることはより重要になった。白人女性と黒人男性の間に生まれた子どもと違い、黒人女性奴隷の子どもは、父親の人種が何であれ、法律上は奴隷となり、母親奴隷を所有している者の財産となる。こうして黒人女性奴隷の市場価値が高まるにつれ、大勢の女性奴隷が白人の奴隷商人に盗まれたり買われたりするようになった。

十八世紀と十九世紀にアフリカ文化を観察した白人男性は、アフリカ人男性がアフリカ人女性を服従させるやり方に愕然とした。女性を劣位に置き、かつ共同体の労働力としては積極的に活用するという特徴をもつ家父長制的な社会秩序に、白人男性は慣れていなかったのである。十九世紀の黒人宣教師、アマンダ・ベリー・スミス〔序章の訳注4を参照〕はアフリカの共同体を訪れ、アフリカ人女性の状況について次のように報告している。

アフリカの哀れな女性たちは、インドの女性と同様、ひどい目に遭っている。通常、こうした地域の女性たちはいろいろな重労働をこなさなければならない。木を切って運び、水を頭に載せて運搬し、イネを植え付ける。これらはすべて女性の仕事である。成人男性と少年は、女性の助けを借りて低木を伐採し焼き払う。しかし、イネやキャッサバ[*2]の植え付けは女性が行なうのである。

一人の大男が短剣だけを持って前を歩き（男性はいつも短剣か槍を持ち歩く）、後ろからついてくる女性、つまりこの男性の妻が、背中に大きな子どもをおぶって、頭に荷物を載せている——そんな光景がよく見られる。

たとえ女性がどれほど疲れていようと、その女性の主人は、夕食を作ってもらうにもかかわらず、調理に必要な水を瓶に入れて持ってくるとか、米を脱穀するなどとは思いも寄らない。そういった仕事は女性がやらなければならないのである。

•

アフリカ社会の伝統によって目上の者に対する服従を身につけたアフリカ人女性は、白人男性の奴隷商人からすれば、奴隷には打ってつけに見えたであろう。アメリカの植民地では鍬《くわ》を使った農耕の担い手が求められていたから、きつい野良仕事とさまざまな家事をすることに慣れたアフリカ人女性は、アメリカの農園で重宝すると考えられた。新世界行きの初期の奴隷船にはアフリカ人女性はほんのわずかしか乗っていなかったが、奴隷貿易の最盛期には、ほとんどの船の「積み荷」の三分の一を女性が占めるようになった。アフリカ人女性は抵抗することに長けていなかったため、たびたび白人男性の奴隷商人に狙われた。奴隷商人はまた、王の娘など、部族にとって重要な女性を捕らえてアフリカ人男性をおびき出すこともあった。そのほか、部族の掟を破った罰で、奴隷として売られる女性もいた。密通のかどで奴隷として売られることもあった。

白人男性である奴隷商人はアフリカ人女性を危険視しなかったため、奴隷船内では黒人男性の身柄は互いに鎖でつないで拘束したが、黒人女性には手かせや足かせをはめないことが多かった。奴隷商人は、奴隷にしたアフリカ人男性に対しては危険を感じたが、アフリカ人女性には恐怖を一切抱いていなかったわけである。アフリカ人男性を鎖でつないだのは、暴動を防ぐためであった。白人の奴隷商人はアフリカ人男性の抵抗と報復を恐れ、船内では黒人男性奴隷と、なるべく距離を置くようにした。しかし、黒人女性奴隷に対しては絶対的権力を気兼ねなく振るえた。手痛い報復を恐れることなく、残忍な仕打ちを加えて食いものにできたからである。甲板を自由に動き回る黒人女性奴隷は、虐待したくてうずうずしていた白人男性にとって、格好の餌食であった。乗船する奴隷はみな、初めに熱い焼きごてで焼き印を押される。痛みで叫んだり、抵抗するアフリカ人を打ちすえるために、奴隷商人は九本のひもの付いた鞭を使った。女性は、泣くと激しく鞭打たれた。服を脱がされ、全身をくまなく打ちすえられた。奴隷輸送の恐怖を経験したアフリカ人夫婦、ルース・ウェルドンとジェイコブ・ウェルドンは、目の当たりにした光景を次のように語っている。「胸に赤ん坊を抱えた母親たちが、卑しい焼き印とやけどの痕を付けられていました。神々はこのような仕打ちをした悪魔のごとき輩に十分見合った天罰を下すのではないか、と思えるほどでした」。焼き印を押された後、奴隷は全員、服をすべて脱がされた。裸でいるとアフリカ人女性は、自分が性的攻撃を受けやすい状態にあることを常に思い知らされた。扱いにくい黒人女性を従わせる拷問として、強姦は奴隷商人の常套手段であった。身体的暴力の脅しを受けて、アフリカから引き離された女性は怖気づいた。奴隷貿易の観察者であるロバート・シャフェルトは、奴隷船内での強姦の横行ぶりを記録している。「当時、こちらの岸に降り立つ黒人女《ニグロ》の中には、その女性を連れてきた鬼畜のような乗組員によって、すでに妊娠させられている者が多かった」

捕らえられたり買われたりする前に、すでに妊娠していたアフリカ人女性も少なくなかった。そうした女性は食事面での配慮もなく、運動もできない状態で、妊娠期間を過ごさざるをえなかった。また、出産時も手助けを得られなかった。アフリカの社会では、妊娠中はかいがいしく世話を焼かれるのが当たり前であったので、奴隷船内の出産環境の劣悪さは体にこたえるだけでなく、気力までをも奪った。記録によると、アメリカの奴隷船ポンガス号には二五〇人の女性が乗せられ、なかには少なからぬ妊婦も含まれていたが、全員が約五メートル四方の部屋に押し込められたという。妊娠初期を生き延びた女性は、灼熱の太陽に照りつけられるか、寒さに凍えながら、船内で出産した。分娩中に亡くなった黒人女性や、死産であった子どもの総数は永遠に判明することはないであろう。船内で子どもを連れていた黒人女性は、乗組員から嘲られ、軽蔑的な扱いを受けた。母親の苦しむ顔を見るために、奴隷商人が子どもにむごい仕打ちをすることも珍しくなかった。ウェルドン夫妻は、奴隷船内での個人的な体験として生後九ヵ月の赤ん坊がものを食べようとしなかったために、絶えず叩かれていたことを詳しく述べている。叩いても効果がないとわかると、船長は赤ん坊を鍋の中の煮え湯に足から入れるよう命じた。似たような拷問を試しても赤ん坊がどうしても食べようとしないので、とうとう船長は赤ん坊を床に落として死なせてしまった。そのうえ、この残虐な行為だけでは飽き足りず、今度は母親に赤ん坊の遺体を海に投げ捨てろと命令した。母親は拒否したが、命令に従うまで打ちすえられた。

アフリカ人の女性と男性は奴隷船内で悲惨な体験を味わったが、これはアフリカの自由人を奴隷に変える過程のほんの序章でしかなかった。奴隷商人に課せられた重要な仕事は、奴隷船内のアフリカ人を、アメリカの植民地で売りさばけるように「従順な」奴隷に仕立て上げることであった。アフリカ人の誇り高く傲慢で自立した精神を破壊して、白人の植民者が思い描く奴隷らしい態度を身につけさせなければならなかった。アフリカ人を奴隷市場に出す前に欠かせなかったのは、アフリカ人の尊厳を打ち砕き、名前と地位を剥奪し、共通の言語を話す集団を散り散りにして、アフリカの伝統をひとつ残らず剝ぎ取ることであった。アフリカ人の女性と男性から人間性を奪うために、奴隷商人はさまざまな拷問と罰を加えた。悲しい歌を歌ったという理由で奴隷はひどく鞭打たれた。まわりで見ている奴隷たちを震え上がらせるため、奴隷商人は必要とあらば誰か一人を殺すことも辞さなかった。このような威嚇により、アフリカ人は自分が自由人であるという意識を封印して、無理やり奴隷として自覚させられた。奴隷商人が書いた航海日誌によると、彼らが極端なほど残忍な態度をとったのは、奴隷船内のアフリカ人を「飼いならす」ためであったという。残虐行為と威嚇の矢面に立ったのは、アフリカ人女性であった。女性の方が痛めつけやすいからという理由のほかに、黒人男性に比べて女性は白人家族の近くで働く可能性が高かったからでもある。奴隷商人は、黒人女性を料理人や乳母や家政婦として売りものになると見なしていた。そのため、黒人女性を腹の底から怯えさせて、白人の主人や女主人、子どもたちの意思におとなしく従うようにしておくことが重要であった。商品として売り込むには、家族に毒を盛ったり、子どもを殺したり、家に放火するような反抗的な使用人ではないことを保証しなければならなかった。奴隷商人としては、奴隷をいかに飼いならしたかを請け合うしかなかったのである。アフリカからアメリカへの航海はあまりに過酷であったため、耐えがたい状況下でも生きる意思を失わない人だけが生き残れた。アメリカの海岸でアフリカ人奴隷が下船する姿を見た白人は、奴隷が幸せそうに見えたと記している。それをキリスト教の土地に着いた奴隷の喜びであると解釈した。しかし、奴隷たちはただ安堵していたにすぎなかった。アメリカの植民地で待ち受けている運命が何であれ、奴隷船内の経験ほどひどいはずはないと思っていたのである。

従来、研究者は奴隷制が黒人男性の意識に及ぼした影響を強調して、黒人女性よりも男性の方こそ奴隷制の「真の」犠牲者であると主張してきた。性差別に毒された歴史家や社会学者は、奴隷制が黒人に与えた最も残酷で非人間的な影響は、黒人男性の男らしさを奪ったことであるという見方を、アメリカ国民に植え付けた。男らしさの喪失が黒人家族の解体と崩壊をもたらしたというのである。さらに研究者は、黒人男性に伝統的な家父長の役割を担わせないことで、白人男性は黒人男性を事実上去勢し、女性のような状態に置いたとも言っている。女性同然に扱われることは、男性にとって最悪の事態であるというわけである。黒人男性が単に家父長になれなかったために人間性を奪われたとするならば、黒人男性の自己肯定には、黒人女性を服従させることが不可欠であったということになる。このような考えは、性差別的な社会秩序を助長するだけであった。奴隷にされた黒人男性は、アフリカでの社会的立場を特徴づけていた家父長の地位を奪われたが、男らしさを奪われたわけではなかった。比喩的な意味で「去勢された」と盛んに言われるが、アメリカの奴隷制時代を通じて、黒人男性は社会で定義されている男性的な役割らしきものを多少は維持できた。現代と同じく植民地時代にも、男らしさは、強さや精力、活力、高い身体的能力といった特質を意味した。白人の奴隷商人は、まさにこのアフリカ人男性の「男らしさ」で金儲けをした。若く屈強で健康なアフリカ人男性こそ、奴隷商人にとって最良質の商品であった。剛健なアフリカ人男性を「労働力として」売り込めば、投資に対する最大の見返りが期待できたからである。黒人男性奴隷の大多数に課せられた仕事を見れば、白人が黒人男性の「男らしさ」を認めていたことは明らかである。伝統的に女性だけが担ってきた役割が、大勢の黒人奴隷の男性に押しつけられたという記述は、どの歴史記録にも見当たらない。逆に、「女性の」仕事であるという理由で、奴隷にされたアフリカ人男性がやろうとしない仕事はたくさんあったという。もし白人女性と白人男性が黒人の男らしさを本当に破壊したいと考えていたなら、奴隷船にいたすべての黒人男性を実際に去勢することもできたであろう。あるいは、黒人男性に「女っぽい」服装をさせたり、いわゆる「女の」仕事をさせることもできたはずである。白人の奴隷主は、黒人男性の扱いについてどっちつかずの態度をとった。つまり黒人男性の男らしさを利用しながらも、その男らしさに限度を設けたのである。なかには所有者や暴徒によって実際に去勢された黒人男性もいたが、それはたいてい、ほかの男性奴隷が白人の権威に逆らわないようにする見せしめであった。たとえ黒人男性奴隷が、黒人女性奴隷に対する家父長の地位を完全に維持できたとしても、奴隷生活の耐えがたさや残忍さ、非人間的な側面は変わらなかったであろう。

奴隷制時代の黒人男性への迫害は、男らしさの剝奪として語られてきた。他方、奴隷制時代の黒人女性への迫害は、学術界から一顧だにされてこなかった。どちらの根底にも、性差別的な想定がある。すなわち男性の経験は女性の経験より重要であり、なかでも、男性が家父長らしく自己を主張できることが最も重要であるという想定である。研究者が奴隷制時代に黒人女性が被った迫害を論じようとしてこなかったのは、性差別と人種差別による迫害が黒人女性の社会的地位に与えた悪影響を、真剣に検討するつもりがないからである。残念ながら、研究者は興味と共感の欠如から、故意に黒人女性奴隷の経験を軽視している。奴隷にされた黒人男性が被った苦痛を過小評価するつもりはないが、性差別と人種差別という二重の迫害が、黒人女性にいっそう耐えがたい苦しみを与えたことは明らかである。男性奴隷と女性奴隷は、仕事において最もはっきり区別された。黒人男性奴隷は、主に農業労働者として働かされた。一方、黒人女性は農業のほかに、家事労働者や子どもの産み手、そして白人男性の性的暴行の対象として利用された。

植民地時代のアメリカ社会で「女性的」と見なされた役割を、黒人男性が担わされることはなかったが、黒人女性の方は「男性的」な役割を担わされた。黒人女性は黒人男性と一緒に野良仕事をしたが、奉公人として白人の家庭内で黒人女性とともに働いた黒人男性は、ほとんどいなかった（執事の存在は例外と言えるが、それでも執事の地位の方が女性奉公人より上であった）。したがって、男らしさの剥奪ではなく、黒人女性の男性化という観点から、奴隷制時代の性差別・人種差別による迫害を研究した方がはるかに当を得ている。植民地時代のアメリカ社会では、特権階級の白人女性が野良仕事をすることはまずなかった。白人女性の年期奉公人が、悪さをした罰として野良仕事をさせられることは時折あったが、それも一般的な慣習ではなかった。植民地時代のアメリカ白人にとって、野良仕事をする女性は卑しく堕落した者に限られていた。それゆえ、何らかの事情で野良仕事をせざるをえなくなった白人女性はみな、「女性」の名に値しないと見なされた。奴隷にされたアフリカ人女性は、アフリカの共同体では野良仕事をしていた。野良仕事は女性の仕事であった。しかしアメリカに連行されたアフリカ人女性は、すぐに自分が白人男性の奴隷商人から男性の「代用品」と見なされていることに気づいた。

女性奴隷が相当数いるプランテーションならどこでも、黒人女性は黒人男性と同じだけの仕事をこなした。鋤《すき》で畑を耕し、作物を植え付け、収穫したのである。プランテーションによっては、黒人男性より黒人女性の方が長時間働いた。白人プランターの間では、黒人男性より黒人女性の方がよく働くというのが定説であったが、黒人奴隷頭やプランテーション監督に昇格できるのは男性奴隷に限られていた。アフリカでは野良仕事を女性が担うのは当たり前であったので、黒人女性奴隷は植民地でも農作業に難なく順応した。一方、アフリカ人男性は農作業に不慣れだったうえに、野良仕事の大部分を「女性的」と見なし、そうした仕事を強いられることに怒りを覚えることが多かった。綿を主要商品作物とする地域では、収穫時に黒人女性の働きが大いに必要とされた。成熟した綿をつむ作業は、黒人女性も黒人男性も行なったが、綿の殻を除く仕事には、黒人女性の華奢な指の方が適していると考えられていたのである。白人のプランテーション監督は黒人女性に、黒人男性と同程度かそれ以上の労働を求めた。仕事のノルマを達成できなかった黒人女性には罰が与えられた。黒人奴隷頭やプランテーション監督の座に男性だけをつけた点では、白人男性は女性奴隷を差別したと言えるが、罰に関しては男女の区別などしなかった。女性奴隷も男性奴隷と同じくらい激しく打ちすえられた。プランテーションで黒人女性が裸にされ、杭に縛りつけられて、硬いノコギリや棍棒で叩かれる光景がよく見られたという記録が残されている。[*3]

大規模なプランテーションでは、すべての黒人女性が野良仕事をしたわけではない。黒人女性は子守りや料理もしたし、裁縫、洗濯を含めて家事全般を担った。一般に、黒人奴隷が白人の家の中で働いていた場合、ただそれだけで好遇を受けていたと考えられがちである。しかし、奴隷の個人的な体験談は必ずしもそれを裏づけてはいない。確かに、家内奴隷には野良仕事に付きものの肉体的なつらさはそれほどなかったが、人使いが荒い女主人や主人としじゅう顔を合わせていたので、残酷な仕打ちや拷問を際限なく加えられる可能性が高かった。白人の女主人の間近で働く黒人女性は、些細な規則違反で虐待を受けることがよくあった。アラバマの元奴隷、マンゴー・ホワイトは自分の母親に課せられた仕事を次のように振り返っている。

母の仕事は、どんな人でもひとりでこなすにはきつすぎました。ホワイト氏の娘の世話をして、雇い人全員の食事を作り、日に四カットの糸を紡いで梳《す》き、それから洗濯をするのです。一カットは一四四本の糸からなっていました。これを全部すませなければ、罰として夜、五〇回の鞭打ちを食らうのです。

家内奴隷はまた、白人の奴隷主から監視されつづけることに伴うストレスと緊張について、繰り返し不平を述べている。

野良仕事でも家内労働でも、黒人女性は人種差別を受けた。しかし、それ以上に黒人女性の人間性と気力を奪ったのは、性的な搾取であった。植民地時代の白人男性が性差別主義者であったおかげで、黒人男性奴隷は同性からの性的暴行を受ける屈辱を免れた。つまり、性差別が社会制度に組み込まれていたために、黒人男性は性的暴行から守られたが、黒人女性への性的暴行は（社会的に）正当化されたのである。女性奴隷はいつ男性――白人であれ黒人であれ――に襲われるかわからないと、絶えず怯えながら暮らしていた。リンダ・ブレント[*4]は奴隷としての体験談の中で、黒人女性の境遇についてこう表現している。

奴隷制は男性にとって過酷なものである。しかし、女性にとってはさらに過酷である。男女を問わず奴隷全員に共通の苦しみに加えて、女性だけが被る虐待や屈辱があるからである。

黒人女性が被ったのは性行動に直結した受難であり、強姦などの性的暴行を含んでいた。黒人女性奴隷はたいてい、十三歳から十六歳までの間に暴行された。ある女性奴隷は、自伝でこう断言している。

奴隷の少女は猥褻《わいせつ》さと恐怖に満ちた空気の中で成長する。鞭と、主人やその息子の猥談が、少女の教師だ。十四、五歳になると、少女の所有者やその息子、あるいはプランテーション監督、場合によってはこれら全員が、少女を贈りもので誘惑しはじめる。それでも目的が果たせない場合は、こうした男どもは少女を鞭打つか食事を与えず飢えさせて、自分の意思に従わせる。

少女への性教育に触れた黒人女性の奴隷体験記を読むと、少女は自分の体についても、赤ん坊がどこから来るかについても、性交についても、ほとんど知識がなかったようである。強姦の危険について娘に警告したり、危険への備え方を教えたりする奴隷の親など、皆無に等しかった。奴隷の親は性的搾取という現実に大っぴらに関わろうとしなかったが、これは奴隷の親だけに限ったことではなく、植民地時代のアメリカ全般の性に関する態度を反映していた。

奴隷の少女への性的搾取はたいてい、少女が親の奴隷小屋を離れ白人家庭の中で働きだしてから始まった。少女が主人と女主人の寝室で一緒に寝かされることは珍しくなく、これは性的暴行には好都合であった。リンダ・ブレントは自伝の中で、白人の主人が絶えず強姦をちらつかせ、異常なまでに自分に権力を振るいたがった様子を詳述している。フリント博士という所有者のもとで働きはじめたとき、リンダは十三歳であった。フリントは強姦こそしなかったが、手込めにしてやると口にすることで、絶えずリンダを脅すようになった。会って間もなくフリントは、もしおまえが進んで服従しないのなら、力ずくで従わせるつもりだと告げた。十五歳の頃の自分を、リンダは次のように書いている。

私はその男と同じ屋根の下で暮らさざるをえなかった。そこで私が見たのは、最も犯さざるべき自然の掟を日々犯す、自分より四〇も年上の男の姿であった。おまえは私の所有物だと彼は言った。おまえは何ごとにおいても私の意思に従わなければならないと……。

白人男性の奴隷主はふつう、性的な誘いをかける前に、黒人女性を物品で釣ろうとした。女性を金で買おうという魂胆であった。黒人女性奴隷に性的なサービスの「対価を支払い」さえすれば、責任を免れると奴隷主は感じたのである。奴隷がいかに搾取されていたかを考えれば、黒人女性奴隷が性交をもつ相手を自分の意思で選べたなどという議論は、あまりにも実情からかけ離れている。白人男性は快く求めに応じない黒人女性を強姦することもできたのであるから、黒人女性奴隷が無抵抗で性交に応じたとしても、それは両者の合意にはほど遠い。主人やプランテーション監督の性的な誘いに快く応じなかった女性は、罰せられて痛めつけられた。女性奴隷が少しでも抵抗しようものなら、白人の奴隷主は沽券に関わるとばかりますます意地になった。ムラート[*5]である若い女性、アンは奴隷の体験談の中で、白人の主人やプランテーション監督、鞭打ち係、そして女性奴隷本人によって繰り広げられた覇権争いを詳しく記録している。アンの場合、外部から雇われていた鞭打ち係に強姦されかかった。この男は、鞭打ちの前に服を全部脱げとアンに要求した。アンは、相手が強姦するつもりであると気づいて、抵抗した。怒った鞭打ち係は、「おまえは俺に従わなきゃならないんだ。さあ、いただいてやるぜ。たとえそれが俺の力を見せつけるためだけでもな……おまえは俺のものにならなきゃならないんだ。後できれいなキャラコのドレスとかわいいイヤリングをやるから！」と言い放った。アンは読者に次のように語っている。

これで堪忍袋の緒が切れた。何だって！　くだらない小物と引き換えに、天使が封印した私の人生の名誉をなげうたなければならないのか。どんな女性だって、こんな侮辱を受けたら頭に来たはずだ。私は腹を空かせた雌ライオンのように相手の方に向きなおり、そのいやらしい手がまさに私に触れようとしたとき、うまく狙いを定めて、左のこめかみに瓶を投げつけた。相手は痛みのあまりうめき声を漏らし、床に倒れた。傷口から血がどくどくと流れ出た。

鞭打ち係は死ななかったため、アンは収監されたが毎日の鞭打ち刑を受けるだけですんだ。もし死んでいたら、殺人罪で裁判にかけられ、死刑を言い渡されていたであろう。

十九世紀の白人女性で人道主義者であったリディア・マリア・チャイルド[*6]は、奴隷制時代における黒人女性の社会的地位を的確かつ簡潔にこう説明している。

法律も世論も黒人《ニグロ》女性を守ってはくれない。黒人《ニグロ》女性は主人の所有物であって、その娘たちもまた主人の所有物である。良心のとがめや羞恥心を覚えたり、夫や親の気持ちを斟酌することは許されない。所有者の意思には全面的に従わなければならず、もし背けば、所有者が満足するまで打ちすえられて殺されかけた。本当に殺されることさえあった。

白人男性の奴隷主は、権力者の正当な権利として、黒人女性奴隷におとなしく性的搾取を受け入れるよう求めた。主人の性的な誘いに快く従ったり、性交の対価として贈りものを受け取った黒人女性奴隷は、既存の社会秩序を受け入れたことでそれなりの見返りを得た。逆に、黒人女性が性的搾取に抵抗すれば、それは体制に真っ向から楯つくことを意味した。所有物である奴隷がおとなしく強姦されないという事態は、奴隷主にしてみれば、財産権を侵されたに等しかった。そのため、こうした黒人女性は容赦なく罰せられた。このように白人男性が集団としての黒人女性に行なった強姦には、白人の帝国主義的秩序に対する絶対の忠誠と服従を引き出すという政治的なねらいがあった。黒人活動家、アンジェラ・デーヴィス[*7]の主張には説得力がある。デーヴィスによれば、黒人女性奴隷に対する強姦は、ほかの研究者が示唆したような、白人男性がただ性欲を満たすために行なった行為ではない。実際には黒人女性の気力と人間性を奪う目的で、制度化された暴力であったというのである。デーヴィスはこう述べている。

セックスをめぐって主人が黒人女性と争う際、主人は女性にはあつらえ向きの単純な脅迫手段に出る。つまり強姦である。プランテーションでの生活はただでさえ暴力的であったので、女性奴隷が強姦の餌食になる可能性はきわめて高かった。それに、主人が勝手な規則を作り出して、食べものや、待遇の緩和、子どもの安全などの対価を体で払わせることにすれば、ほかのどんな手を使うよりも効果的に女性奴隷をものにできた。

一八三九年に匿名で『アメリカの奴隷制——その実態』という本が出版された。本を著したのは、奴隷生活の過酷さを活字で暴けば奴隷制賛成論を突き崩せると考えた、複数の白人奴隷制即時廃止論者であった。この本は、奴隷制を実際に観察した白人の報告や、奴隷主やその友人から情報を得た白人たちの話を拠りどころにしていた。主な編纂者は、奴隷制即時廃止論者として積極的に発言していたアンジェリーナ・グリムケとサラ・グリムケの姉妹であった。[*8] グリムケ姉妹の兄弟が黒人女性奴隷との間に子どもをもうけていたため、姉妹は特に黒人女性奴隷への性的搾取を問題視した。この点で二人はむしろ例外的である。大方の白人女性の奴隷制即時廃止論者を活動へと駆り立てたのは、ただ白人男性と黒人女性奴隷との性的接触をやめさせたいという一念であった。こうした白人女性は、黒人女性奴隷の境遇を憂えたのではなく、堕落した行動で神に背いた白人男性の魂の救済に配慮していたのである。奴隷制を支持していた白人女性の中にも、白人男性の野蛮な性行動に怒りを覚え、最終的には奴隷制を非難するようになった人が多い。こうした女性たちは、彼女たちが言うところの白人男性の姦通（実際には強姦）に対して、個人的に屈辱を覚えた。前出のリンダ・ブレントは、自分の女主人が黒人女性への性的搾取に示していた態度を、次のように評している。

彼女の感情が怒りと傷ついた誇りから生じていることが、私にはすぐにわかった。結婚の誓いが冒瀆され、自分の尊厳が侮辱されたと彼女は感じていた。しかし、夫の背信行為の哀れな餌食に対しては、いささかの同情の念ももっていなかった。自分自身を犠牲者として哀れんではいたが、不幸で無力な奴隷が置かれた惨めな状況を思いやることはできなかった。

グリムケ姉妹は黒人女性の境遇に同情したが、ヴィクトリア朝時代の因習が柵《しがらみ》となって、白人男性が黒人奴隷の女性に加えた残酷な行為の多くを赤裸々には暴露できなかった。上品な礼儀作法という制約に阻まれて、奴隷制の隠された悪弊の真実をあからさまに語ることができなかったのである。アンジェリーナ・グリムケは次のように書いている。

私生活のベールをこれ以上、引きはがすことは控える。奴隷所有共和国としてのアメリカにおいて、家庭生活のさまざまな場面を注意深く隠している覆いの奥では、日々どんなことが起きているのか。それは前述したいくつかのヒントから、ある程度、推察してもらいたい。

仮にグリムケ姉妹が私生活のベールをもっと引きはがしていたら、奴隷主が黒人女性に子どもを産ませたことだけでなく、女性への嫌悪感からくる残虐な蛮行も明らかになっていたであろう。強姦や拷問、ときには娯楽のための殺人や屍姦まで、単に誘惑してベッドに連れ込むよりはるかにひどい行為の数々である。

現代の歴史家は、奴隷制時代の黒人女性に対する性的搾取を軽んじるきらいがある。ペイジ・スミスは著書『アメリカ史のなかの女性』で、次のように書いている。

おそらく、南部のほとんどの若い男性は、最初の性体験を従順な奴隷の少女ともったはずである。彼らの多くが結婚後も同様の行為を続けたとしても、不自然ではなかった。正道から外れてタブーを犯すのは間違いなく魅力的であったし、肌の黒さは楽しい背徳行為と結びつきやすかった。それに、奴隷女性にとっては迷惑このうえないことであったが、性的搾取を行なう白人男性側には何ら危険が及ばないという強みもあった。そのうえ、一般に黒人《ニグロ》は官能的であると考えられており、そのおかげで白人の妻は性的に物足りなく見えた。こうした事情から、南部の男性が男として基本的な性的要求を満足させるために、奴隷の女性はいっそう好都合であった。男性の性衝動は、ある程度の攻撃性と、ときとしてサディズムさえ含むものであるから、相手が抵抗せず無防備であれば、さらに好ましかった。黒人女性《ニグロ》は白人の主人にとって、まさに打ってつけの性の対象であった。〔以上、大類・柳沢訳〕

スミスの文章を読むと、読者は白人男性の残忍さを、「男ならではのやんちゃぶり」の一例にすぎないと思わされてしまう。スミスをはじめとする多くの歴史家は、奴隷制のもとで、白人男性が男性として「正常な」性欲を従順な奴隷の少女で満たしたと描写する。黒人女性奴隷に対する性的搾取の引き金が得てしてサディズムであることを、スミスは一応、認めている。しかし、サディズムは男性の性欲の「正常な」表れの延長上にあったと匂わせて、これを軽んじている。

黒人女性奴隷に対する白人男性の残忍な扱いは、男性が女性や、女性の体をいかに深く嫌悪しているかを明らかにした。このような扱いは、植民地時代のアメリカ社会に蔓延していた女性嫌悪の産物であった。原理主義的なキリスト教の教えでは、女性は邪悪な性的誘惑者で、世界に罪をもたらしたとされた。性欲は女性から生じたのであって、男性は女性の淫らな力の犠牲者にすぎないというわけである。このような社会で育った白人男性は、女性が自分を堕落させると考えるように社会化され、その結果、女性への反感が生まれた。白人男性の宗教指導者は、女性は生まれつき罪深い、肉欲の生きもので、女性の邪悪さを取り除くには、至高の存在のとりなしが必要であると教えた。こうした宗教指導者は、自らを神の代理人に任じ、女性の貞節を裁き監視する者を自任した。白人女性が正道を踏みはずす誘惑に駆られないよう、性行動を規制する法律の制定を推し進めもした。女性は白人男性が定めた女性の領分を逸脱すると、厳しく罰せられた。セーレムの魔女裁判は、家父長制社会における女性への迫害が極端な形で表れた例である。女性は従属的な役割に甘んじなければ罰せられる、下手をすれば殺されるという警告を、魔女裁判は全女性に突きつけた。

アメリカ白人の性行動を規制するために多数の法律が制定されたのは、植民者が性に対して厳格でなかったことへの反動であると研究者は推論した。アンドリュー・シンクレアは次のように解説している。

おそろしく孤立した荒野という環境で、初期の移住者の中にはヨーロッパの倫理的束縛をなげうつ者もいた。コットン・マザー[*9]によれば、獣姦の事例もあったという……西部へ行く初期の宣教師が聞かされたように、蛮行は開拓者が陥る最初の危険であった。「洗練された社会では恥ずかしくてできないことを、森や野生動物の前でしたところで、堕落には思えなかったのである」。人がまばらな入植者の社会を厳格に律する世論が形成されるまで、小さな統治機関は文明の水準を維持すべく、可能な限り策を講じた。

白人の植民者が性衝動を抑えようとしたのは、性的な感情を罪深いと信じて畏怖し、永遠の罰を恐れていたからである。植民地時代の白人男性は性欲の責任を女性に転嫁し、その結果、性衝動に対して抱いた不信感を女性に対しても抱くようになった。女性に対する強い恐怖と不信感から、女性を嫌悪する感情が生まれた。キャサリン・ロジャーズは著書『厄介な連れ合い』の中で、女性への嫌悪感が生まれた背景を次のように述べている。

女性嫌悪を引き起こす文化的要因のうち最も明白なものは、セックスに対する拒絶反応あるいは罪悪感である。こうした感情によって、必然的に女性は単なる性の対象へと引き下げられる。本来なら男性自身が自制すべき性欲や誘惑の願望は、女性に転嫁されてしまう。男性は女性の性的役割を軽視すると同時に、欲望を抑えようとするあまり逆にセックスのことばかり考える。そのため女性をもっぱら性的な存在、つまり男性より淫らで、精神性など皆無の存在としてしか見られなくなってしまう……。

また、男性が女性を理想化し、女主人や妻や母親として賛美するがために、女性嫌悪が生まれる場合もある。この場合、理想化によってもち上げられすぎたものを、引きずり下ろしたいという自然な反応が起きるのである。

植民地時代の白人男性は、女性という存在への恐怖と憎悪を、性差別と性差別に基づく抑圧という形で表した。

十九世紀になると、経済的に豊かになったアメリカの白人は、初期の植民者の生活を律していた厳格な宗教の教えを離れるようになった。原理主義的なキリスト教の教義から脱却すると、男性の女性観にも変化が起きた。十九世紀の白人女性は、性的な誘惑者として描かれることはなくなった。かわりに、「人類の高潔な半分」として褒めちぎられ、女性の責務は男性の感情を洗練し、男性の高尚さを引き出すことであるとされた。新たな白人女性像は、古いものとは対極にあった。白人女性は罪人ではなく女神として描かれた。有徳かつ貞淑、無垢であり、性や世俗とは無縁の存在になった。白人女性を女神の地位に引き上げることで、白人男性はキリスト教が女性にきせた汚名を効果的に拭い去った。無垢で有徳な存在として白人女性を理想化することで、いわば悪魔払いをしたわけである。白人女性のイメージを変え、性の呪縛を解くことがその目的であった。白人女性の理想化とは、つまりこういうことである。「白人女性は性的な感情を抱いている限り、堕落したふしだらな生きものと見なされる。しかし、性的な感情を取り去れば、愛情や尊敬に値する人間になる」。こうして白人女性を貞淑で有徳な「処女マリア」に仕立てあげてしまうと、白人男性は白人女性を、罪深く性欲の塊であるという否定的な女性像とは切り離して考えられるようになった。その代償として、白人女性は自然な性衝動を抑制しなければならなくなった。もっとも、ひっきりなしに妊娠することの肉体的な負担や出産の苦痛を考えれば、十九世紀の白人女性が性行動にあまり愛着を覚えず、白人男性から押しつけられるままに、女性には性欲がないという新しい神話を喜んで受け入れたことにも納得がいく。貞淑な女性には性衝動がないという性差別的なイデオロギーを、ほとんどの白人女性は積極的に取り込んだ。性的なものを感じさせてはならないと信じるあまり、服を脱いで具合の悪い箇所を男性医師に見せることさえ渋った。アメリカを訪れたあるフランス人は、「アメリカの女性は全身をふたつに分けて考える。頭から腰までが腹部で、そこから足までは足首なのである」と述べている。この点について、ペイジ・スミスは次のように解説している。

彼女たちは慎ましすぎて、医師に体を触らせることができなかった。また、どう具合が悪いのかを説明することさえためらう場合もあった。たとえば、乳房に潰瘍があった若い母親は、あまりに淑女ぶったため医師に率直に話すことができず、症状を腹痛と告げた。〔以上、大類・柳沢訳〕

女性を性欲の塊と見なしたことは男性の女性憎悪の表れであったが、性的なものを否定するよう白人女性に仕向けたことも、やはり女性憎悪の表れであった。白人女性を理想化したからといって、白人男性が根本的に抱いていた女性蔑視の念は変わらなかった。白人男性が白人女性に抱く潜在的な敵意は、外国からの訪問者の目にとまることもあった。ある訪問者はこう評している。

アメリカでは、ほかのどの国よりも、男性は女性を立て、女性のために金を使い、女性に敬意を払う。しかし、アメリカの男性が女性をことさら好きなわけではなく、一緒にいることを楽しんでいるわけでもなかった。アメリカの男性にとって、女性とは元来、興味をそそられるような人間ではなかった。もちろん妻や母親として大切にはしていたし、女性に対する感傷的な気持ちも抱いていた。それに、自分が女性に対して進歩的な態度をとれることに満足してもいた。しかし、アメリカの男性は女性のことをあまり好きなわけではなかったし、いまも好きではない。

白人女性像が、罪深く性欲に満ちた存在から貞淑な貴婦人に変わったのと時を同じくして、黒人女性奴隷に対する性的搾取が大々的に横行した。同様の現象はヴィクトリア朝時代のイギリスにも見られた。厳格な性道徳が支配していたイギリスでは、女性が母親および配偶者として褒めそやされるのと同時に、売春を目的とした大規模な暗黒街が築かれた。アメリカの白人男性は白人女性像を理想化する反面、黒人女性には性的暴行や残忍な行為を働いた。黒人女性奴隷に白人男性が残酷で嗜虐的な暴力行為の数々を加えたのは、決して人種差別のせいだけではなかった。家父長制のイデオロギーと、女性を蔑《さげす》む宗教上の教えによって、白人植民者の心には女性への深い憎悪が植え付けられていた。それが黒人女性を痛めつける動機になるとともに、そういった暴力行為を是認したのである。黒人女性と黒人男性がアフリカからアメリカの植民地に連行された当初から、植民地社会は黒人に、「性に関して野蛮な人々」というレッテルを貼りたがった。白人の植民者が独善的な性道徳を採択してからは、その傾向に拍車がかかった。白人社会では性に関する罪を最初に犯したのは女性であると考えられていたため、黒人の女性は必然的に、女性の邪悪さと性欲の化身と見なされた。黒人女性は妖婦と決めつけられ、清廉な白人男性を罪へ導くとして非難された。ある白人政治家などは、「この誘惑を私たちから取り去れ」という言葉で、白人男性が姦淫に走らないよう黒人をアフリカに送り返すべきであると主張した。信心深い白人の男女や黒人男性は、黒人女性への性的暴行の道義的責任を白人男性に帰したが、その一方で、男性というものは女性の性的誘惑に屈しやすいという考え方を受け入れてもいた。性差別に満ちた教理によれば、女性は男性の誘惑者とされていたため、黒人女性も完全に無実とは言えないと考えたのである。性的搾取を目的にした黒人女性の売買を「売春」と呼ぶことがよくあった。しかし、売春とは、現金などの報酬のために行なわれる性的行為を意味するので、性欲のはけ口に利用されながら、報酬を得ることなどほとんどなかった黒人女性奴隷の行為を売春と呼ぶのは筋違いである。男女を問わず奴隷制即時廃止論者が黒人女性を「売春婦」と呼んだのは、ヴィクトリア朝時代の言葉遣いにとらわれていたせいである。著名な黒人演説家フレデリック・ダグラス[*10]は一八五〇年に、ニューヨーク州ロチェスターで奴隷制即時廃止論者たちを相手に黒人女性の大規模な性的虐待について語っているが、この中で「奴隷主はみな売春宿を合法的に経営しているというわけです」と述べた。しかし、この言葉は黒人女性への性的搾取を正確に表現していない。ダグラスは聴衆にこう伝えている。

証明しろと言われればいつでも証明するつもりですが、この国の南部諸州にいる一〇〇万人以上の女性は、その土地の法律によって、本人の落ち度などまったくなしに、忌まわしい売春を強いられています。南部諸州では純潔を守るために残忍な攻撃者に手を上げた女性は、合法的に殺される場合もあるのです……また、ほとんど白人に見える女性奴隷が奴隷市場で売られていますが、こうした女性に付けられた高値は、女性が何に使われるのか、その憎むべき目的を高らかに宣言しているのです。若い女性、優雅な女性、美しい女性、清らかな女性が、競り売り台の上で売りものとしてさらされます。下劣な人非人たちがそれを囲むように立ち、ポケットに金を満たして、いやらしい目つきで自分の餌食になる相手の品定めをしています。

奴隷制即時廃止論者は、聴衆に不快感を与えることを恐れて、黒人女性に対する「強姦」を話題にできず、かわりに「売春」を問題にしたのである。しかし、黒人女性奴隷に対して白人男性が行なった大掛かりな性的搾取を売春と呼ぶことで、性的暴行の蔓延から目をそらしてしまった。そのうえ、黒人女性は生まれつき淫らだから、強姦されたのは本人の責任であるという神話にいっそう真実味を加えることになった。

現代の性差別的な研究者は、性的搾取が黒人女性の心に与えた打撃を過小評価している。そればかりか、白人男性が黒人女性を強姦したのは黒人男性を徹底的に去勢するためであったとも主張する。黒人の社会学者、ロバート・ステイプルズは次のように断言している。

女性奴隷が強姦されているという事実は、男性奴隷に、自分には黒人女性を守る力がないことを痛感させた。こうして男らしさの証明が挫かれた結果、男性奴隷は隷属の鎖を断ち切る力が自分にあるかどうかにさえ、深い疑念を覚えるようになった。

ステイプルズの仮説は、黒人男性奴隷が黒人女性全員に対して責任を感じていることを前提としている。それゆえ、庇護者の役目を果たせない黒人男性奴隷は士気を挫かれたというのである。しかし、これを歴史的に裏づけることはできない。アフリカのさまざまな伝統社会における女性の扱いを調べてみれば、アフリカ人男性が全女性の庇護者を自任するようには教え込まれていなかったことがわかる。アフリカ人男性は、同じ共同体に属する女性たちのみに責任を負うよう教えられていたにすぎない。アフリカ人男性が自らを黒人女性全員の「所有者」と見なし、黒人女性全員を守るべき財産と考えるよう社会化されたのは、長い奴隷制の歴史を経て、部族や言語ではなく肌の色をもとにした絆が生まれた結果であった。アメリカ白人に根付く女性差別的な態度を取り込む前には、奴隷にされたアフリカ人男性が、奴隷にされたアフリカ人女性全員に責任を感じる理由などひとつもなかった。確かに、黒人女性への性的暴行は黒人男性奴隷の心に打撃を与えた。ただし、男性奴隷は、「自分の」女たちが強姦されたために人間性を奪われたわけではなく、白人男性が黒人の女性や子どもを平気で痛めつけるのを見て、恐怖を覚えたと考えることもできる。つまり白人男性の権威を脅かさない女性や子どもを情け容赦なく痛めつけるのであれば、黒人男性の皆殺しになど良心の呵責も覚えないであろうと認識したのかもしれない。白人の主人が黒人女性に性的暴行を働いたり、むごい仕打ちを加えても、ほとんどの黒人男性奴隷はおとなしくそばに突っ立っているだけで、矢も楯もたまらず女性を守ろうと身を挺したわけではなかった。まず自己保存の本能が働いたのであった。リンダ・ブレントは自身の奴隷体験記の中で、集団としての黒人男性奴隷は、黒人女性奴隷の庇護者と自任してはいなかったと読者に語っている。

妻や娘を主人の辱めから守ろうと努める人もいる。しかし、そんな気持ちを抱ける人は大部分の奴隷より恵まれている……あまりにもひどく鞭打たれた哀れな奴隷男性の中には、家をこっそり逃げ出して、妻や娘を主人のなすがままにさせた者もいた。

奴隷制時代、黒人男性は、大切に思う黒人女性を守るために力を合わせた。しかしそれは、黒人男性が生まれながらにして黒人女性全員の庇護者であると意識していたからではなかった。

歴史家のユージーン・ジェノヴィージーは著書『流れよ、ヨルダン河』の中で、黒人女性奴隷への性的搾取を取り上げ、こう主張している。

強姦とは、白人女性に対する強姦だけを意味していた。黒人女性に対する強姦罪は、法律上存在しなかったのである。黒人男性が黒人女性に性的暴行を加えた場合でさえ、この男を罰しうるのは主人だけであった。法廷に突き出す術はなかったし、たとえ突き出したとしても有罪にする術もなかった。

実際、黒人男性奴隷の中には黒人女性を強姦した者もいた。このことからも、黒人男性が女性の庇護者としての役割を担うより、むしろ白人男性の行動を真似ていたことがうかがえる。ジェノヴィージーは次のような結論を出している。

黒人奴隷頭の中には、白人の主人やプランテーション監督と同じように女性奴隷に暴行を加える者もいた。権力をもった白人男性と黒人男性のうち、どちらが頻繁に暴行に及んだかについては、いまだに議論の余地がある。割当労働制では、黒人奴隷頭が一人一人の奴隷の一日の仕事量を決めたため、自分を拒んだ女性に重労働を課して苦しめることは造作なかった。一方、より広く普及していた集団労働制[*11]では、黒人奴隷頭が鞭を使う権限をもっていた場合――多くの黒人奴隷頭がもっていた――何のとがめもなしに鞭を打つことができた。そうでなくても、賞罰を与える方法はほかにいくらでもあった。

奴隷生活の野蛮さを考えると、黒人奴隷の女性は権力のある黒人男性を味方に付けることで、ほかの奴隷の迷惑な誘いをかわしていた可能性もある。黒人奴隷男性の争いは、ほとんどが性的な嫉妬や女性の取り合いによるものであった。

黒人女性奴隷が性的搾取から身を守ろうとしたとき、白人であれ黒人であれ集団としての男性に頼ることはできなかった。わらをもつかむ思いで白人の女主人に助けを求めることも多かったが、たいていは失敗した。なかには、ただでさえ苦しんでいる女性奴隷をさらに虐げる女主人もいた。また、黒人女性が性の対象として利用されるのを喜んで後押しする女主人もいた。そうすれば、しばらくは自分が性交を迫られずにすむからである。例外的ではあったが、息子が結婚して家を出て行くのを嫌がった白人の女主人が、息子の性的な遊び相手として黒人女性を買った例もある。女性奴隷への性的搾取を嘆かわしく思った白人女性も、家庭内で自分の身を守るために、奴隷の苦境には関わりたがらなかった。白人女性の大半は、自分の夫が性的暴行を加えた黒人女性に敵意と怒りを抱いた。女性は生まれつき性的な誘惑者であるという宗教上の教えを受けていたため、女主人は往々にして、女性奴隷を悪者と見なし、夫を罪のない犠牲者と考えたのである。スタンリー・フェルドスタインは、奴隷体験記の要約集である『かつて奴隷であった』の中で、次のような例を挙げている。白人の女主人が、外出から予定外の時間に帰宅して化粧室のドアを開けたところ、夫が十三歳の奴隷の少女を強姦していた。この後、女主人は少女を打ちすえ、燻製小屋に閉じ込めた。以後数週間、少女は毎日打ちすえられた。年長の奴隷が少女を弁護し、白人の主人にこそ責任があるのではないかと思いきって言うと、女主人はただ、「あの子もこれからはもっと道理をわきまえるでしょう。お仕置きした後は、無知のせいであんな真似をすることは二度とないはずよ」と答えたという。白人女性が強姦の責任を黒人奴隷女性に転嫁したのは、十九世紀の性道徳によって、女性を性的な誘惑者と見なすよう社会化されていたからである。この性道徳を、奴隷もまた取り込んでいた。性的搾取を受けた女性の境遇を、仲間の奴隷は哀れみはしても、その女性を罪のない犠牲者とは見なさなかった。ある女性の奴隷制即時廃止論者はこう述べている。

この忌まわしい制度に苦しめられた人の中でも、特に辛酸をなめたのは無防備な女性たちであった。男性奴隷の場合、どれだけむごい扱いを受けても、頼れるものがいくらかあった。しかし、女性奴隷を守ろうとしたり気の毒に思う人は誰もいなかったのである。

黒人女性を怯えさせ、人間性を奪うために、強姦以外の手段もとられた。黒人女性奴隷の尊厳を奪うため、裸にしたうえできわめて残虐な鞭打ちが加えられることもあった。白人女性が全身をきっちり覆い隠していたヴィクトリア朝時代の世界で、黒人女性は日常的に服を脱がされ、人前で打ちすえられた。男性の鞭打ち係や傍観者の前で裸にされれば、女性奴隷が面目を失い屈辱感をさらに募らせることを、奴隷主はよく知っていた。ケンタッキー州のある奴隷はこう振り返っている。

女性も男性と同様に厳罰に処せられる。たとえ妊娠していても容赦されない。妊婦の場合には、女性を杭に縛りつける前に、犠牲者の膨らんだ体形に合わせて、地面に穴を掘る。

スーザン・ボッグズは次のような記憶を語っている。

何であれ、女性奴隷のしたことが気に入らなければ、あの人たちはよく服を脱がせて尻を叩いていました。たとえばパンがうまく膨れていなかったら、女主人は、主人が帰宅したときに言いつけるんです。女性は奴隷商人の牢屋へ送られ、尻を叩かれました。女性が、というより人間が、こんなふうに体を露出させられるなんて、考えるのもおぞましいことです。

黒人女性を裸にしてきわめて残虐な鞭打ちを加えることは、社会的に認められていた。扱いにくい黒人奴隷を白人の主人が罰するという、白人による黒人の虐待は許されたのである。しかし裸の黒人女性を鞭打つという行為は、女性に対する男性の軽蔑と憎悪の表れでもあった。元奴隷のソロモン・ブラッドリーは、ある記者のインタビューにこう答えている。

はい。私が見たなかで一番衝撃的だったのは、鉄道の線路の近くにあった、ファラービー氏のプランテーションでの光景です。ある朝、私が飲み水を取りに仕事場からファラービー氏の家へ行くと、女性の恐ろしい悲鳴が聞こえました。柵に近づいて見てみると、一人の女性がうつ伏せに寝かされて地面で大の字になっていました。両手と両足は杭にしっかり結びつけてあります。ファラービー氏が女性にのしかかるようにして、馬車用の革の引き綱でこの女性を打ちすえていました。打ちつけるたびに、女性の背中と脚にみみず腫れができます。痛みのあまり、哀れな女性が声を上げすぎると、ファラービー氏は口を蹴っていました。鞭打ちに疲れると、ファラービー氏は封蠟《ふうろう》と火をともした蠟燭《ろうそく》を誰かに家へ取りに行かせました。蠟を溶かして、傷だらけになった女性の背中にたらすためです。それから乗馬用の鞭を手に取り、女性を見下ろすようにして立ち、固まった蠟を鞭で叩いて剝がしました。この様子を、ファラービー氏の年かさの娘たちが家の窓から日よけ越しに眺めていました。あまりにもむごい罰なので、私は思わず、この女性は一体何をやらかしたのかと尋ねてしまいました。すると、彼女が犯した罪らしい罪といえば朝食用に焼いたワッフルの縁を焦がしたことだけだ、と仲間の使用人たちが教えてくれました。

黒人女性が情け容赦ない体罰を加えられて苦しむさまを、恵まれた立場の白人女性たちが傍観することが何を意味したかは、特に想像力を働かせなくてもわかるであろう。このような出来事によって、白人女性は、自分の夫や父親や兄弟がいかに残忍になりうるかを見せつけられた。また、男たちの言いなりにならなければ、自分がどうなるかを思い知らされた。もし黒人女性奴隷が存在しなかったら、女性嫌悪からくる男性の理不尽な攻撃の矛先は自分たちに向けられていたのではないか。白人女性はそう考えたに違いない。奴隷がいる家庭の大半では、黒人女性への暴行に、白人女性が白人男性と同じくらい積極的に関与した。白人女性は、黒人男性奴隷にはほとんど暴行を加えなかったが、黒人女性のことは痛めつけ虐げた。人種差別という点で、白人女性は白人男性と手を結んでいた。そのため、黒人女性への虐待を引き起こした要因、つまり白人男性の女性排斥の衝動に目をつぶることができた。

黒人女性に対する性的搾取の方法として、子を産ませることもまた社会的に認められていた。先述したように、アメリカでは植民地時代以来、白人男性は、働き手を産むことが女性の役割であると見なしてきた。現代の研究者は、奴隷の女性が子どもを産まされた問題をまともに取り上げないことが多い。注目に値しないほど規模が小さかったというのが、その理由である。しかし、奴隷を「繁殖」させることが実際にあっただけでなく、それが広く一般に見られる慣習であったことを裏づける、かなり有力な証拠が存在する。フランシス・コービンは一八一九年、ヴァージニア州の奴隷貿易について報告しており、その中で、「われわれの儲けは奴隷の数を増やすことにかかっている」と書いている。しかし、奴隷制が始まって間もない頃は、アフリカ人女性に子を産ませることは容易ではなかった。伝統的なアフリカの共同体では、子どもは母乳で育て、二歳になるまで乳離れさせなかった。この間、女性は性交をせず、妊娠の間隔をあけていた。そのおかげで、次の妊娠までに体調を立て直す時間をもつことができたのである。しかし白人の奴隷主は、なぜ奴隷の女性が子どもを次々に産まないかを理解できなかった。そこで、奴隷の女性に無理やり子どもを産ませるため、暴力をちらつかせるという手段に出た。奴隷に子を産ませるという慣習を南部で観察した白人、フレデリック・オムステッドは次のように説明している。

メリーランド、ヴァージニア、ノースカロライナ、ケンタッキー、テネシーの各州では、黒人《ニグロ》の繁殖と成長に馬やラバの繁殖と同様の関心が注がれている。さらに南の地域では、黒人《ニグロ》の子を育てる目的は、将来、奴隷として自分で使役するためと商品として売るための両方である。プランターは少女と成人女性（既婚、未婚を問わず）に対して子どもを産むよう命じる。子を産まないという理由で売り払われた少女を、私は大勢知っている。子を産む女性は、産まない女性に比べて、六分の一から四分の一ほど上乗せした値段が付けられている。

黒人女性奴隷の販売広告では、個々の女性を説明するために、「繁殖させるための奴隷」、「妊娠可能な女」、「繁殖可能年齢」、「高齢で出産不可能」などの言葉が使われた。ヴァージニア州の奴隷主を親にもつモンキュア・コンウェイは、こう振り返る。

概して、境界州〔南部と北部の境界に位置する奴隷州〕では、奴隷を繁殖させることが主な収入源になっていた。奴隷の人口を増やすために、多くの奴隷主が奴隷の乱れた性行動を奨励し、なかにはそれを強制する奴隷主までいるという非難が聞かれるが、残念ながらこれには十分すぎるほどの根拠がある。奴隷が妊娠する年齢は早められ、黒人《ニグロ》奴隷が母親になる年齢は、白人であれ黒人であれ奴隷でない人々に比べて、平均すると三年ほど早い。また、誰がオールドミス〔高齢のため子を産めない女性の意〕であるかを女性たちはみな知っている。

性的関係をもつ相手を自分で選ぼうとしなかった女性奴隷は、プランテーション監督または主人から強引に男性をあてがわれた。なかには、黒人女性に白人男性の子を産ませたがった奴隷主もいる。ムラートは市場で高めの値が付き、売りやすかったからである。ヴァージニア州在住のあるメソジスト派の聖職者は、一八三五年三月十三日付の手紙の中で、こう述べている。

ムラートは純血の黒人《ニグロ》より売りものになるのです。だからプランターは、白人の成人男性や未成年が、どの女性奴隷と性交をしても文句は言いません。それどころか、プランテーション監督が女性奴隷全員と性交をするように勧められて、子どもができると報酬をもらうことまであったのです。

こうした制度のもとで最も苦しんだのは、子を産めない黒人女性であった。一八四〇年六月にロンドンでの世界奴隷制反対会議に提出された報告書には、不妊の黒人女性が激しい身体的・心理的虐待を受けていたという目撃者の証言がある。

多産が美徳とされたので、不妊は災厄を通り越して犯罪とさえ見なされる。子を産めない女性はあらゆる困苦にさらされる。子を産めないことは、当の奴隷自身にはどうにもできない。しかし、それが想像を絶する苦しみのもとになるのである。

同じ報告書の中で、ノースカロライナ州のある市民は、友人から聞いた話を伝えている。それは、カロライナのプランテーションでいかにして奴隷を繁殖させていたかを物語っていた。

ある日、奴隷主が女性奴隷たちに納屋へ入れと命じた。そして、鞭を持って女性たちの間に入っていき、おまえたち全員を死ぬまで打ちすえてやると告げた。女性たちはすぐに、「私が何をしたというんですか、ご主人さま？　私は何をしたんでしょう？」と口々に泣き叫びはじめた。奴隷主はこう答えた。「こんちくしょうめ、おまえたちが何をしたか教えてやろう。ガキを産まないってことだよ。ここ何ヵ月も、おまえたちの赤ん坊を見ていないぞ」

なかには、女性を産む気にさせるべく、報奨制度を編み出す奴隷主もいた。しかし、提供される報酬は、子を産むことに見合うような代物ではなかった。あるプランテーションでは、子どもを一人産むたび、小さな豚が一頭与えられた。また、子どもを産めば新しいドレス一着か靴一足をやると約束されたり、四人目か五人目の子どもを産むと一ドルから五ドル程度のわずかな現金が渡されることもあった。子を大勢産んだ黒人女性を自由の身にすると約束した奴隷主も、わずかながらいた。

一七六一年にヴァージニア植民地の裁判所で争われたある事件は、そのような条項を含む遺言書をめぐるものであった。遺言書には、もし子を一〇人産んだら、ジェニーという女性奴隷を自由にすると書いてあった。女性奴隷の中には妊娠したがる人もいた。妊娠すれば、いくぶんかの恩恵に与《あずか》れる、とりわけ仕事量が軽減されると考えたからである。フランシス・ケンブルは、著書『一八三八年から一八三九年までのジョージア州プランテーション滞在日記』で、次のように推測している。

子どもが生まれると、その一族には衣服や一週間分の配給食糧が余分に与えられる。これらは些細な報奨に見えるかもしれないが、もたざる者にとっては、自制を促す強力な誘因になる。このような自制心は、文明人であれ、未開人であれ、親になると自然に備わるものである。さらにこうした奨励によって、その奴隷の一族はみな、自分たちが所有者にとって価値ある財産であることを、はっきりと認識させられる。女性は、出産により主人の家畜〔奴隷〕の数を増やせば増やすほど、主人の配慮や善意を求める権利を得られると考えている。この考えはあながち間違いではない。

むろん、子を産むことは、妊娠可能なすべての黒人奴隷の女性にとって重い負担であった。女性たちは栄養不良のうえに過重労働で、安産が望める体調であることは稀であった。適切な介護も受けずに妊娠を繰り返した結果、流産や死産が多発した。フランシス・ケンブルは夫のプランテーションで働く黒人女性の状態について、次のように説明している。ちなみにこのプランテーションの黒人女性たちは、近隣のプランテーションの奴隷に比べれば、自分たちはまだ恵まれていると考えていた。

ファニーは六人の子を産んだ。一人以外、みんな死亡。ファニーは野良仕事を軽くしてほしいと頼みにきた。

ナニーは三人の子を産んだ。そのうち二人が死亡。ナニーは、産後三週間で野良仕事に出る決まりを変えてもらえないかと懇願しにきた。

リーアはシーザーの妻で、六人の子を産んだ。三人が死亡。

ソフィーはルイスの妻で、お決まりの頼みごとをしにきた。ソフィーはひどく苦しんでいる。一〇人の子を産んで、五人が死産。一番の望みは肉が一切れほしいということだったので、私はそれに応じた。

サリーはシピオの妻で、二度流産し、三人の子を産んで、うち一人が死亡。サリーは背中の痛みがやまず、力が入らないと訴えにきた。サリーはムラート女であった。農園を訪れたウォーカーという白人男性が、奴隷のソフィーに産ませた娘である。

シャーロットはレンティーの妻で、二度流産し、また妊娠していた。リューマチでほとんど歩けず、無惨に腫れた両膝を見せた。私は胸が痛み、フランネルのズボンを一枚あげると約束した。すぐに作りはじめなければならない。

サラはスティーヴンの妻で、現在の状況も過去の経歴も悲惨である。四度流産し、七人の子を産んだが、五人が死亡、再び妊娠中だった。サラはひどい腰痛と体内のできものを訴えた。できものは、野良仕事をすると腫れるという。おそらく、ヘルニアではないかと思う……絶え間ない妊娠ときつい野良仕事が重なって……一時的な精神錯乱が起きたのかもしれない……

私が奴隷に子どものことを質問したのには、理由がある。この制度が本人と赤ん坊の健康に及ぼす影響を測るうえで、何人の子を出産し、そのうち何人が育ったかは妥当な尺度になると思うからである。私が記した症状の詳細を見ればわかるように、ほとんどの奴隷が入院してもおかしくない状態だった。それなのに、一日じゅう野良仕事をした後に私のところへ来ていたのである。

苦しみながらも過酷な境遇を耐え忍ぶ黒人女性奴隷の我慢強さを、ケンブルは称賛した。しかし、諦念に隠された「絶望」にも気づいていないわけではなかった。

黒人女性奴隷への大規模な性的搾取は、植民地時代以来アメリカの家父長制に含まれる、女性排斥の性の政治学が直接もたらしたものである。黒人女性は法律によっても世論によっても守られていなかったので、格好の標的にされた。黒人を奴隷にしたのは人種差別という悪弊であった。しかし、黒人女性奴隷の境遇を黒人男性奴隷の境遇より過酷にした要因は性差別であり、性差別は白人男性だけのものではなかった。奴隷主が黒人男女の交わりを後押しした結果、黒人奴隷独自の下位文化が確立したが、そこには白人文化と同じような性の政治学が出現した。当初、女性奴隷は主人から、誰彼かまわず性交をするよう強いられた。主人が自分のお気に入りの黒人男性奴隷に、好きな奴隷娘や女性奴隷と結婚する許可を与えることも少なくなかった。その場合たとえ女性の方が嫌がっても、おかまいなしであった。しかし、このやり方はうまくいかなかった。性交の相手を強制されることに対する抵抗は、しばしばプランテーション全体を巻き込む騒動を引き起こしたからである。そのため、ほとんどの主人は、奴隷女性と奴隷男性の双方に自分の相手を選ばせる方が賢明であると考えた。妻夫《めおと》になった黒人男女は自分たちの関係が真剣なものであることをみなに知らせるため、空き家になっている小屋で自分たちだけの所帯をもうけた。アフリカから連行された黒人たちは、アメリカの価値観を取り込むにつれて、白人の主人や女主人と同じように、聖職者や公吏が執り行なう結婚式を望むようになった。自分たちが結ばれたことを公に認めてもらおうとした。奴隷同士の結婚が法的に認められた例は皆無であったが、本人たちは白人の主人と同じ結婚の儀式を希望した。プランテーションによっては、アフリカの伝統的な結婚式が挙行されることもあった。

親族たちが、新婦の手を取り、わずかながらの結婚持参金が差し出された。多くの白人プランターは、初期の白人植民者の間で流行っていた儀式、つまり婚約した男女が手に手を取り合ってほうきを飛び越える習慣を、奴隷の結婚式に取り入れた。また、叙任された聖職者に式を司らせたプランテーションもいくつかあった。ただし、その場合でも奴隷の結婚が法的に認められないことに変わりはなかった。それでも、ほとんどの奴隷が聖職者に式を司ってもらいたがったのは、支配的文化ではそうするのがふつうであったからである。求婚や結婚に伴う幸福感は奴隷生活の厳しい現実を和らげたため、こういった機会は間違いなく重要であった。トマス・ジョーンズは奴隷体験記の中で次のように断言している。

無情で残酷な人間の集団から蔑まれ、踏みつけにされる奴隷は、大切な家庭に慰めを見いださなければ、惨めな人生のどん底で死ぬことになってしまいます。家庭では、奴隷自身の抑えきれない愛情と優しさによって特別な存在になった者たちが、愛と思いやりをもって、奴隷を迎えてくれることでしょう。

黒人奴隷独自の下位文化における性役割は、白人アメリカの家父長制における性役割に酷似していた。家族の食事作りや、小屋の掃除、病人の介護、衣服の洗濯と繕い、そして子どもの世話は、黒人女性が行なった。黒人奴隷の男性は、料理や裁縫、介護はおろか、ちょっとした農作業さえ、女性の仕事と考えていた。南部の白人女性について研究した『南部の女性』の中で、著者のアン・スコットがあるエピソードを紹介している。一人の男性黒人奴隷が、男の沽券に関わるからという理由で仕事を拒否した話である。

ある農場で母親と子どもたち全員が病気になるという非常事態が起きたとき、おまえが牛の乳を搾ったらどうかと言われた黒人《ニグロ》〔の男性〕奴隷は、困惑しながらそれを拒否した。乳搾りが女性の仕事だということは誰でも知っている、だから自分には引き受けられない、というのがその言い分だった。

黒人男性奴隷は、女性を支配する家父長的な権威者として十分に認められてはいなかった。しかし、黒人女性奴隷の方は、女性より男性を上位に位置づける既存の性役割を踏襲した。フランシス・バトラー・リー（フランシス・ケンブルの娘）によれば、ジョージア州のシーアイランド諸島に住む奴隷の間には「女性があらゆる点で夫の意思に従うという、古きよき掟が生きていた」という。男性優位を受け入れることは、奴隷に説かれた宗教上の教えの中でも特に強調された。そのため、キリスト教を信じる女性奴隷は、男性に従属するのは当然と信じて疑わなかったのである。ミシシッピ州ラウンダーズカウントのプランター、ウィリアム・アーヴィンは奴隷を管理するためにいくつかの規則を設けたが、それは家父長制によって確立された性役割に基づいていた。たとえば次のような決まりがあった。

各家族はそれぞれの家に住むものとする。夫は薪を用意するとともに、家族がみな扶養されるよう気を配り妻にかしずく。妻は夫と子どものために炊事と洗濯をし、服を繕う。夫と妻のいずれかが仕事を怠っていることが明らかな場合、まずは口頭で注意しなければならないが、それでも改善されない場合は、鞭打ちによって罰するものとする。

奴隷の主人や女主人が、習慣として女性奴隷を夫の名前で呼んでいた（シピオのジェインや、ジョンのスーなど）ところを見ると、白人が黒人の男性奴隷を女性奴隷より上に位置づけていたことがうかがえる。歴史家のユージーン・ジェノヴィージーは、このように主張している。

実際、賢い主人は、奴隷の仕事を限定的に性別で分けることを奨励していたし、家庭内で男性に力をもたせた方が多少の利点があると考えていた。

人種のみに基づいた序列から言えば、黒人女性と黒人男性の社会的地位は同等であったが、性差別的な区別によって、男性と女性の境遇は異なっていた。仕事の面では男女はある程度、平等であったものの、仕事以外では平等にはほど遠かった。農業労働では女性も男性もまったく同じ作業を行なうことが多かったが、それでも、黒人女性は指導的地位には昇格できなかったのである。仕事以外の日常生活では、女性奴隷は男性奴隷と違う扱いを受け、男性奴隷の附属物とされた場合もあった。

奴隷制が黒人の性役割に及ぼした影響に関する現代の研究者の説明は、おおむね以下のようなものである。すなわち奴隷の所帯では黒人女性が黒人男性よりも重要な存在で、その結果、男らしさが損なわれたというのである。人種差別の弊害を論じる際、社会学者や歴史家は黒人の「男らしさ」にこだわりすぎた。そして、研究者が責任のありかを奴隷制やそれを支えた白人ではなく、黒人自身へと転嫁すると、誤った認識が広まりはじめた。研究者は、奴隷制が黒人家族に与えた負の影響を、白人の人種差別をとがめずに、黒人男女の性の政治学という観点からのみ説明しようとした。いわく、奴隷の所帯では男性よりも女性の役割が重んじられたために、黒人男性の男らしさが損なわれてしまい、結果として黒人の家族構造が崩壊した。黒人女性がいばりちらしていることこそが問題の元凶というわけである。白人の人種差別主義者は、黒人男性の男らしさの喪失を論じるにあたって、事実を歪曲した。奴隷の所帯で女性が支配的役割を担ったからといって、それは実のところ十九世紀のアメリカでは何ら特異な現象ではなかった。奴隷の女性はただ、白人の女主人を真似ただけであった。つまり、十九世紀の白人家庭で支配的役割を担っていたのは、女性であった。にもかかわらず、研究者はこの時代の白人男性が男らしさを欠いていたという理論を用いない。それどころか、まったく逆のことが論じられる。通常、十九世紀は、白人の家父長制がアメリカ人家庭の基盤にあった時期と見なされているのである。しかし揺るぎない白人家父長制のもとにあっても、家庭内で支配的役割を担ったのは白人女性であった。『女性であるという絆』の著者、ナンシー・コットは、白人男性を家庭内の最高権力者と位置づけたはずの家父長制の理想と、十九世紀の現実との矛盾について、次のように説明している。

法的・経済的には、夫または父親が家族を支配していた。しかし家事という職業は、たとえて言えば、家庭内において女性の支配権を確立するのに一役買った。また母親になることは女性が世界の懸け橋となる重要な手段だと言われた。実際、母親になることは家庭内における女性の力を強める絶好の機会であった。「家庭教育」に関する本では、たとえ最終的な権力が（法的にも伝統的にも）家父長にあったとしても、子どもはほとんどの時間を父親ではなく母親とともに過ごすと論じられていた。

十九世紀の白人家庭内で女性が支配的役割を果たしても、男性の男らしさが奪われたり権力が蝕まれたりしなかったとすれば、奴隷の家庭内で黒人女性が支配的役割を果たしても、最初から権力とは無縁であった黒人男性には何の脅威にもならなかったと考えていい。白人男性の奴隷主と、黒人男性奴隷がそれぞれの家庭内で担った役割を比べると、大きな違いは、黒人男性には家族を養う機会が与えられていなかったことである。黒人奴隷の家庭では、男性に家族を養う能力がなく、女性が支配的役割を担ったことが、黒人男性の男らしさの喪失につながったと主張する研究者がいるが、ふたつの事実を無視していると言える。第一に、十九世紀のアメリカでは、家庭を「女性の領域」と見なす傾向が社会全体にあったことである。だから、家庭内で黒人女性が黒人男性よりも重要な役割を果たしたことは特異ではなかった。第二に、実際には黒人男性は働き手として有能であり扶養能力も十分あったのに、労働の成果を白人に刈り取られてしまったことである。日に一二時間から一六時間もさまざまな作業をこなしていた黒人男性が、自分の扶養能力を疑問視したと考えるのはばかげている。黒人男性は、男らしさを失ったと感じたというより、人種差別によって虐げられたために自らの労働成果を奪われ、怒りを覚えていたと言った方が当たっている。十九世紀のアメリカにおける性の政治学に引きずられて、多くの黒人奴隷男性は、家族のために稼ぐことを自分の務めと考えたが、奴隷制のせいでこの務めを果たせないことに激しい憤りと自責の念を覚えていた。自責の念や怒りや憤りを、男らしさの喪失と混同すべきではない。

黒人奴隷は、男女の性役割について家父長制的な定義を受け入れた。白人の奴隷主が考えたのと同じように、女性の役割には、家庭に留まり、子どもを育て、夫の意思に従うことが含まれていると考えたのである。アン・スコットは十九世紀の理想的な女性像を次のようにまとめている。

このすばらしい神の創造物は従順な妻と呼ばれた。夫を愛し、夫を敬い、夫に従い、ときには夫を楽しませ、夫の子どもを育て、夫の家庭を切り盛りするための存在であった。肉体的にはかよわく、「あまりきつくない仕事向きに作られている」ので、男性の庇護に頼っていた。庇護を得るために、至近距離にいるあらゆる男性を「とりこにする」能力を授けられていた。内気で、慎み深く、優美で、「創造物の中で最も魅力的だった……どこへ行っても、周囲を楽しませ、魅了した」。

魅力のひとつは純真さであった……人間関係にかけては勘が鋭く、気が利き、洞察力と思いやりをもっていた。私心がなく、黙って苦しみに耐える力をもっていた。男性はこうした資質をことさら慈しんだ。また、男性にとってこれほどには魅力的に映らなかったかもしれないが、敬虔さに加えて「男性の邪悪で不道徳な性質を正す」性向もあった。あらゆる手段を尽くして、激情を抑えて真の道徳を遵守させることに、最大の関心を払う存在であると考えられていた。

十九世紀に現れた「真の女らしさの崇拝」は、黒人女性奴隷の気力を大いに殺《そ》いだ。黒人女性は、男性と肩を並べて野良仕事をこなせる能力を誇りには思えず、白人女性と同じようになることを何よりも望んだのである。白人の奴隷主とプランテーション監督は、女性奴隷を意のままに操りたければ、新しいドレスやヘアリボン、パラソルなど、女らしさを強調する物品をやると約束するのが一番であることに気づいた。女らしく淑やかに見られたいと望むあまり、野良仕事にズボンではなくドレスを着ていく女性奴隷も多かった。ズボンは実用的であったが、男っぽいと考えられたのである。かつてアフリカから連れてこられたばかりの女性たちは、野良仕事を恥ずかしいとは思わなかった。アメリカ白人の価値観を吸収するにつれて、女性が野良で働くことを下品でみっともないと考えるようになったのである。農作業に従事した黒人男性奴隷は、仮に自由身分の農民であったとしても、同じ野良仕事をしなければならなかったであろう。しかし黒人女性の方は、野良仕事をするのは女らしくなく体裁が悪いことをよく自覚していた。アラバマ州のプランテーション所有者、ヘンリー・ワトソンは一八六五年、自分のプランテーションの黒人女性労働者について娘にこうぼやいている。

女性たちは、自分はもう外の仕事をやるつもりは一切ない、白人男性は妻を養っているではないかと言っている。つまり、自分たちも夫に養ってもらうという魂胆らしい。

黒人女性奴隷は自分の労働能力をよく自慢したが、家父長制社会で女性の特権として与えられるべき敬意や配慮は払ってもらいたいと望んでいた。ワトソンは後日、こう報告している。

女性奴隷は怠けてばかりだ——畑にも行かず、貴婦人を気取って、「白人と同じように」夫に養われたいと望んでいる。

「男性」として働かされ、しかも男性の庇護に頼ることなく生きていかざるをえなかった黒人女性奴隷に、フェミニスト意識が芽生えることはなかった。女性奴隷は両性の社会的平等を提唱しなかった。むしろ、支配的文化から「女性」と見なされず、そのために白人には与えられていた女性への配慮や女性としての特権を受けられないことに憤慨していた。黒人女性奴隷は、女らしさの特質とされた、慎み深さ、性的な純潔さ、純真さ、従順な態度などを身につけようと努めたが、奴隷として生きなければならない境遇によってその努力は絶えず挫かれた。自由の身になったとき、黒人女性は野良仕事をやめようと決意した。奴隷制が廃止され、大勢の黒人女性が野良仕事を拒否すると、白人のプランテーション所有者は衝撃を受けた。一八六五年と一八六六年のプランテーションの記録を調べたシオドア・ウィルソンは、「労働力の減少の最大の要因は、家庭と子どもに時間を費やそうと決め込んだ黒人《ニグロ》女性が増えたことであろう」と推測している。黒人女性が野良で働きつづけたプランテーションでも、女性たちが午前中の遅い時間に小屋から出てきて、午後の早い時間に仕事をやめてしまうことを、プランテーション所有者は嘆いた。黒人にとって男性が妻子を養うのは自尊心に関わる問題であるという事実に、南部の白人は驚きを示した。女性がプランテーションで働かなくなったことに激怒した白人プランターの中には、黒人男性が妻を扶養している場合には、食費や住居費をよけいに徴収した者もいる。黒人女性奴隷は、家父長制が定めた女性の役割を全面的に受け入れることで、性差別に満ちた抑圧的な社会秩序に喜んで参加し、それを支えてしまった。黒人女性は白人女性とともに女性に対する罪の共犯者になり、かつ、その罪の被害者にもなったのである。

# 第二章　奴隷制廃止後もおとしめられつづけた黒人女性像

研究者は、奴隷制時代における黒人女性への大規模な性的搾取を論じることはあっても、それが黒人女性の地位に与えた政治的・社会的な悪影響にまで論及することはほとんどない。強姦をフェミニストの観点から分析したスーザン・ブラウンミラーの重要な著書、『レイプ・踏みにじられた意思』では、奴隷制を扱ってはいるものの、この問題には触れていない。

奴隷制下での強姦は、単にたまたま振るわれた暴力ではなく、制度の域に達した犯罪であった。経済的・心理的な利益のために白人男性が行なった黒人の征服の重要部分であった。

ブラウンミラーは、著書の一部を奴隷制時代の黒人女性に対する強姦に割き、これを論じる重要性を認めているように見える。しかし、それが過去の出来事であり、すでに終わっていることを強調して、この問題についての考察を事実上、退けている。章のタイトルは「アメリカ史におけるふたつの検討」となっていて、次のような文章で始まっている。

アメリカ史において二世紀にわたって続いた南部の奴隷制は、ありとあらゆる複雑な形の強姦を研究するのに打ってつけである。奴隷制下の南部においては、この制度が利益を生み出しながら存続できるよう、黒人女性の健全な性が意図的にずたずたにされた。

奴隷制時代に白人男性が黒人女性に残忍な性的暴行を加えたことを、ブラウンミラーは読者にきちんと印象づけてはいる。しかし黒人女性に対する迫害を、奴隷制時代の「制度の域に達した犯罪」という狭い歴史的文脈に閉じ込めてしまったために、この迫害がアメリカ史を通じて黒人女性に有害な影響を与えてきた点を過小評価している。要するに、黒人女性奴隷への強姦の重大性を理解できていないということである。こうした強姦は、経済的な目的のために個々の黒人女性の健全な性を「意図的にずたずたに」しただけにとどまらず、黒人女性像そのものをおとしめることにもつながった。こうしておとしめられた黒人女性像は、アメリカ人の意識に植え付けられ、奴隷制が廃止された後には黒人女性全般の社会的地位を決定したのである。黒人女性がアメリカ社会でどう認識されているかはアメリカのテレビを一日二四時間、丸一週間観ているだけでわかる。黒人女性は「堕落した」女性、淫らな女、売春婦として描かれることが圧倒的に多い。

性差別と人種差別の双方が作用して、アメリカにおいて黒人女性はほとんど価値のない存在と見なされるようになった。ブラウンミラーのような政治意識の高い白人フェミニストですら、黒人女性が被る性差別的な迫害を軽視していることからも、それが容易に見て取れる。奴隷制廃止後も長い間、白人男性は黒人女性に性的暴行を加えつづけ、しかもそのような強姦は社会的に是認されていた。そうであるにもかかわらず、ブラウンミラーは、こうした事実を読者に伝えていない。また、黒人女性に対する強姦が白人女性への強姦に輪をかけて注目を集めてこなかったのは、主に白人の抱く黒人女性観のせいである点も指摘していない。これまでずっと黒人女性は、性に関して大らかであると見なされ、黒人・白人を問わずどんな男性にとっても性的暴行の格好の標的であると考えられてきた。それどころか、進んで暴行を受けたがっているとさえ思われてきたのである。すべての黒人女性が性的に堕落しており、身持ちが悪いと言われるようになった起源は、奴隷制にあった。白人女性も白人男性も、男をその気にさせるのはいつでも黒人女性奴隷の方であると主張し、性的搾取を正当化した。こうして、黒人女性は性的に野蛮であるという固定観念が生まれた。性的に野蛮な黒人女性は、人間でなく動物であり、強姦の被害者になどなりえないということになるのである。ブラウンミラーがこうした現実に気づいていないわけはない。気づいてはいるが些末なことと見なしているとしか私には思えない。

奴隷制時代にはすでに、白人は人種と性別に基づいた社会的階層を確立していた。白人男性が一番上で、次が白人女性、その下に黒人男性がきて――ただし、白人女性と黒人男性は同列に並ぶ場合もある――一番下が黒人女性である。強姦の性の政治学をこれにあてはめると、一人の白人女性が一人の黒人男性に強姦される方が、何千人もの黒人女性が一人の白人男性に強姦されるより重大であることになる。黒人も含めて、ほとんどのアメリカ人がこの階層を認めて受け入れている。意識していてもいなくても、この階層を内面化しているのである。そのためアメリカ史を通じて、黒人男性による白人女性の強姦は、白人男性または黒人男性による黒人女性の強姦よりもはるかに注目を集めてきたし、はるかに重大な事件と見なされている。アメリカ社会における異人種間の性的搾取で、女性にとって真の脅威は、黒人男性による白人女性への強姦であるというこの考え方を、ブラウンミラーもまた助長している。ブラウンミラーの著書の中でも特に長い章のひとつは、黒人男性による白人女性の強姦を扱った章である。白人男性が先住民と黒人の女性に行なった強姦の章が「アメリカ史における検討」と題されているのに対して、黒人男性による白人女性への強姦の章題が「人種の問題」であることには、大きな意味がある。後者の第一段落で、ブラウンミラーは次のように書いている。「人種差別と性差別、そしてその双方との闘いは、異人種間の強姦という地点で交差する。この不可解な十字路はまさにアメリカ特有のジレンマである」。しかし、非白人女性に対する強姦を扱った章では、「異人種間の強姦」や「性差別」といった言葉が使われていない。〔以上、引用部分の訳は大類・柳沢による〕

黒人女性像がおとしめられたのは奴隷制時代の性的搾取の結果であり、性的搾取は数百年にわたって変わっていない。すでに書いたとおり、奴隷制時代もそれ以降も黒人女性への性的搾取については多くの良識ある市民から同情が寄せられた。しかし家父長制社会の常で、強姦された者は、それゆえに身を落としたと見なされた。奴隷制時代の記録を見ると、黒人女性への強姦を非難した奴隷制即時廃止論者自身が、黒人女性を被害者ではなく共犯者と見なしていたことがわかる。南部の白人女性、メアリ・ボイキン・チェスナットは、日記にこう書いている。

**（一八六一年三月十四日）**奴隷制のもと、私たちは売春婦に囲まれて暮らしているが、身持ちの悪い女性はどんな立派な家庭からも追い出される。黒人《ニグロ》またはムラートの女性が、言うのもはばかられるような存在であっても、そんな理由で彼女たちをいま以上に悪く思う人などいるであろうか？　神よ、私たちをお許しください。これはぞっとするような制度である——悪であり、不公正である！　昔の家父長と同じように、わが男性たちは妻や妾と一軒の家で暮らしている。そして、どの家庭にもいるムラートは、白人の子どもたちとどこか似ている。どの女主人も、よその家庭のことであれば、ムラートの子どもの父親が誰かを名指しできる。しかし、自分の家のムラートについては、空から降ってくるとでも思っているようだ。私はときどき嫌悪感で爆発しそうになる。この国の女性たちはすばらしいが、男性は何と嘆かわしいことか！どこの男性も同じようなものなのだろうが、情婦が卑しければ卑しいほど、男性も堕落しているに違いない。

**（一八六一年四月二十日）** 有害な本は、鍵付きの書庫以外に置くことはできない。その鍵は主人のポケットの中にある。しかし、有害な女性は、もし白人ではなく召使いの立場なら、邪魔されることなく家に大勢で住むことができる。見て見ぬ振りは、キリスト教徒として立派な行ないだと考えられている。こうした女性は危険な集団とは見なされない。無害なカナリヤと同じような扱いである。

**（一八六一年八月二十二日）** 私は奴隷制を憎む。堕落した女性の割合は人口比からすれば、プランテーションもロンドンも同じくらいかもしれない。でも、この状態はどうだろう？　一人の権力者が忌まわしい黒人ハーレムの女たちと、そこで生まれた子どもを、白人の立派な妻や、美しく教養のある娘たちとひとつ屋根の下に囲っておくなんて？

この日記から読み取れるようにチェスナットは、黒人女性奴隷の悲運の責任を本人たちに帰している。怒りの矛先は黒人女性に向いているのであって、白人男性にではない。奴隷制時代に描かれた典型的な黒人女性像は、黒人女性がみな不道徳で性的にだらしないという神話に基づいていた。しかし、十九世紀の奴隷体験記や日記のどこを探しても、黒人女性が白人女性より性的に「自由であった」証拠は見つからない。それどころか、黒人女性奴隷の圧倒的多数は支配的な白人文化の性道徳を受け入れ、自分たちなりに実践しようとした。黒人奴隷の少女も白人の少女と同様、貞操こそが女性の理想であり、処女であることが望ましいと教わった。しかし、白人文化に受け入れられる性道徳を知ったところで、黒人奴隷の少女を性的搾取から守ってくれる社会秩序がないという現実は変わらなかった。

奴隷制が廃止されると、黒人女性と黒人男性は、新たに獲得した性の自由を喜んで受け入れた。初期の白人植民者の場合と同様、解放直後の黒人たちにも、性行動を規制したり抑制したりする社会秩序はなかった。そのため、黒人は相応の奔放さで自由を謳歌した。性的なパートナーを選ぶ自由と、好きなように振る舞う自由を突然手にして、解放奴隷はうれしかったに違いない。なかには、黒人男性と気ままに性的関係を結ぶことで、新たに手にした性の自由を行使する黒人女性もいた。白人は、女性の解放奴隷のそうした性行動だけに目をとめて、自分たちの主張を裏づける証拠がまた増えたと考えた。やはり黒人女性は性的にだらしなく、生まれつき堕落しているというわけである。そして女性も男性も黒人の大多数が、白人の目にかなう価値観と行動を取り込もうとしたことをあえて無視したのである。一八六七年から七七年までの黒人の再建期[*1]に、白人が定着させた好ましくない黒人女性像を改めようと、黒人女性は懸命に努力した。黒人女性はみな性的にだらしないという神話を拭い去るために、白人女性の振る舞いを真似たのである。しかし、自由の身になった黒人女性と黒人男性が、黒人女性の性にまつわる固定的な通念を変えようと努めれば努めるほど、白人社会は抵抗した。路上や店の中、あるいは職場など、黒人女性は行く先々で挑発され、卑猥な言葉を浴びせられた。白人男性と白人女性から身体的な虐待を受けることさえあった。最もひどい目に遭ったのは、特に「貴婦人」らしく振る舞った黒人女性である。こぎれいな身なりで品よく振る舞う黒人女性を、白人男性は中傷し、「貴婦人」らしい振る舞いを茶化した。白人にとって黒人女性は敬意に値しないと思い知らせたのであった。

黒人が自らのイメージを改善しようとする努力を、白人記者は有力紙誌で毎日のように嘲った。否定的な黒人の姿を嬉々として描いて、白人の読者を楽しませた。レイフォード・ローガンは、有力紙誌が黒人に関する否定的な神話や固定観念をわざと用いつづけた実態を検証し、一八七七年から一九一八年までの状況を『黒人《ニグロ》への裏切り』という本にまとめている。その中でローガンは、黒人女性がみな性的にだらしないという神話を、白人たちが一致協力して存続させようとしたことを認めている。

黒人《ニグロ》女性一般の特徴とされる身持ちの悪さを、『アトランティック』誌は記事で分析している。身持ちの悪さの原因として挙げられていたのは、黒人女性が性的な純潔さに無頓着であることと、白人男性が黒人女性を好き放題に利用しているということであった。記事の執筆者はさらに、黒人《ニグロ》女性のふしだらさが白人男女間の風紀の乱れに歯止めをかけている点を指摘していた。

この種の記事のねらいは、人種の分離を維持することにあった。黒人、特に黒人女性の風紀の乱れに接すれば、白人の道徳的価値観全体が崩壊すると主張し、白人の読者が社会の中で黒人と対等に扱われることなど金輪際、望まないように仕向けたのである。白人たちは、黒人女性の身持ちの悪さこそが性的虐待を招いていると主張し、白人男性による性的暴行を正当化した。

黒人女性への性的搾取は、自由の身になったばかりの黒人の士気を挫いた。否定的な黒人女性像を変えなければ、人種全体の地位向上は不可能であるように思えたのである。既婚、独身を問わず、また子どもでも大人でも、黒人女性は白人男性の強姦魔にとって格好の標的であった。黒人の少女の親は心配し、人気《ひとけ》のない通りを歩くのはやめなさい、できるだけ白人男性を避けなさいと注意を与えた。ただ、こうした方法で性的搾取を減らすことはできても、根絶することはできなかった。なぜなら、ほとんどの性的暴行は勤め先で起きたからである。ある新婚の若い黒人女性は、白人女性の料理人として雇われたが、ほどなくして白人女性の夫に迫られたと報告している。

私が解雇された最初で最後の勤め先のことは、はっきり覚えています。追い出された理由は、奥様の夫にキスをさせなかったことです。きっと、使用人への行きすぎた馴れ馴れしさが習慣になっていたか、もうそれを当たり前と思っていたに違いありません。だって、口説きの言葉さえ一切なく、私が料理人になってすぐにそばへ来て、抱きついてキスしようとしたんですから。私はどういうおつもりですかと尋ねて、相手を押しのけました。あの頃、私は若くて結婚したばかりでした。あれ以来、私の頭と心を苦しめている事実――アメリカのこの地域に住む黒人の女性の貞操は守られないのだということ――を当時は知りませんでした。私は一目散に家に帰って、事の次第を自分の夫に話しました。私を侮辱した男のところへ夫が行くと、男は夫を罵り、平手打ちを食らわせ、しかも逮捕させたんです！　警察裁判所の判事は夫に二五ドルの罰金を科しました。審理には私も出て、宣誓したうえで自分が受けた侮辱を証言しました。もちろん、相手の白人の男は、罪を認めませんでした。年取った判事は目を上げて、「当裁判所は、白人男性の言葉に反するような黒ん坊《ニガー》の言葉は決して受け入れない」と言いました。

黒人女性は、応じなければクビだと白人の雇い主から脅され、性的関係を強いられることがよくあった。ある黒人女性は次のように述べている。

ほとんどの白人男性が、自宅で働く黒人の女性使用人に馴れ馴れしい振る舞いをしたり、したいと考えていると思います。その家の父親だけでなく、息子たちも同様である場合が多いのです。そういう馴れ馴れしさに反抗する使用人は辞めるか、あるいは残るとしても地獄を覚悟しなければなりません。それに引き換え、こうした淫らな関係をおとなしく受け入れる使用人は、いい暮らしができます。いつだってお小遣いを持っているし、いい服を着ているし、少なくとも週に一度は休みを取れるのです。もっと頻繁に休める場合だってあります。そんな堕落した状態を、その家の白人女性がいつも知らないわけではありません。白人女性から、夫の愛人になってくれとあからさまにせがまれた黒人女性を、私は一人ならず知っています。白人の妻は、夫が黒人女性と関係しなければ、よその白人女性とそうなるに違いないと恐れていたのです。白人女性は自分の夫が白人女性と浮気するより黒人女性と関係をもつことを好んだのです。その理由は火を見るより明らかでしょう。黒人女性と関係しても、夫が身を持ち崩したことにはなりませんから。

奴隷制廃止後、北部でも南部でも黒人女性への性的暴行があまりに多発したため、怒りにかられた黒人女性と黒人男性は新聞や雑誌に記事を書き、暴行した白人と黒人の男性に何らかの措置をとるよう国民に訴えた。『インディペンデント』誌の一九一二年一月号に掲載された記事では、黒人の看護婦が性的虐待をやめさせるよう懇願している。

私たちのような、南部に住む哀れな黒人女性の賃金労働者は、ひどく困難な闘いを強いられています……。一方では白人男性に襲われ、もう一方では、本来は私たちを守るべき黒人男性に襲われるのです。台所で料理をしていても、洗濯をしていても、ミシンをかけたり、乳母車を押したり、アイロンをかけたりしていても、結局のところ私たちは、馬や牛や奴隷と大して変わらないのです！　遠い将来、何百年も先かもしれませんが、「昔懐かしい南部の黒人乳母」を記念する碑が真鍮か石で建てられるでしょう。でも、私たちに必要なのは、いますぐに手を差し伸べてもらい、共感してもらうことです。それから賃金と労働時間の改善や、手厚い保護が必要です。そして、死ぬまでに一度でいいから自由な女性として息をつきたいのです。

黒人女性像をおとしめまいとする必死の取り組みに手を貸してくれという黒人の訴えに、白人は耳を傾けなかった。白人の間では、黒人女性がみな性的にだらしなく、敬意を払うに値しないという考えがまかり通っていたため、黒人女性が何かを成し遂げても目にとまることはなかった。たとえ弁護士や医師や教師になったとしても、黒人女性であるというだけで白人からは売春婦呼ばわりされかねなかった。黒人女性であればみな十把一絡げに、手近な性の対象と見なされた。黒人女性の劇作家、ロレイン・ハンズベリー[*2]が『若く才能豊かな黒人であること』を書いたのは一九六〇年代に入ってからであったが、この作品には、全黒人女性が白人、特に白人男性から、誰にでも応じる性の対象つまり売春婦と見なされていることを示す場面が出てくる。劇中で、ある若い黒人の家事労働者が次のように言う。

> さてと。これであなたにも、いままで知らなかった私の一面がわかったでしょ！　このへんの通りじゃ、ロングアイランドやウエストチェスターから来た白人の男の子がみんな、私を見ると車から身を乗り出して叫ぶの。「おーい、いかした黒人の姉ちゃん！　おい、イゼベル[*3]！　あんただよ――とんでもない勘違いだな！　あんただってば！　あんたなら知ってるだろ、今夜どこに行きゃ楽しめるか……」
>
> 　嘘かどうか、ときどき私の後をついてきてごらんなさいよ。こっちは工場の組み立てラインで八時間働くか、ホールジーさん家《ち》の台所で一四時間働いた後の帰り道だったりするのよ。その日は三〇〇年分の怒りでいっぱいになって、目がぎらぎらしていたり、体が震えていたりするのに――通りにいる白人の男の子ときたら、私を見てセックスのことが頭に浮かぶんだから。私を見て考えるのはそのことだけ……。ああ、女装をしたってイエスさまはイエスさまでいられるけど――肌が褐色だと、みんな商売女と思うのね！

ハンズベリーは、白人男性のこの態度が黒人女性の階級を問わないことも示している。これより後の場面で、専門職に就くいかにも上品な中年の黒人女性が同じように言うのである。

「おーい、いかした黒人の姉ちゃん！　おい、イゼベル！　あんただよ……！」。通りにいる白人の男の子ときたら、私を見てセックスのことが頭に浮かぶのよね。私を見て考えるのはそれだけ！

スーザン・ブラウンミラーと同じく、ほとんどの人は黒人女性像がおとしめられたことを、奴隷制下で起きた過去の出来事としてしか考えない。しかし実のところ、黒人女性に対する性的搾取は奴隷制廃止後も長く続き、ほかの抑圧的な慣習ともあいまって、ほとんど制度のようになった。奴隷制廃止後に黒人女性像がおとしめられたのは、高まりつつあった黒人女性の自信や自尊心を打ち砕こうとする、白人の意図的な行動の結果であった。ガーダ・ラーナーは『白人のアメリカに生きる黒人女性』の中で、白人が打ち立てた「現状維持のためのからくりとそれを補強する神話からなる複雑な体制」について論じている。それは、黒人女性への性的搾取を助長し、白人女性と白人男性の社会的地位を安泰にするための体制であった。

これらのひとつが、「身持ちの悪い」黒人女性という神話であった。黒人はみな白人とは違う性衝動をもち、白人より性的能力が高いという神話を作ることによって、黒人女性を性的な奔放さの象徴に仕立てたのである。黒人女性はみな性的搾取を喜んでおり、自ら進んで身持ちを「悪く」している。それゆえ、白人女性と同じような配慮や敬意を受けるにはまったく値しない。このような神話が作られた。この人種差別的な神話に従えば、黒人女性はみなふしだらと決まっているわけであるから、黒人女性に対する性的暴行や性的搾取には、非難されるべき理由はなく、通常の社会的制裁も適用されなかった。この神話を補強する慣習はいろいろあった。法律で異人種間の結婚を禁止する、あらゆる黒人女性に「ミス」や「ミセス」という敬称を使わない、改まった場で人種が混じることを厳しく禁止する、洋服店で黒人女性には試着を断る、黒人には男女でひとつのトイレしか設けない、強姦や未成年者虐待などの性犯罪を裁くとき、被害者が白人女性か黒人女性かによって異なった法的制裁を加える、などである。

黒人女性像が一貫しておとしめられたのは、黒人に対する白人の憎悪が直接もたらした結果であるだけではなかった。社会を統制するための計算された方法でもあった。自由を獲得した黒人は、白人と同じ機会を与えられれば、あらゆる領域で誰にも劣らない優れた能力を発揮できることを再建期に証明していた。黒人が成し遂げた事柄は、黒人は本質的に劣等であるという人種差別的な観念に、真っ向から疑問を突きつけた。再建期という輝かしき時代に、黒人はアメリカの主流文化に速やかに溶け込んでいくように見えた。しかし、黒人の進歩を目の当たりにして、白人は古い社会秩序を取り戻そうとした。白人優位を維持するために、人種隔離に基づく新しい社会秩序を確立したのである。アメリカ史において、再建期に続くこの時代は、一般にジム・クロウ時代とか「分離すれども平等」時代などと呼ばれる。しかしどちらの名称も、奴隷制廃止後の人種分離が白人優越論者による故意の政治的措置であった事実から、注意をそらせてしまう。異人種間結婚は、白人が結束するにあたり最大の脅威になったので、法律や社会的な禁忌からなる複雑な制度が設けられ人種の分離を維持した。多くの州で異人種間結婚を禁じる法律が制定されたが、それでも黒人と白人が結ばれるのを食い止めることはできなかった。北部の州では、自由の身になった黒人男性と白人女性の夫婦が相当数、誕生している。白人男性が元奴隷の女性との関係を結婚として法的に認めさせることもあった。ニューオーリンズの『トリビューン』紙では、ある白人男性と黒人女性の結婚を報じた記事に、「世の中は変わった」という見出しを付けている。記者は記事の中で、「この二人の子どもは法律で嫡出と認められることに留意願いたい」と、ほかの白人男性に釘をさしている。黒人女性と白人男性の結婚に、白人たちは恐怖と怒りを覚えた。異人種間の結婚は、人種隔離の土台を揺るがせた。法律だけでは異人種間結婚を食い止められないことがわかると、白人男性は今度は心理戦によって白人優位の理念を揺るぎないものにしようとした。ふたつの重要な神話を利用して、解放されたばかりの黒人に反感を抱くよう白人全体を洗脳したのである。ふたつの神話とは、黒人女性はみな「身持ちが悪く」性的にだらしないという神話と、黒人男性は強姦魔であるという神話である。どちらも事実に基づいてはいなかった。

二十世紀初めのどの時期にも、まとまった数の黒人男性が白人女性を強姦したり、白人女性と密通した事実はなかった。異人種間結婚について研究したジョゼフ・ワシントン・ジュニアの著書、『黒人と白人の結婚』には、白人女性に交際を求めた黒人男性は結婚を望んでいたという事実が詳しく記されている。再建期に多くの白人女性が黒人男性によって強姦された事実があったわけではない。そうであったかのように白人が吹聴するのは、異人種間結婚を妨げるためであった。リンチや去勢などのむごい懲罰を科して、黒人男性が白人女性とつき合いはじめるのを防ごうとした。そして、白人女性が恐れをなして黒人男性との交際を避けるように、黒人男性はみな強姦魔であるという神話を定着させた。黒人男性への猛攻が常軌を逸していたため、歴史家や社会学者は、白人が最も恐れたのは白人女性と黒人男性の結婚であると考えた。しかし実のところ、どんな組み合わせであれ、法的に認められた人種の混交は白人にとって恐怖であった。黒人男性が白人優越論者の標的になったのは、白人女性との婚姻を法的に認めさせようとする黒人男性が多かったためである。白人優越論者は、黒人男性を野蛮な獣と見なすよう白人女性を洗脳した。その結果、白人女性は強い恐怖心を植え付けられて、黒人男性とのあらゆる接触を避けるようになった。

黒人女性と白人男性の場合は、結婚に至りさえしなければ、異人種間の交わりは大目に見られ、奨励さえされた。他方では、黒人女性がみな貞操を守れず、性的にだらしないという神話を定着させて、白人男性が黒人女性との結婚を望まないように仕向けたのである。奴隷を解放して、黒人女性を尊重し、品格ある白人社会に迎え入れようとした白人男性は、迫害や追放の憂き目に遭った。そのいっぽう奴隷制時代に、上流階級や中産階級の白人男性が黒人女性の愛人をつくって公然と同棲することは珍しくなく、世間の非難もほとんど浴びなかった。ユージーン・ジェノヴィージーは、著書『流れよ、ヨルダン河』の中で次のように解説している。

著名なプランターの中には、奴隷の愛人と、愛人との間にできたムラートの子どもを見せびらかす者さえいた。南部の農業改革運動の有名な指導者で、ジョージア州在住のデーヴィッド・ディクソンは早くに妻を亡くし、愛人をもった。愛人や愛人との間にできた子どもと堂々と一緒に暮らして、ある程度の非難には目をつぶった。一方、ルイジアナ州のベネット・H・バローは、そういった暮らし方をしている近隣の住人に怒りを爆発させた。バローによれば、ウエストフェリシアナ郡のプランター仲間はみな当然のことながら奴隷制即時廃止論には反対しているという。「でも、この郡の住人は、人種混交の中でも最もたちの悪いものを甘んじて受け入れている。たとえばジョサイアス・グレイは自分のムラートの子どもたちを公の場でもどこでも連れて行くし、ニューオーリンズからは似たような客人が彼を訪問している……」。メンフィスの初代市長であるマーカス・ウィンチェスターには、クアドルーン[*4]の美しい愛人がいた。彼はこの愛人と結婚して、ルイジアナ州に移った。ウィンチェスターの後釜として市長になったアイク・ローリンズは奴隷の女性と暮らした。結婚こそしなかったが、二人の間に生まれた息子たちには養育費をたっぷりかけた。ミシシッピ州ナチェズの横柄な金持ち連中にも、やはり同じような醜聞があった。そういった関係はほかにも報告されているが、たいていは公になっており、世間からはただ陰で文句を言われたり、当人たちがちょっとした村八分にされる程度ですんでいたという。裕福な自由人の黒人《ニグロ》を親にもつ女性の何人かは、身分のある白人男性と結婚した。

黒人女性と白人男性の結婚は、奴隷制時代には許容された。数が非常に少なく、白人優越論者の支配体制にとって何の脅威にもならなかったからである。しかし、奴隷が解放されると、もはや許されなくなった。ケンタッキー州では、かつて所有していた女性奴隷と結婚しようとした白人男性を、心神喪失と判断してほしいという申し立てが最高裁判所になされている。奴隷制が廃止され、黒人女性はみな――階級や肌の色の濃淡を問わず――決して「貴婦人」にはなれないと白人が宣言すると、白人男性が黒人女性の愛人をもつことは社会的に認められなくなった。それどころか、黒人女性像がおとしめられたために、白人男性は黒人女性と見れば売春婦であると決め込むようになった。奴隷制時代には黒人女性との性的接触がほとんどなかった下層階級の白人男性ですら、黒人女性をものにする資格があると信じ込むようになった。大都市では、多数の売春宿が建てられ、白人男性からの需要増に応じるべく黒人女性の体を供給した。黒人女性は性欲が強いという、白人が定着させた神話は、白人男性による強姦や性的搾取を助長した。この神話は白人の心にすっかり取りついてしまった。南部のある白人男性の著述家などはこう言いきっているほどである。

私は性行為に関してすべてを知っていたが、そういった行為が白人女性との間でも快楽のためになされることは、十二歳になるまで知らなかった。そんなふうに屈服する獣のような性欲をもっているのは黒人《ニグロ》女性だけだから、ただ楽しむためだけに白人男性と愛の行為を行なうのは、黒人女性だけだと思っていた。

二十世紀後半に実施された人種統合によって、異人種間結婚を阻んできた障壁の多くは取り除かれた。しかし、社会学者が予測したような人種の混交は起きなかった。黒人男性と白人女性の結婚は増加の一途をたどったが、白人男性の大半は黒人女性と結婚しなかったのである。この反応の違いは偶然ではなかった。黒人男性に対する評価は変わったが、黒人女性の否定的なイメージには何の変化も起きなかったからである。七〇年代になると、すべての黒人男性が強姦魔であるという神話は、アメリカ人一般の意識から消え去っていた。変化が起きた理由をひとつ挙げるとすれば、白人の権力者が黒人男性を虐げ苦しめるためにこの神話を利用しているという認識が広まったことであった。神話が絶対的真実と見なされなくなると、黒人男性とつき合いたいと思った白人女性は心置きなくその関係に踏み込めたし、黒人男性もまた、白人女性と心置きなくつき合えた。

『招かれざる客』や『ボクサー』といった映画のヒットで明らかになったのは、アメリカ白人たちは、黒人男性と白人女性が惹かれ合い、結婚するのを認めたくないわけではないということであった。白人たちがこうした映画を受け入れた事実は、黒人男性と白人女性が結ばれることへの恐怖がなくなったことを物語っている。すべての黒人男性が強姦魔であるという神話を、大半の白人が吹聴する状況はもはや過去のものになった。しかし白人たちは、黒人女性がみな性的にだらしないという神話を相変わらず吹聴しているし、黒人女性像をおとしめることで、白人男性と黒人女性の結婚を妨げようとしている。アメリカ白人は、かつて白人と黒人の関係を特徴づけていた人種隔離制度を法的には放棄したが、白人による支配を放棄するつもりはなかった。資本主義的家父長制に特徴づけられたアメリカで権力が白人男性の手にあることを考えると、白人が結束するうえで明らか に脅威となっているのは、白人男性と非白人女性、特に黒人女性との結婚である。白人にとって、黒人男性と白人女性の性的関係は、嫌悪感と好奇心がないまぜになって、注目の的であった。いっぽう白人男性と黒人女性の結婚が社会的に妨げられている事実は一顧だにされないことが多い。しかし、白人男性と黒人女性の結婚が妨げられることは、黒人男性と白人女性の結婚が妨げられるよりも、社会的にはずっと有害な影響を与えることになるのである。黒人男性と白人女性の結婚を描いた『招かれざる客』のような映画が、いまの時代に全米でテレビ放映されても白人たちは涼しい顔でいられたが、昼間の連続ドラマ『人生の日々』で、地位のある若い白人男性が黒人女性と恋に落ちる話は激しい反発を招いた。

白人男性が黒人男性と白人女性の結婚を妨げたのは、白人女性の性的な自由を制限し、白人女性という自分たちの「財産」を黒人男性に侵害させないためであった。しかし、男性が開発した避妊手段が進歩して、性交が必ずしも子どもができることを意味しなくなり、女性の性的な純潔さがそれほど重要視されなくなった。あらゆる男性にとって女性の体は手に入れやすくなったのである。そのため白人男性は、白人女性の性行動を監視することに以前ほど関心を示さなくなった。いまでは黒人男性と白人女性の結婚は認められやすくなり、件数も増えている。この組み合わせの結婚が、白人男性と黒人女性の結婚より認められやすい理由は、家父長制の性の政治学に見いだせる。白人女性は、権力をもつ白人男性と手を組まなければ無力なので、黒人男性と結婚しても、現存する白人の家父長制的支配にとって大した脅威にはならない。家父長制社会のアメリカでは、裕福な白人女性であっても黒人男性と結婚すれば、法律的には男性側すなわち黒人の身分を受け入れることになる。同じように、黒人女性が白人男性と結婚したら、男性側の身分を受け入れる。つまり黒人であっても、白人の姓を名乗り、子どもは白人の跡取りとなるのである。そうであるとすれば、アメリカ社会を牛耳る白人男性の大方が黒人女性と結婚してしまったら、白人種による支配の土台が危うくなる。

黒人女性像をおとしめる神話と固定観念からなる複雑な体制によって、白人男性は黒人女性を結婚相手には不向きと見なすよう、日々社会化される。アメリカ史を通じて、黒人女性との結婚を望む白人男性の数は、白人女性との結婚を望む黒人男性の数を一度も上回ったことがない。研究者によれば、白人男性はこれまでずっと黒人女性の体を「自由」かつ無制限に手に入れられたため、そうした関係を結婚によって法的に認めさせる必要など感じなかったという。しかし、この主張では、結婚相手としての適不適を決める諸要因が考慮されていない。ジョゼフ・ワシントンは次のように述べている。

黒人男性と白人女性の関係の真剣さに比べて、白人男性は黒人女性との関係に真剣にはなれなかった。

ワシントンによれば、白人男性がこうした態度をとるのは、黒人女性を「獣」つまり結婚には不向きな、性的に野蛮な人間と認識しているからであるという。ただ、ここでワシントンが論じていないのは、白人男性が黒人女性を結婚相手にふさわしいと見なさないように、白人は黒人女性の獣のような性欲にまつわる神話を周到に生かしつづけている事実である。こうした白人にとって黒人女性と白人男性の性的関係は、退廃的なセックスを措いてほかにはありえないのである。マスメディア、特にテレビは、私たち全員の心に否定的な黒人女性像を刻みつづける媒体のひとつである。若い白人男性が黒人女性と恋に落ちる前述のテレビドラマでは、主人公の黒人女性は否定的な固定観念そのものである。顔立ちは厚化粧で歪められ、唇を実際以上に厚く見せるために何か脂っぽいものが塗られている。頭にはかつらをかぶり、太り気味に見えるような服を身につけている。実生活におけるこの黒人女優は、ドラマで演じている登場人物とは似ても似つかない。ドラマの登場人物の中で、この黒人女優だけが顔立ちを大いに歪められ、別人のように見える。実生活における彼女は健康的で魅力的な女性であり、こんなふうに歪められていなければ、白人が抱く否定的な黒人女性像からはほど遠い。これに対して、恋敵役の白人女性がまったく顔立ちを変えられていないという点は意味深長である。ここ数年間にテレビで描かれた最も不快な黒人女性像は、『探偵学校』というコメディに登場する。その黒人女性は、醜さや怒りっぽさなどを理由に常に笑い者にされる。白人男性の登場人物たちがすることと言えば、この黒人女性をばかにするか、手を上げて暴力を振るうかのどちらかである。一方、この黒人女性と対比して描かれる白人女性たちは、金髪の美女と相場が決まっている。ほかのテレビ番組でも似たりよったりで、黒人女性は、性の対象とか、売春婦とか、淫乱な女として描かれることが特に多い。その次に多いのは、太りすぎで口やかましい母親である。黒人の女児の場合も同様である。コメディ『元気かい』に出てくる黒人の小さな女の子は、いわばサファイア[*5]のミニチュア版で、いつもがみがみ小言を言い、兄弟の告げ口をしていた。アメリカ映画の中でも、黒人女性はろくな描かれ方をしていない。最近の映画では、『私の名前を覚えていて』の中の黒人女性像が、いい例である。この映画では「解放された」現代の白人女性の強さが賛美される。重要なのは、主人公の白人女性の強さがある黒人女性を打ち負かすことで測られ、この黒人女性にはたまたま白人の恋人がいるという設定である。他方、肯定的な黒人女性像と言えば、たいていの場合、辛抱強く、信心深く、母親を思わせる人物である。愛する者のために献身的に尽くすというのが、黒人女性の最大の美徳である。

　テレビや映画に出てくる否定的な黒人女性像は、白人男性だけではなく、アメリカ人全体に影響を与える。黒人の親は、テレビによって娘の自信や自尊心が損なわれることをいつも不満に思っている。というのもテレビコマーシャルにさえ、黒人の女児はめったに出てこないからである。その理由は、性差別的で人種差別的なアメリカでは、黒人男性を出しておけば黒人を出したことになると考えられていることである。コマーシャルや雑誌広告で、白人については女性と男性の両方を描いても、黒人については男性を登場させれば事足りると思われている。一般のテレビ番組にも同じ論理がまかり通る。黒人男性だけ、あるいは黒人女性だけが出てくる番組はあっても、両方が一緒に登場することは稀である。お笑いバラエティ番組『サタデー・ナイト・ライヴ』などでよく見られるが、女装した黒人男性が黒人女性を演じ、黒人女性をばかにしたり笑い者にしたりする例もある。メディアを牛耳る白人が黒人女性をメディアから排除するのは、黒人女性が友人としても、性的なパートナーとしても望ましくないことを強調するためである。これによって、黒人男性と黒人女性の関係にまで亀裂が入る。というのも、白人は黒人の役どころを巧みに操縦しつつ、結局のところ黒人男性は受け入れるが黒人女性は受け入れない、と言っているからである。黒人女性が受け入れられないのは、人種と性別に基づいた既存の階層を脅かすからである。

否定的な黒人女性像は、白人男性が黒人女性を結婚相手と見なさないことに一役買っているが、白人男性がみな黒人女性を浮気相手としてしか求めていないという説は、逆に黒人女性に白人男性との結婚を躊躇させている。一般に白人は、黒人が描く固定的な白人像や白人にまつわる神話に関心をもたないが、白人男性がみな黒人女性を強姦したがっているという考えが黒人社会でいまだに広く信じられていることについても、ほとんど論じられていない。もちろん、かつてこれは事実に基づいていた。長きにわたって、大勢の白人男性が黒人女性を性的に搾取できる状況にあり、実際にそうしてきた。しかし、これがもはや過去のことであるにもかかわらず、黒人、特に黒人男性は態度を変えていない。それは主に、多くの黒人が白人に劣らぬほど人種の結束を重視し、結束を保つには何より白人男性と黒人女性の結婚を妨げなければならないと考えているからである。

黒人女性と白人男性の結婚を妨げる既存の障壁を守れば、黒人男性にとって女性を奪い合わずにすむという利点がある。性差別主義者の白人は、黒人男性がみな強姦魔だと吹聴して白人女性の性的自由を制限してきたが、黒人もまた、黒人女性の性行動を制御するために同じ手口を使うのである。黒人は長年にわたって、黒人女性に白人男性と関わらないように警告してきた。白人男性とつき合うことで、黒人女性像が傷つくことを恐れたためである。白人男性が黒人女性を性的に搾取してきた歴史的事実は否定しようもないが、この知識を、白人も黒人もこぞって、黒人女性の自由を制限するために利用しているのである。白人男性に近づくことは危険で恐ろしいと感じるよう親から社会化された黒人女性は、雇い主や教師、医師などが白人男性であると気後れしてしまう。白人男性の性欲に対して、病的な恐怖を覚える黒人女性は少なくない。ちょうど、白人女性が黒人男性に感じてきたような病的な恐怖である。病的な恐怖を覚えても、性的搾取や強姦の問題は解決されない。恐怖を覚えることはむしろそうした問題の徴候である。家父長制社会では男性が罰を受けずに女性を強姦できると肝に銘じることは、女性が生きていくために必要である。だがもっと重要なのは、女性の側でそのような攻撃を未然に防げるし、万が一、襲われても、自分の身を自分で守れると女性が認識することである。

南カリフォルニア大学で私が教えた黒人女性に関する授業では、黒人の女子学生たちが白人男性への恐怖について議論した。彼女たちは、白人男性が、職場・レストラン・廊下・エレベーターで近づいてきて、性的な誘いをかけてくることに怒りを感じていた。授業に出ていた大半の女性は、白人男性との不快な接触を避けるために、白人男性には決して愛想を振りまかず、無視するか、さもなくば敵意をあらわにするとのことであった。また、白人男性から強引に誘われた場合には侮辱を感じるのに、同じことを黒人男性からされたときは、何気なく受け流せるし、好感さえ抱くことを、女子学生は認めた。白人男性の性的な誘いの根底には人種差別があると決め込んでいたために、白人にせよ黒人にせよ、男性が女性を強引に誘うときに働く性差別意識には大差がないことに気づかなかったのである。

黒人社会では、白人男性こそが性的搾取の加害者であると強調される。そのため、黒人男性もまた黒人女性を性的に搾取している事実は見過ごされやすい。黒人の親は、娘に対して白人男性の性的な誘いには気をつけるよう忠告しても、黒人男性の性的搾取については何の注意も与えないことが多い。黒人男性は結婚相手候補と見なされたため、性的搾取になりかねない関係に黒人女性を誘い込んでも、大目に見られたのである。白人男性の性的暴行には屈しないように娘を諭した黒人の親も、黒人男性からの同じような誘いを拒めとは言わなかった。これは黒人が人種差別を意識しすぎて、性差別を見過ごしてしまう一例である。白人男性が黒人女性を標的にするとき、人種差別意識が働いていることは確かである。しかし、人種を問わずあらゆる男性が「女性を強姦したり、言葉による性的嫌がらせをしても、罪には問われない」と考えるのは、昔もいまも性差別のせいである。この点を認めることを黒人は渋ってきた。結局のところ、白人男性による黒人女性への性的搾取では、加害男性の人種よりもこうした暴行を引き起こした性差別こそが問題なのである。六〇年代にブラックパワー運動[*6]が展開されたとき、黒人男性は白人男性による黒人女性の性的搾取を誇張して、白人男性と黒人女性の交際を含む、異人種間のあらゆる交流に反対する口実にした。多くの場合、黒人男性はただ黒人女性の性行動を自らの支配下に置こうとしただけであった。ブラック・ナショナリスト[*7]を自任する男性の指導者たちは、白人女性を伴侶にしても、自分の政治的見解とはまったく矛盾しないと考えたが、白人男性を伴侶として受け入れる黒人女性には恐れと怒りを覚えた。結局こうした黒人男性は、私生活で好き勝手に振る舞うという、家父長制社会における「男性」の権利を行使しているだけであった。黒人女性の著名な政治活動家には、白人男性を伴侶として特に好むような人はいまだ見当たらないが、もしそういう女性がいたとしても、白人を伴侶にするなどもってのほかと黒人側から見なされるのがおちであろう。

白人男性が黒人女性との交際や結婚を望み、友好的な態度で申し込んでも、その女性からは拒絶されたり、まともに受け取られなかったりすることが多い。黒人、白人を問わず男性研究者が著した異人種間結婚論では(たとえば『黒人と白人の結婚』、『性にまつわる人種差別主義』、『傷だらけの黒人――アメリカの人種差別とセックス』)、白人男性と黒人女性の結婚が増えない理由として、黒人女性が二の足を踏むという点が抜け落ちている。白人男性とつき合ったり結婚したりする黒人女性は、黒人と白人双方からの嫌がらせや迫害に耐えられなくなる。場合によっては、白人女性とつき合っている黒人男性が、同じように白人とつき合おうとする黒人女性に対して傲慢な態度をとることもある。そういった黒人男性は、白人女性を犠牲者と見なすことで、自分の行動を正当化する。そのいっぽうで白人男性を抑圧者と見なすので、白人男性とつき合う黒人女性は人種差別主義の抑圧者と手を組んでいるという理屈になる。しかし、白人女性は無垢であり、人種差別とは無縁であると考えること自体、性差別に基づく女性の理想化を受け入れてしまった証《あかし》である。なぜなら白人女性も白人男性に引けを取らないほど人種差別に凝り固まりかねないことは、歴史的に証明されてきたからである。黒人男性と白人女性の関係を認め、白人男性と黒人女性の関係を認めない黒人男性が使う方便がもうひとつある。それは、白人男性が黒人女性を搾取したように、自分たち黒人男性も白人女性を搾取しているという主張である。こう主張する黒人男性は、人種差別に対して黒人の恨みを晴らすことを装いながら、その実、白人女性ひいては全女性を性的に搾取しようという魂胆をうまく隠しているのである。黒人女性と白人男性の結婚はおろか交際すら阻もうとする取り組みには、図らずも白人と黒人の双方が加担することになり、結果的には白人の家父長制的支配を維持し、黒人女性像をおとしめつづけることになった。

黒人女性像が故意におとしめられた結果、黒人女性のなすことすべてが見くびられた。多くの黒人女性は、性にまつわるイメージを払拭するために、献身的な母親であることを強調した。こうした黒人女性は、二十世紀初頭のアメリカで最盛期を迎えた「真の女らしさの礼賛」に連なって、家庭に根ざした女性であることを強調し、自分の価値を証明しようとしたのであった。みな、子どもを養うためにサービス業で一生懸命働き、途方もない自己犠牲によって愛情を示していた。その努力はアメリカ国民に認知されたが、白人はこのような黒人女性たちをわざと否定的に描いた。家族のために愛情にあふれた家庭を築こうと献身的に働く黒人女性を、ジェマイマおばさん、[*8]サファイア、アマゾン[*9]などと呼んで揶揄した。どれも、既存の性差別的な固定観念に基づく否定的な女性像であった。最近では、黒人女性を「家母長」と呼ぶこともあるが、これもまた、家庭を支えるという黒人女性の積極的な貢献を白人男性の権力側が否定的に描いた例である。黒人女性の特徴とされた否定的な固定観念は、女性への嫌悪感に満ちていた。性差別のイデオロギーが黒人に受け入れられると、女性への嫌悪に満ちた否定的な神話や固定観念は階級や人種の壁を越えて、黒人が抱く黒人女性像や、黒人女性自身の自己認識にすら影を落とすことになった。

黒人女性を蔑む固定観念の多くは、奴隷制時代に起源をもつ。黒人の間には家母長制が存在するという説を社会学者が定着させるずっと前に、白人男性の奴隷主は黒人女性の貢献をけなすための一連の神話を作り出していた。そのひとつが、黒人女性はみなオス化した人間以下の生きものだという神話である。黒人女性奴隷がいわゆる「男性向きの」仕事をこなせることを身をもって示したことは事実であり、困苦欠乏にも十分耐えられた。しかし黒人女性奴隷はまた掃除・料理・育児など、「女性向き」とされた仕事をもこなしていたのである。黒人女性は性差別主義者が定義した「男性の」役割をうまくこなすことができた。そのため、女性と男性は身体的に異なり、女性は生来、男性より劣るという家父長制を支える神話は、その土台を揺るがされた。白人男性の家父長たちは黒人の女性奴隷に男性奴隷と同じ仕事を課したが、このやり方は自ら信奉する性差別的な道理、すなわち女性は身体能力が低く、男性より劣るという理屈に矛盾していた。そこで、女性にはできないはずの仕事をなぜ黒人女性がこなせるのか、その理由を説明せざるをえなくなった。なぜ黒人女性は男性の助けなくして生きていくことができ、「男性の」仕事をもこなせるのか。それを説明するために、白人男性は、黒人女性奴隷が「本物の」女性ではなく、オス化した人間以下の生きものであると主張した。もしかしたら白人男性は、男性と互角に仕事をこなせる黒人女性奴隷を見た白人女性が、両性の社会的平等を考えはじめたり、黒人女性との政治的連帯を図ろうとすることを危惧したのかもしれない。いずれにせよ、黒人女性は既存の家父長制にとってゆゆしき脅威となった。それゆえ、白人男性は、黒人女性がオスとしての珍奇な特徴をもつという考え方を根づかせた。これを立証するために、黒人男性奴隷を遊ばせておいて、黒人女性に困難な仕事を強いることも多かった。

今日の研究者には、あらゆる男女の社会的平等を建設的にとらえようとしない傾向があり、そのために、黒人の家族構造には家母長制が存在するという説が生まれた。黒人女性が自立し、家族の中で重要な役割を果たしている事実を目新しい理屈で説明するために、男性の社会科学者は黒人女性の家母長としての権力にまつわる数々の説を考え出した。奴隷所有者がそうであったように、人種差別主義の研究者たちもまた、母親と稼ぎ手という二役をこなす黒人女性を、新たな定義を必要とする特異な行動をとる存在と見なした。しかし実際には、白人女性であっても貧しかったり夫に先立たれたりすれば、二役をこなすことは珍しくなかった。にもかかわらず、黒人女性だけに家母長というレッテルを貼った。家母長という肩書きは、アメリカにおける黒人女性の社会的地位を正確に表してはいない。アメリカ合衆国に家母長制が存在したことは、いまだかつてない。

社会学者が、黒人の家族構造に家母長制とも言える秩序が存在すると喧伝していたまさにそのとき、黒人女性はアメリカで社会的・経済的に最も恵まれない集団のひとつになっていた。その地位は、家母長とは似ても似つかぬものであった。政治活動家のアンジェラ・デーヴィス〔第一章の訳注6を参照〕は、家母長というレッテルについて次のように書いている。

黒人女性を家母長と呼ぶのは、残酷な誤りである。黒人女性は、自分とは無縁の浅ましい経済的利益のために妊娠や出産を押しつけられてきたのだから、心に深い傷を負っているに違いない。家母長というのは、黒人女性の心の傷を無視する呼び名である。

家母長という言葉は、女性が社会的・政治的権力を行使できる社会秩序の存在を示唆している。これは黒人女性のみならず、アメリカ社会のすべての女性が置かれてきた境遇とはかけ離れている。黒人女性の人生を左右するのは、本人ではなく他人、それもたいていは白人男性である。社会学者が黒人女性を安易に家母長と呼ぶのであれば、ままごとでお母さん役をしている女の子もそう呼ぶべきである。黒人女性にも女の子にも、自分の運命を切り開くだけの実質的な力はない。

ジーン・ボンドとポーリーン・ペリーは「黒人男性は去勢されているのか」と題する論文で、家母長制という神話についてこう記している。

このような黒人女性のイメージを社会学の理論としてやみくもに強調することは、人種差別という視点から見れば筋が通っている。黒人の家母長とは、黒人女性が強いられた境遇に関する虚実をないまぜにして、大方が白人の手で作り上げられた虚像である。

家母長という言葉が誤用されたせいで、男性のいない家庭の女性は誰彼かまわず家母長と呼ばれるようになってしまった。歴史上、家母長制社会が実在したかどうかについて、人類学者の意見は分かれている。しかし、家母長制と考えられる社会構造について調べてみれば、家母長の社会的地位とアメリカの黒人女性の社会的地位が少しも似ていないことがはっきりわかる。家母長制社会では、女性はほぼ例外なく経済的に安泰であった。それに引き換え、アメリカで黒人女性の経済状態が盤石であったことなど、いまだかつてない。就業している黒人男性の平均所得は、近年では白人女性の平均所得を上回ることが多いが、黒人女性の平均賃金はいまだ白人女性にも黒人男性にも遠く及ばない。また、資産を保有していることも家母長の特徴であるが、概して所得が低い黒人女性の中で、資産を獲得し保有できる人などほんの一握りにすぎない。さらに、女性中心の家母長制社会では、政治や家庭生活において家母長が権威ある役割を担う。家母長について調査した人類学者ヘレン・ダイナーは、家母長という女性の立場が家父長制社会における男性の立場に似ていることに気づいた。家母長の役割について、ダイナーはこう解説している。「女性が重労働を行ない、一方で男性が家でのらくらしていたとしたら、それは男性に重要な事柄の遂行権や決定権がないからである」

白人の社会学者が主張した黒人女性家母長説によれば、黒人女性は「家の中の男性《マン・オブ・ザ・ハウス》」つまり家長である場合が多いということになるが、これは現実とはかけ離れている。母子家庭であっても、「男性」としての責任が息子にゆだねられる場合はあるし、家に出入りする男性の友人や恋人が意思決定の役割を担うこともある。男性がまったくいない家庭でさえ、自分が「男性の」役割を負っていると考える黒人女性は皆無に等しい。加えて、アメリカの政界には、意思決定権を行使できる黒人女性がほとんどいない。確かに、現在ではかつてないほど多くの黒人女性が政界入りを果たしているが、黒人女性の人口比で言えばその数はまだ少ない。性差別と人種差別が、黒人女性議員や黒人女性知事の数を抑えていると、ワシントンにある政治研究共同センターは報告している。以下は、同センターの調査報告である。

アメリカでは、一九六九年からの四年間に、選挙で選ばれた公職者全体における黒人女性の数が二倍以上に増えた。とはいえ今日でも、公選された黒人公務員のうち女性が占める割合は一二％にすぎず、全体から見れば、「僅少」と言えるほど低い割合であることが調査で明らかになった。さらにこの報告によれば、全米には黒人女性の有権者が約七〇〇万人いるにもかかわらず、全米の公選職者五二万余人のうち、黒人女性は三三六人にすぎない。それでも、黒人女性の公務員数は、四年前より約一六〇％増であるという。

家母長制社会の特徴として人類学者が挙げているものの多くは、フェミニストが獲得しようと闘っている権利と似通っている。家母長制社会の特徴のひとつに、女性が自分の体を意のままにできることがある。家母長制社会を研究したダイナーは、「何よりもまず、女性は自分の体に対する自由裁量権をもっていた。望むときはいつでも妊娠を中絶したり、最初から妊娠を避けたりできる」と明言している。現代社会の女性が妊娠と出産を意のままにできない状況こそが、女性解放運動の一番の原動力になってきた。特に自分の体を意のままにしにくいのは、下層階級の女性、したがって黒人女性の多くである。ほとんどの州では、お金が十分にある女性（とりわけ上流階級や中産階級の白人女性）であれば、いつの時代も望まぬ妊娠を避けることができた。出産を制御する機会が最も少なかったのは、黒人と白人の貧しい女性である。ダイナーはそのほかにも、家母長制社会の特性をいろいろ挙げているが、いずれも黒人女性にはまったくあてはまらない。たとえばダイナーは、家母長制の文化で男女どちらの子どもが喜ばれるかを研究し、次のように結論づけている。「女児の方が喜ばれる。家系を存続させることができるのは女児であり、男児にはできないからである」。対照的に、黒人女性は家父長制社会の大多数の女性と同じく、娘よりも息子の誕生を喜ぶ。なぜなら、私たちの社会は男児を尊び、女児を軽んじることが多いためである。また、男性優位の社会では、男性が家事をすれば沽券に関わると見なされるが、同様に、女性優位の社会では優位に立つ者、つまり女性が家事をすることは屈辱的であると考えられた。これに対して黒人女性は、自宅でも、他人の家でも、家事のほぼすべてを担っている。さらに、家母長制国家では女性が結婚すると、家父長制国家で男性に与えられるのと同じ特権を獲得できた。ダイナーは次のように主張している。

結婚した男性には、従順さが求められる。古代エジプトの結婚契約書にもそう明記された。また、男性は貞節でいなければならないが、妻は貞節である必要はない。さらに離婚の権利をもつのは妻である。

黒人女性はこうした自由を享受していない。それは家父長制社会の大半の女性と同じである。

このように、ざっと比べただけでも、家母長の地位と黒人女性が現実に置かれてきた地位には、ほとんど共通性がないことがわかる。これまでにもいろいろな人が、黒人家母長制の存在を唱える説は信用できないという内容の評論や記事を書いてきた。にもかかわらず、この言葉は黒人女性の地位を表すものとして広く使われつづけている。否定的な黒人女性像を存続させたい白人は、すぐにこの言葉をもち出す。家母長制の神話は当初、黒人女性と黒人男性双方の面目をつぶすために使われた。黒人女性に対しては、おまえたちは女らしさをなげうったという非難が浴びせられた。家族を養うために外で働き、そうすることで黒人男性の男らしさを奪ったというわけである。他方黒人男性は、おまえたちは軟弱でめめしく、男として失格であると非難された。「おまえたちの」女どもは卑しい仕事に就いているではないか、というのである。

黒人家族を調べるため、白人の家族構造との類似性を知ろうとした白人男性の研究者は、自分たちの調査資料には偏見による歪みなどないと確信して、黒人家族においては女性が家族の意思決定に積極的役割を担っているという仮説を立てた。しかし忘れてはならないのは、こうした白人男性が、選り抜きの研究・教育機関で教育を受けた点である。これらの機関は、黒人や多数の白人女性に門戸を閉ざしていた。つまりは、人種差別と性差別に満ちた機関であった。だからこそ、こうした白人男性研究者は黒人家族を観察して、黒人女性の自立性や意志の強さや主導権を、あえて黒人男性の男らしさに対する攻撃と見なしたのである。黒人女性が家庭において積極的役割を担えば、黒人男性も恩恵を被ることができるのに、性差別の呪縛を断ち切れない白人男性研究者には、そのことがわからなかった。こうした白人男性研究者によれば、黒人女性が家庭で母親兼稼ぎ手として積極的な役割を果たしたばかりに、黒人男性は家父長の地位を失ったことになる。さらに、女性を世帯主とする黒人家庭が多いことをこれと結びつけた。つまり、黒人女性がいばっているために、黒人男性は親の役割を退いたという理屈である。そして黒人女性がいばっている理由は、黒人男性が失業していて、黒人女性が家族を養っていることであるという。

男性には家族を満足させたいと思う本能があり、失業や稼ぎが悪いせいでそれができないと去勢されたように感じるなどという考えは、的外れでまったく不正確な仮説である。そうではなく、この社会では、男性は養うことで得られる見返りについて教えられるのである。家父長制社会の結婚は、交換制度に基づいている。男性は女性と子どもを養い、そのかわりに性的に満足させてもらい、家事や育児をしてもらえると伝統的に教えられている。黒人男性が無気力になったのは、家父長として家族を養えなかったからであるという考え方は、黒人男性が家族を養う使命を感じているという前提に基づいている。それができないと、男らしさの喪失や罪の意識を感じるとされる。しかし、これは事実に即してはいない。稼ぎがある黒人男性であっても妻子に金を渡すことを渋ったり、なけなしの給料を分かち合うことに憤慨する者は多い。確かに、アメリカの資本主義という経済体制においては、失業を強いられる黒人男性は少なくない。しかし、一方では、もし働かなくても生きていけるのであれば、苦労ばかりで報酬が少ない「くだらない」職には就きたくないという黒人男性もいる。こういう男性は、職に就くことと男らしさを結びつけて考えたりはしない。無職でいるよりも、低賃金で卑しい仕事をする方が、男の沽券に関わることなのである。私は何も、妻子を養うことを重んじる黒人男性がこれまで多くはいなかったと言うつもりはない。ただ、養いたいという願望が、男性に備わった本能ではないことを忘れてほしくないのである。たとえば別れた夫に子どもの養育費を払わせようとしている女性を、人種や階級を問わず調査してみるといい。それだけで、男性が妻子を養うことを渋る十分な証拠を入手できるはずである。中産階級の黒人男性の一部は、男らしさの標準的な定義を鵜呑みにして家族の扶養を重視したため、それができなければ恥じたり男らしさを失ったとさえ感じたかもしれない。けれども、家母長制の神話が社会理論としてもてはやされたとき、黒人男性の大多数は労働者階級であった。当然ながら賃金が低く家族を養うことすら難しい労働者階級の男性の間では、一人前の男かどうかや男らしさは、経済力だけでは判断されないのである。

予備知識のない人が黒人家母長制説の分析を耳にしたら、黒人女性は一家を養えるだけの仕事に就くことができ、この仕事のおかげで黒人男性より高い地位を獲得したと考えてしまうであろう。しかし、そのようなことは決してなかった。実のところ、黒人女性の多くが従事したサービス業の職場では、人種差別主義者の白人による虐待や侮辱は日常的であった。こうした職場で働く黒人女性は、一日じゅう街角に立っている失業中の黒人男性以上に、人間性を奪われた屈辱感に苛まれていたかもしれない。仕事に就いているとはいえ、低賃金の仕事に就いていることが必ずしも自信につながるわけではないのである。サービス業に就いた黒人女性は職場で個人の尊厳を捨てなければならなかったのに、失業中の黒人男性はそれを維持できた可能性は十分にある。近所に住んでいた下層階級の黒人男性が、個人の尊厳を損なうような仕事ならやる価値がないと語っていたことを、私ははっきり覚えている。いっぽう黒人女性は、生活がかかっているときに個人の尊厳など云々すべきでないと思うように仕向けられていた。家事労働などのサービス業に就くほど「おちぶれていない」と自負する黒人女性は、思い上がった女として笑い者にされた。それでいて、失業中の黒人男性が自分をこき使う「男性《やつ》」に我慢できないという話をすると、誰もが同情したのである。男性が卑しい仕事を拒むことは、性差別的な考え方によって許容されていた。たとえ家族を養えなくても、である。多くの黒人男性は家族を捨てても蔑まれはしなかったが、もし黒人女性が同じことをしたら非難を浴びていたであろう。

黒人女性を家母長として最初に描いたのは白人男性だが、黒人はすんなりこの主張を受け入れた。これまでにも否定的な黒人女性像や神話はいろいろあったが、家母長制ほど黒人の意識に有害な影響を与えたものはない。黒人女性の就業は、労働市場においても、家庭を支えるという点でも必要であった。しかし黒人女性がこうした役割を担えば、即座に女らしくないと思われた。働く女性をよく思わない傾向は、歴史を通じてアメリカ社会に存在してきた。それゆえ、黒人男性が黒人女性労働者に非難の目を向けるのは何も特異なことではなかった。ロバート・スマッツは、『アメリカの女性と労働』で女性労働者に関する包括的な研究（主に白人女性についての研究）を行なっており、働く女性に対して、かつてアメリカ社会で一般的に見られた態度を次のように論じている。

世紀転換期に、女性の就労は大きな社会問題であった。ウィスコンシン州裁判所は、女性が外で働きたがることとは反逆に近いという判決を下したが、これに同調するアメリカ人は少なくなかった。この見解を支持する主張の大半は、女性の本質と役割についての共通認識に基づいていた。つまり、体格、気質、精神構造のいずれにおいても、女性は母親にふさわしく、かつ家庭を守る役割に適しているというこじつけである。女性にほかの役割を与えれば、女性の本質だけでなく、心身の健康や命までをも危険にさらすことになるだろう。この女性観は、男性観と補完し合うものであった。男性は真の家庭作りに不可欠な、「優しさ、思いやり……美、徳の調和」という女性特有の美徳を欠いていた。しかし、実業、政治、戦争を遂行するのに必要な、「精力、大望、勇敢、力強い熱情」といった男らしい特性を豊富に備えていた……

史上初めて労働人口に加わった女性として、スマッツが論じているのは白人女性である。その点で人種差別的な研究の典型例ではあるが、働く女性への否定的な態度については正確に描かれている。

白人男性は白人女性が労働人口に加わったことを、男性の立場と男らしさを脅かすものと見なした。黒人男性もまた、黒人女性労働者の存在を同じように訝った。人種を問わず、男性はそのように社会化されていたのである。家母長制説は、そのような黒人男性に、働く黒人女性を非難する格好の口実を与えた。多くの黒人男性は、男らしさを失う危機をわが身に覚えていなくとも性差別のイデオロギーだけは受け入れて、賃金を得る黒人女性に軽蔑の眼差しを向けた。そして、一家の稼ぎ手が女性であるのは、黒人女性が家母長の性向をもつからであり、「本物の」男は自分が唯一の主《あるじ》ではないような家庭にはいられないと言い張った。この性差別的な論理に従えば、黒人男性がつむじを曲げた原因は、家庭内で黒人女性の権力が大きすぎたからではなく、女性が権力をもつことそのものにあったと考えていい。週に四〇時間あくせく働き、食費や住居費といった必要経費をようやくまかなえるだけしか稼がない女性労働者を、経済的に自立しているなどと男性研究者が決めつけることは、当の女性にとっては迷惑千万である。性差別的な社会に住むほとんどの男性にとって、主とは絶対的な権力の持ち主を意味する。家父長制的な家庭では、女性が食費の足しになる程度の稼ぎでベビーシッターの仕事に就いただけで、男性には脅威と感じられたのかもしれない。黒人男性にとって家母長制の神話は心理的な武器になった。この神話を利用して、黒人女性に家庭内で従属的な役割を担わせたいという要求を正当化したのである。

黒人女性を家母長とする神話を受け入れた男性は、黒人女性を自身の権力に対する脅威と見なした。これは黒人男性だけに限らない。家父長制社会では、ほとんどの男性が、伝統的な受け身の役割を担わない女性に対して恐怖や怒りを覚える。人種差別的な白人の抑圧者は、黒人男性の失業の責任を黒人女性に転嫁することにより、性差別を絆にして黒人男性と手を結ぶことができた。白人男性は、黒人男性が生まれたときから植え付けられてきた性差別的な感情を利用して、すべての女性ではなく特に黒人女性だけを男らしさの敵と見るよう、黒人男性を社会化したのである。前述したように、黒人史の研究者は黒人女性が受けた迫害を軽視して、黒人男性だけに目を向けるきらいがある。黒人女性は性差別と人種差別による二重の迫害の犠牲者であるが、アメリカ史ではたいてい黒人男性よりも恩恵を被ってきたように描かれる。しかし、そのような事実を歴史的に裏づけることはできない。家母長制の神話は、黒人女性が黒人男性に与えられなかった特権をまたしても手に入れたように見せかけた。けれども、仮に白人が家事手伝いや洗濯係として黒人男性を雇うつもりであったとしても、黒人男性は男の沽券に関わると考えて断っていたであろう。白人の社会学者は、あたかも黒人の家庭では「権力」が女性の手中にあり、男性にはないかのように家母長制の神話を描いた。このような推論は、収入の有無だけを根拠としていた。にもかかわらず、黒人男女の間には溝が作られてしまった。

黒人女性の中には、黒人男性と同じくらい喜んで家母長制説に飛びつき、家母長を自任した者もいた。そういった女性たちには、黒人家庭における女性の貢献がようやく認められたように思えたからである。アフリカ史に興味をもつ若い黒人女性も、アメリカにも家母長制があるという説に惹かれた。アフリカという祖先の地には、女性が支配した社会があることを学んでいたためで、家母長制はアフリカ文化の名残であると主張した。概して、家母長という呼び名を誇りに思う黒人女性が少なくなかったのは、黒人女性像にまつわるほかの呼び名より、こちらの方がはるかに肯定的な響きをもつからである。乳母、あばずれ、淫乱女に比べれば間違いなく肯定的であった。黒人女性がもし本当に家母長であるなら、名誉や誇りを感じてしかるべきである。しかし、アメリカで黒人女性が置かれている社会的地位は、家母長とはほど遠い。だから、白人と黒人が黒人女性を執拗に家母長と呼ぶのがなぜなのか、その動機を疑ってみなければならない。白人は、黒人女性がみな性的にだらしないという神話を用いて黒人女性像をおとしめたが、同じように家母長制の神話を使い、男性を去勢するオス化した黒人女性像をアメリカ人の意識に刻もうとした。

それにもかかわらず、黒人女性は家母長という呼び名を喜んで受け入れた。自分が特権を与えられているように思えたからである。これは、植民者が被植民者の現実をいかに見事に歪曲できるかを示す一例にすぎない。歪曲された現実によって被植民者は、自分にとって益よりも害となる概念を受け入れてしまうのである。白人の奴隷主が奴隷反乱を防ぐために使った手段のひとつは、奴隷を洗脳して、黒人は自由の身でいるより奴隷でいた方が手厚く守ってもらえると信じさせることであった。主人が描く自由のイメージを受け入れた黒人奴隷は、奴隷の鎖を断ち切ることを恐れた。同じような手口が黒人女性の洗脳にも使われてきた。経済的に迫害され、性と人種による二重の差別を受けている黒人女性に、白人たちは、こう信じ込ませようとしている。おまえたちは家母長だから社会的にも政治的にも自律を手にしているのだ、と。

こうした戯言に惑わされ、実際にはない力をもっているような気にさせられると、私たち黒人女性が性差別および人種差別による二重の迫害と闘うべく団結することが難しくなる。事務員として働くある黒人女性に、インタビューを行なったことがある。この女性は貧困すれすれの暮らしをしていたにもかかわらず、黒人女性は家母長であり、たくましく、自律を手にしていると強調しつづけた。しかし実のところ、この女性は家計のやりくりでノイローゼになる寸前であった。留意すべきは、黒人女性を家母長と定義づけた社会学者が、家母長制社会における女性の地位をまったく論じなかった点である。もし論じられていたら、それがアメリカにおける大多数の黒人女性の境遇とは似ても似つかないことを、黒人はすぐ悟ったであろう。自分には力があると錯覚させられた黒人女性は、間違いなく、女性を解放する社会運動など必要ないと考えることになる。性差別の最大の犠牲者と言ってもいい私たち黒人女性が、性差別を糾弾しようとしないことは、まさしく悲しい皮肉である。

黒人家母長制の神話のおかげで、横暴でオス化した、アマゾンのような黒人女性像がさらに定着していくことになった。白人は黒人女性をアマゾンにたとえた。つまり、白人の考えによると、「貴婦人」には耐えられないはずの苦難に耐えられるということは、黒人女性が人間以下の動物的な強靱さを備えているしるしであった。この考え方は、十九世紀に現れた、黒人女性像の本質に関するさまざまな見解とぴったり合致した。家母長制の神話と同じく、黒人女性をアマゾンにたとえる考え方も、大方が神話と幻想に基づいていた。ギリシャ神話のアマゾンは女性の集団で、女性が治める社会の建設を目指していた。家母長とは違い、アマゾンは男性がごくわずかしかいない社会を築きたいと考えていた。ダイナーは、アマゾンの女性について次のように記している。

アマゾンは男性を否定し、男の跡継ぎを殺す。活力が自分とは別に存在することを認めず、自分の中にそれを取り入れる。そして、左が女性で、右が男性の、両性具有者のように、自己の中でそれを発現させる……。ホメロスはアマゾンの心持をアンティアネイライと呼んだが、この語は「男性を憎む」あるいは「男性に匹敵する」の両方に翻訳できる。

しかし、本書のためにインタビューに答えてくれた大多数の女性は、女性の人生で最も重要な側面は男性との関係であるとはばからずに認めていた。『エッセンス』誌にざっと目を通してみれば、黒人女性が男性との交際にいかに取りつかれているかがわかる。

ほとんどの黒人女性には男性にすっかり頼りきる機会などいまだかつてなかった。しかし、家父長制社会では、女性に求められるのは男性への寄生虫のような依存である。黒人女性の場合、かつては男性に依存していたとしても、奴隷制によって依存が断ち切られ、生きるために孤軍奮闘しなければならなくなった。奴隷制下で男女の別なく働くことを強いられたため、奴隷制時代以降も黒人女性が男性に依存するような状況は生まれなかった。女性は生来かよわいという性差別的な神話が吹聴されていたものの、黒人女性は働いていたので、ある程度の自立心を発揮せざるをえなかった。労働者になるかならないかを選択できるような黒人女性はほとんどいなかったのである。しかも、働いているからといって、黒人女性の間にフェミニスト意識が芽生えたわけではない。大勢の黒人女性がサービス業、農業、製造業、事務職といった分野の労働人口に加わったが、大部分は男性に養ってもらえないことに憤っていた。近年になって、働く女性に対する見方は一変した。多くの女性が働きたい、あるいは働かなければ生活できないと考えるようになった。労働人口に加わる中産階級の白人女性が増えつづけている事実は、働く女性への態度が変化したことを物語っている。人種を問わず女性の大部分が資本主義の労働力になることが一般に認められるまで、多くの黒人女性は自分たちが働かなければならないことに激しい怒りを覚えていた。興味深いのは、アメリカ史上初めて多くの白人女性が労働人口に加わったとき、当初こそ批判や迫害もあったが、当座の攻撃がやむと抗議の声がほとんど上がらなくなったことである。まして、従来は男性がしていた仕事をこなしているからといって、白人女性がオス化したなどという議論が起きることもなかった。

今日では、白人女性が労働人口に加われば、それは自立に向けた一歩で、よいことであると見なされる。しかし労働人口に加わる黒人女性の方は、黒人男性の職や男らしさを奪っているという風当たりをいままで以上に強く感じている。若い大卒の黒人女性の中には、黒人男性の自信を傷つけまいとして、自らの仕事に対する野心を押し殺してしまう者も多い。黒人女性はさまざまな事情から、自分を前面に出さざるをえないことも多い。しかし、本書の準備段階で私が話をしたほとんどの黒人女性は、女性より男性の方が優れており、男性の権威にある程度、従うことは女性にとって不可欠な役割であると思い込んでいた。大半のアメリカ人の意識には、黒人女性は強くてたくましいという固定観念が刻みつけられている。だから、たとえ女らしさや従順さという性差別的な考えに従っていることが明らかであっても、黒人女性であるからには、強靱で横暴であろうと見なされる。白人がアマゾンにたとえた黒人女性の特性は、その大部分が自力では変えようがない状況をただ禁欲的に受け入れてきた結果なのである。

家母長制の神話といい、黒人アマゾン神話といい、双方の中枢には、精力的でたくましい女性像がある。それに対して、ジェマイマおばさんにたとえられた黒人女性は、従順で辛抱強い。しかし、歴史家ハーバート・ガットマンは、以下のような黒人女性像を裏づける証拠はほとんどないと主張する。

……典型的な召使いは、年老いた乳母で、南北戦争前から同じ家で仕えていた。乳母自身が白人家族に忠実であったからか、あるいは白人家族がこのような乳母には特別な配慮をしたからである。

ガットマンによれば、実際に白人家庭にいたのは、たいてい年若い黒人の子守女で、雇い主への愛着などろくになかったという。ガットマンの考察は黒人の乳母像の起源には及んでいないが、これもまた白人による想像の産物であった。乳母像にあてはまる黒人女性が実在することは、それほど重要ではない。問題は、白人が作り上げた黒人女性像が、大多数の黒人女性とは似ても似つかなかったことである。もし、ガットマンの言うとおり、南北戦争前の典型的な白人家庭の「子守女」が年若く白人家族に愛着をもっていなかったとしたら、白人がわざわざ正反対の乳母像を作り出したことは意味深い。白人がこのような黒人乳母像を作り上げるようになった経緯は、容易に想像できる。白人男性が黒人女性の体に欲望を抱いていたことを考えると、白人女性は若い黒人女性が家の中で働くのを快く思わなかったに違いない。夫と関係をもつのではないかと恐れたからである。そこで白人女性は頭の中で理想的な黒人の子守女をでっち上げた。まず第一に女を感じさせない存在で、したがって太っていなければならなかった（肥満体が望ましい）。また、清純な印象を与えないように、脂じみた布で頭を覆っていた。窮屈な靴からのぞく大きな足も、知性に欠けただらしなさを物語っていた。長所といえば、何と言っても白人に対する愛情であり、白人のためなら喜んで自らを投げ出した。このような乳母像を、白人は愛着を込めて描いた。なぜならこの乳母像こそ、性差別と人種差別を極めた理想的な黒人女性像であったからである。白人への全面的な服従こそ、黒人女性に求められた理想であった。ある意味で、乳母像として作り上げられた黒人女性には、白人が利用したい特徴のみが体現されていた。白人の言いなりになる養育者、見返りを期待せずにすべてを捧げる母親のような人物である。しかもこの女性は、自分が白人より劣っていることを認めるだけでなく、白人を愛してもいた。このような乳母なら、白人の家父長制的な社会秩序にとって脅威にはならない。白人の人種差別的な支配体制を甘受してくれるからである。このような黒人乳母は、白人にとって模範的な黒人女性像として、現代のテレビ番組にも登場している。

ジェマイマおばさんに代表される乳母像と対になっているのが、サファイアである。サファイアとして描かれる黒人女性は、邪悪で裏切り者であるうえ、性悪で頑固な憎むべき存在、要するに、乳母像の対極である。サファイア像の土台には、女性は生まれつき邪悪であるという古くからの固定観念がある。キリスト教の神話で、女性は罪と悪の源として描かれた。人種差別と性差別に満ちた通念では、女性の邪悪さと罪深さの権化が黒人女性であった。白人男性が黒人女性の人間性を奪ったり黒人女性を性的に搾取することは、黒人女性を魔性の女性と見なせば正当化できた。一方、黒人男性は黒人男性で、黒人女性はあまりにも邪悪であるから、一緒にはやっていけないと主張することができた。さらに白人女性は、邪悪で罪深い黒人女性像を利用して、自分たちが無垢で清らかであることを強調できた。ちょうど聖書に出てくるイヴのように、黒人女性は女性嫌いの男性と人種差別に凝り固まった女性のスケープゴートにされて、邪悪さの化身と見なされたのである。ペリーとボンドは、アメリカ文化の中で古来描かれてきたサファイアを、『黒人女性』の中の論文で次のように説明している。

一九三〇年代から四〇年代の映画やラジオ番組は、相も変わらずサファイアのような黒人女性像を描きつづけた。鉄の意志をもち、有能で、黒人男性に対して不誠実かつ軽蔑的な黒人女性である。一方、黒人男性はへらへら笑い、無能で、他人のとばっちりを食う存在として描かれている。確かに、私たちの大半はえらそうにいばりちらす黒人女性に出会ったことがある（ただし、黒人女性だけでなく白人女性にも）。そのような女性の多くは人生と恋愛につまずいて、失望から逃れるために苦しまぎれに、常軌を逸した自信過剰に陥るのである。

サファイア像を広めたのは、ラジオとテレビで放送された『エーモスとアンディ』という番組であった。サファイアはキングフィッシュという登場人物の妻で、小言ばかり言っている口うるさい女性である。題名が示すように、番組の主人公は黒人男性たちで、口やかましいサファイアの登場によって、視聴者の同情が黒人男性に向けられるというわけである。自分が置かれた境遇に不満や怒りをはっきり表すあらゆる黒人女性は、サファイアと同一視された。だから多くの黒人女性は、口うるさいサファイアと呼ばれないように、こうした感情を押し殺すのである。あるいは、黒人女性に対する強い風当たりをかわすために、喜んでサファイアになりきる者もいる。黒人女性が「邪悪」に見えたとしても、見せかけにすぎないかもしれない。性差別と人種差別に満ちた社会から搾取されないように、仮面をつけている可能性もある。

黒人女性像を特徴づけるあらゆる神話や固定観念の根底には、女性を忌み嫌う否定的な通念がある。にもかかわらず、黒人女性の経験を見定めようとする研究の大部分は、こうした神話や固定観念を基盤にしている。多くの人が黒人女性をありのままに認識することができないのは、ともすると否定的な色眼鏡で黒人女性を見てしまうからである。こうして黒人女性像がおとしめられつづけているために、黒人女性にとって自己を肯定的にとらえることはきわめて難しく、不可能な場合も多い。何しろ、否定的な黒人女性像を日々見せつけられているのである。実のところ、こうした否定的な固定観念と、それを人生の手本として私たちが甘受してきたことこそ、私たち黒人女性を迫害してきた大きな要因である。

# 第三章　家父長制という帝国主義

第二波フェミニズムが始動したとき、性差別が黒人女性の社会的地位に与える有害な影響はほとんど話題にされなかった。運動の先頭に立った上流階級や中産階級の白人女性は、家父長的な権力、つまり男性が女性を支配するために使う権力が上流階級や中産階級の白人男性だけでなく、階級や人種を問わずアメリカ社会の全男性の特権であることを、まったく強調しなかった。白人のフェミニストは、もっぱら白人男女の経済格差に焦点を絞って性差別の弊害を論じた。そのため、貧しい下層階級の男性も、アメリカ社会のほかの男性集団と何ら変わらず女性を迫害できるという事実には一切注目しなかった。フェミニストは、男性による経済力の独占こそが女性に対する迫害であると考える傾向があったため、白人男性を「唯一の」敵と見なした。こうして「男尊女卑のブタ」というレッテルを貼られた白人男性の家父長を、黒人男性の性差別主義者は都合よく利用できた。性差別主義者の黒人男性は、自身の女性差別や搾取、家父長制への共感を棚に上げて、白人女性や黒人女性と一緒になって白人男性による迫害に抗議した。黒人の指導者は男女を問わず、黒人男性による黒人女性への性差別的な迫害を認めることを渋ってきた。なぜかと言えば、黒人にとって人種差別以外に差別が存在することを認めたくないからである。そのうえ、人種差別の犠牲者である黒人男性が、同時に黒人女性に対しては性差別の加害者であることを認めれば、人種差別への抵抗運動がややこしくなってしまう。指導者としては、それも避けたいのである。そういう事情から、黒人の男女間に見られる性差別的な迫害に対しては、重大な問題であるという認識がほとんどない。黒人男性が被った人種差別の弊害が誇張されてきたことで、去勢され無気力になった黒人男性像が生まれた。黒人男性が人種差別の犠牲者であるからといって、性差別の加害者にならないわけではないし、黒人女性への性差別的な迫害が許されたり正当化されたりするわけでもないが、人々は決してそれを認めようとしない。弱々しい黒人男性像がアメリカ人の思考をあまりに強く支配しているためである。

アメリカの奴隷制が始まるはるか以前から、黒人男性は女性を差別していた。白人の支配下で植民地化されたアメリカは性差別に基づく社会であったが、黒人はこうした社会で奴隷にされる以前から男性が女性より優れていると考えていた。白人の性差別は、単に黒人の考えを補強する役割を果たしたにすぎなかった。先に奴隷の文化を論じた際、私は家父長制的な社会構造によって、男性奴隷は女性奴隷よりも上に位置づけられたと記した。しかし、黒人文化の中で男性奴隷の地位が女性より高かったことを、歴史家は認めたがらない。さらに、白人の主人が課した性別による仕事の区別に男性偏重の傾向が見られた点も、歴史家は認めようとしない（たとえば、黒人女性は「男性の」仕事をさせられたが、黒人男性が「めめしい」仕事をさせられることはなかった。また女性は野良仕事をしても、男性が子どもの世話をすることはなかった）。現代では、男性の役割は家族を守り養うことであるとする、性差別に基づいた定義が強調されている。そのため研究者は、黒人男性がこのような役割を担えなかったことこそ、奴隷制によって黒人が被った最大の痛手であったと主張してきた。しかし、家族を守り養う役目を果たせなくとも、家父長制社会において男性が女性より優位に立つことは自明の理であった。それは努力して獲得するというたぐいの地位ではなかった。黒人男性奴隷は、自分やほかの者を扶養できる社会的立場に置かれていないことは明らかであったが、ただ男性であるというだけで黒人女性より優位に立っていた。だからといって男性奴隷が女性より常に厚遇されたわけではない。しかし、性役割の区分に基づく男性優位ははっきりと認められた。

労働力としても、高等教育機関においても、十九世紀のアメリカでは全女性が性差別を受けていた。そのため、奴隷制下にあっても、隷属を解かれても、黒人の中で指導的役割を果たす可能性が高いのは黒人男性であった。男性の指導者が多かったために、初期の黒人解放運動の方針は黒人男性によって定められることになり、その結果、家父長制を引きずることになった。ソジャーナ・

トゥルース〔序章の訳注3を参照〕やハリエット・タブマン[*1]といった勇気ある黒人女性の指導者は、規範を逸脱した存在であった。つまり自由を求めた闘いの陣頭に立つ男性に大胆にも挑んだ、例外的な女性であった。集会、昼食会、夕食会などの公の席で、黒人男性の指導者は家父長制を支持した。とはいっても、女性に対する差別を直接口にしたわけではない。男性指導者の性差別は、黒人男性が黒人女性を崇め奉るというロマンティックな外観に覆い隠されていた。歯に衣きせぬブラック・ナショナリスト〔第二章の訳注7を参照〕であったマーティン・ディレーニー[*2]は、一八五二年に発表した政治的な論文「アメリカ黒人の境遇、地位向上、移住、運命」の中で、黒人の男女それぞれが性別の役割をもつことを擁護している。

われわれ黒人の青年男女に教育の機会を与えて、人としての務めを果たせるようにしてやろう。そうすれば、男性は商取引などの重要な仕事に従事できるし、若い女性は教師になったり、そうでなくとも何かしら人の役に立つことができる……

わが黒人の女性たちは、立派な人間でなければならない。なぜなら、子どもたちの母親になるからである。母親は子どもにとって最初の教師である。つまり、子どもに最初の影響を与え、その影響は例外なく最も長続きする。こうしたことを考えれば、母親はいっそう正しくあるべきである。母親を堕落から救えば、子どもも一緒に向上する。要するに、私たちが見たいのは、黒人の若い男性がノートに料理の作り方を書きとめる姿ではなく、ほかの商人に遜色なく送り状と商品を堂々と取り扱っている姿である。

フレデリック・ダグラス〔第一章の訳注9を参照〕はアメリカの人種問題を、もっぱら白人男性と黒人男性の闘いとして考えた。一八六五年に発表した評論「黒人男性が求めるもの」では、女性に選挙権がないまま黒人男性が選挙権を得ることを支持する内容の主張を行なっている。

選挙権を奪われている人がほかにもいるからといって、黒人《ニグロ》が選挙権を奪われていることを、いまこの時点で正当化すべきであろうか？　私は女性にも、男性と同様に投票する権利があると考えているし、女性が選挙権を求める運動には心から賛同する。しかし、それとこれとは別問題である。なぜ私たちが選挙権を求めるのか。その理由はまず第一に、それが私たちの権利だからである。いかなる男性も権利を奪われれば男としての本質を傷つけられるのである。

この記述からわかるように、ダグラスにとって「黒人《ニグロ》」とは黒人男性を意味するのである。評論で女性の選挙権をも支持すると公言してはいるものの、ダグラスは明らかに、女性よりも男性に選挙権を与えることが理にかなうと考えていた。ダグラスなどの黒人男性活動家は、選挙権が女性より男性にとって重要であると強調することによって、性差別を絆にして白人男性と手を結んだのである。

黒人男性の活動家や政治指導者は、私生活では妻に従属的な役割を求めた。女権拡張論者であるメアリ・チャーチ・テリル〔序章の訳注2を参照〕は、活動家で弁護士である夫から、政治には関わらないでほしいと思われていたことを日記に書きつけている。夫からは、守ってやらなければ壊れてしまうガラス製品のように扱われる、とテリルは不満げに述べている。夫は家父長の立場を利用して、テリルの政治活動を妨害しようとしたのである。家庭外の世界と接触しすぎれば、妻の女らしさが「汚される」という不安からであった。ブッカー・T・ワシントン[*3]と三番目の妻マーガレット・マリーの結婚生活にも、やはり同じような摩擦があった。マーガレットはもっと積極的に黒人の政治運動に携わることを望んだが、家庭という私的領域に留まるよう促されたのである。アイダ・B・ウェルズ[*4]の夫は妻の政治活動を支援した。しかし、ウェルズは育児の責任を全うし、小さな子どもを連れてさまざまな演説の場に現れた。カルヴィン・チェイスは一八九四年に『ビー』紙に「わが女性たち」というタイトルで社説を書き、黒人女性を庇護するよう黒人男性に呼びかけた。「われわれの女性たちを守る義務を果たそう。女性たちを感化するだけではなく、われわれ黒人の地位向上に関係するあらゆる物事を改善していこう」と説いている。ジェームズ・フォートゥン[*5]やチャールズ・レモンド[*6]、マーティン・ディレーニー、フレデリック・ダグラスといった十九世紀の黒人男性指導者は、政治的な権利を得ようとする女性の活動は支援した。しかし、男性と女性が社会的に平等であるという考えは認めなかった。それどころか、こういった指導者は家父長制を頑《かたくな》に支持していたのである。十九世紀のリベラルな白人男性もそうであったように、黒人男性の指導者もまた、男性優位が保たれればという条件つきで、女性に政治的権利を認めた。ある白人の著述家は、女性に対する南部のしきたりを論じるなかで、次のように述べている。「南部の人種差別主義者と黒人活動家は、女性を同じように見ていた。どちらも女性を権利が制限された二級の性と見なしていたのである」

十九世紀の黒人大衆は、白人社会から分離された黒人だけの文化の中で、家父長制を保つことに全霊を傾けた。黒人女性が望んだのは、愛情深い夫に養われ、守られ、崇められながら、主婦という「女らしい」役割を担うことであった。ただし、ひとつ問題があった。黒人男性が就ける仕事がほとんどなかったのである。人種差別主義者の白人は黒人男性を雇うことを拒んだが、その一方で、黒人女性は白人の家で家事をする仕事を見つけることができた。このように、白人が黒人女性を雇い、黒人男性には仕事を与えなかったのは、白人が黒人女性を偏重していた証拠であるというのが、白人と黒人双方の解釈であった。しかしこの議論は、家政婦や洗濯婦として家事に携わることが、「まともな」仕事とも有意義な仕事とも見なされなかったという明白な事実を看過している。白人は家事労働に従事する黒人女性を、十分な報酬に値する重要な仕事に就いているとは考えなかった。

黒人女性が従事する家事労働などは、女性「本来の」役割の延長にすぎないと見なされ、価値を認められなかったのである。白人男性は、稼ぎになる堅実な仕事を黒人男性に奪われまいと、人種差別を用いて黒人男性を締め出したが、白人女性は家事労働を喜んで黒人女性に明け渡した。家事が屈辱的な仕事と見なされていたとなれば、家事労働を与えられたからといって黒人女性が白人にひいきされていたとは考えにくい。むしろ、白人はこんなふうに考えたに違いない。黒人女性は気高さや自尊心とは無縁であるから、卑しい仕事をさせたところで、恥ずかしいとも思わないであろう、と。

黒人女性の多くは家の外で働きながらも、家父長制を忠実に支持しつづけた。こうした女性たちは、自分が外で働かなければならないのは黒人男性がふがいないからであると考えた。黒人男性が働いている家庭であっても、男性の稼ぎだけで生活ができなければ、妻は腹がいえぬ思いで、外で働かざるをえなかった。黒人女性は男性に、一家の稼ぎ手、つまり世帯主の役割を担うよう圧力をかけ、それが黒人の夫婦や男女関係に緊張を生む大きな原因となった。黒人男性は往々にして、黒人女性が望むほどには稼げなかったからである。資本主義社会のアメリカでは消費を担うのは主に女性で、もっと稼げと男性に圧力をかけるのもだいたい女性である。黒人女性も例外ではない。多くの白人男性はひたすら仕事に徹して、妻の物質主義的な要求に応えたが、黒人男性の多くは妻の要求に反発した。しかし、なかには仕事を二、三、かけもちして妻子の物質主義的な要求を満たした黒人男性もいた。

一九七〇年、L・J・アクセルソンは「働く妻――黒人《ニグロ》男性と白人男性の認識の違い」という評論を発表した。そこでは、黒人男性の方が白人男性に比べてずっと、外で働く妻に対して協力的で理解があるという資料が紹介されている。家族を養わない黒人男性に最も怒りを覚えてきたのは、むしろ黒人女性であった。一九六八年の『リベレーター』誌には、黒人女性の著述家ゲイル・ストークスが書いた、「黒人女性から黒人男性へ」という評論が載っている。この中で、ストークスは家族を養おうとしない黒人男性に、憤りと侮《あなど》りを向けている。

当然、あなたはこう言うでしょう。「自分が帰宅したとき、くたびれきった女がいたら、そいつを愛したり一緒にいたいという気持ちになれるはずがない。白人の女性は夫を家に迎え入れるとき、おまえたち黒人女のようにくたびれきっちゃいないね」と。

そうではなく、あなたが無知なだけ。私のような家政婦がいて、何でもかわりにやってあげるのだから、白人女性がくたびれきっているわけがないじゃない。子どもを怒鳴ることもなければ、熱いコンロの前に立つこともない。何だって、かわりにやってもらえる。それに、白人女性の夫は妻を愛していてもいなくても、とにかく養ってくれる……養ってくれる……聞いてるかい、そこの黒ん坊？　養ってくれるんだよ！

働く黒人女性のこうした怒りは、家父長制を受け入れ、強く支持している証である。男らしさを家族を養うことと同一視してきたので、養ってくれない黒人男性には、だまされ、裏切られたという思いがある。一家の稼ぎ手になろうとしない黒人男性など、自分勝手で怠惰で無責任であり、白人男性の社会学用語で言う「去勢された」男にすぎないということになる。黒人男性を軟弱でめめしいと考えたからといって、黒人女性が男性支配を拒絶したわけではない。逆に、家父長制を心から支持し、一家の稼ぎ手になりたがらない黒人男性を軽蔑していることの表れである。

黒人男性が去勢されたのは黒人女性が外で働いたからであるという議論には、男性は仕事を通じて自己の存在意義を確かめ、一家の稼ぎ手として充実感を得るという前提がある。実のところ、男性が従事する仕事のほとんどは、時間を食い、活力を枯渇させるばかりで、退屈きわまりなく、充実感など微塵も与えてはくれないが、こうしたことは考慮されない。『アメリカ人男性――男らしさの危機を斬る』を書いたマイロン・ブレントンによれば、男性は仕事によって「男性的な力」を誇示できるとは感じないという。確かに、ほとんどのアメリカ人男性は仕事こそ男の役割と見なすよう社会化される。それはブレントンも認めるところである。しかし、仕事こそ男としての力の表れであり、人生で最も重要であるという考えを受け入れた男性はたいてい失望することも、ブレントンは主張している。「アメリカ人男性は、一家の稼ぎ手になることで男らしさを確認できると期待する。しかし仕事そのものが人間性を失わせる、つまり男らしさを失わせる要素をはらんでいる」。アメリカでも黒人男性の場合は、仕事を美化することはほとんどなかった。というのも、黒人男性が就いた仕事は、大方があまり魅力的ではなかったからである。卑しいと見なされる仕事で、しかも上司から嫌がらせを受けていては、充実感など得られないことをよく知っていた。さらに、屈辱に耐えることに見合う給料などまず期待できないこともわかっていた。白人中産階級の家父長制を吸収した上昇志向の強い黒人男性ほど、黒人男性が去勢されたという説を熱心に受け入れてきた。アメリカ社会は昔から黒人男性の権力を制限してきたが、それを最も痛切に感ずるのが、こうした上昇志向の強い黒人男性である。有名人など経済的に成功した黒人男性が、アメリカ社会で「黒人男性に権力が与えられていないこと」を嘆き、この社会で自分は「本物の」男になれないと力説するのをよく耳にする。現実には、黒人男性が完全に去勢されているわけではないことは、彼ら自身の成功が示している。けれども、こうした男性たちはその現実にはあえて言及しない。実は、彼らが言っているのはこういうことである。自分たちは家父長制と、それに付随する男性の競争社会を受け入れたが、アメリカ社会で白人男性が資本主義の権力機構を牛耳っているかぎり、黒人男性は去勢されていると感じつづけるであろう、と。

白人男性の権力機構を敵視する黒人男性は、往々にしてその権力を欲している。怒りをあらわにするのは、白人男性の家父長制への批判というより、むしろ権力争いに全面参加させてもらえないことへの反発である。こうした黒人男性は、従来男性が女性を服従させることを特に強く支持してきた。黒人の家庭の家長であることを証明して、「男らしさ」の承認を得たかったのである。

十九世紀の黒人男性指導者は、黒人も男性としての特権にふさわしいと白人に認めさせるためには、すべての黒人男性に妻を守り養う覚悟があると示すことが重要であると痛感していた。二十世紀の黒人男性指導者も同じ手段を用いた。マーカス・ガーヴィー[*7]や、エライジャ・ムハンマド[*8]、マルコムX[*9]、マーティン・ルーサー・キング二世[*10]、ストークリー・カーマイケル[*11]、アミリ・バラカ[*12]といった黒人男性の指導者は、当然のごとく家父長制を支持した。政治の場でも家庭生活でも、黒人男性が黒人女性を従属的な立場に追いやることが絶対に必要である、と異口同音に主張した。アミリ・バラカは一九七〇年七月号の『ブラック・ワールド』誌に評論を発表し、黒人の家父長制を打ち立てる決意を公にしている。ただし、家父長制とか男性支配などという言葉は使っていない。かわりに、黒人家庭における家父長制の構築が、そこに内在する女性蔑視の姿勢もろとも、あたかも白人の人種差別に対する建設的な対応であるかのように論じている。バラカの甘美な語り口は、黒人男性の指導者が性差別的な主張に含まれる負の意味合いを隠すために用いた言葉遣いの典型である。すべての黒人に向けて、バラカは次のように語りかけている。

われわれは黒人女性と黒人男性を、まるで別々の存在のように論じる。黒人の男女がこれまで互いに引き離されてきたせいである。われわれの手は互いを求めて差し伸べられている。相手に近づき補完し合い、互いを思いやるために。奴隷制がわれわれを引き離した。われわれは、それをそのまま受け入れてしまった。その結果、われわれの頭の中には、われわれの本質にはなじまない精神が宿ることになった。われわれを引き離したその精神を、われわれは決して理解できない。そのときにはもう、離れ離れになっていた。たとえ私の手があなたの手に重ねられても、あなたはそこにはいないであろう。もちろん、私もそこにはいない。あらゆる根なし草に混じってさまよっている。

こうして離れ離れになっているからこそ、われわれには自己を見きわめ、自己を取り戻すことが必要なのである。アフリカ人として本来あるべき姿を取り戻すことで、黒人の男女が離れ離れにされている状態を解消しなければならない。黒人の男女を別々に考えるのではなく、黒人女性が黒人男性を補完する神聖な存在であることを悟らなければならない。たとえば、われわれ黒人は男女の「平等」など信じない。悪魔や、悪魔に魅入られた者が唱える女性の平等を、われわれは呑み込めない。男と女は決して平等ではない……男女の平等は、自然の摂理に反している。黒人男性ならこう言うだろう。「女性は女性……男性は男性……」

バラカはこの「新たな」黒人の世界を、自分が拒絶している白人世界とは明らかに価値観が異なるものとして提示している。しかし、バラカが言う黒人の社会も、白人のアメリカ社会と同じく家父長制という土台の上に築かれていた。女性の役割についてのバラカの言葉は、当時のアメリカで白人男性が用いた言葉と大差なかった。現に『アメリカ人男性』という本の中では、インタビューを受けた白人男性はみな、白人女性の就業率の増加が男性の地位を脅かすことに不安を覚え、性別分業がはっきりしていた昔を懐かしんでいる。バラカと同じように、白人男性も次のような意見を述べている。

あの頃はよかった。男は男で、女は女で、どちらもそれをわきまえていたよ。父親は本当の意味で家長だったね。母親は、家長だということで父親を敬っていたし、定められた仕事をこなして、家庭の中で十分満足していたよ……男は強く、女は女らしかった――うさんくさい平等の話をうだうだしゃべることなんか、ほとんどなかった。

白人男性が男性としての役割が揺らぐという不安を表明したちょうどそのとき、黒人男性が黒人女性を服従させたことをあえて公言したのは、単なる偶然ではない。それまで黒人男性は、地位と権力をめぐる男同士の闘いでは白人男性に負けを喫していると自覚してきたが、ここでついに切り札を出すことができたのである。つまり、「自分の」女を意のままにできるのであるから、自分は「本物の」男だというわけである。バラカをはじめとする黒人男性は、白人男性にめめしいとか、男らしくないというレッテルを貼ることができた。バラカは著書『根拠地』に「アメリカの性的指標《黒人男性論》」という評論を収めており、まず、同性愛への嫌悪感に満ちた言葉から書きはじめている。

たいていのアメリカの白人の男たちは、同性愛者になるよう馴らされている。そのために、かれらの顔がいつでも現実がつくりだすあの傷を蒙らないで、弱々しくぽかんとしていても、すこしも不思議じゃない。あの顔の赤らみ、あの絹の青さ《シルク・ブルー》の同性愛者の眼……ちょっとの間でもふつうの中流の白人の男が、誰かに危害を加えうるなんて想像できるかね？　ひとりっきりで？いまこの瞬間、あいかわらず白人の男に世界を支配させている工業技術《テクノロジー》なしで？　白人の男の優しさ、弱々しさ、またその現実からの遊離を、きみは理解しているかい？*13

皮肉にも、バラカらが賛美した黒人男性の「力」は、黒人男性を原始的で屈強で精力的であるとする、人種差別に満ちたお定まりの黒人像であった。人種差別主義者の白人は、すべての黒人男性を強姦魔であるとする主張を裏づけるために、これとまったく同じ黒人男性像を喚起したが、その黒人男性像が今度は美化されて肯定的な特徴となった。こうした黒人男性像の台頭の先駆けとなったバラカらは、アメリカ国民に強烈な印象を与えた。強い黒人男性像を強調するブラック・ムスリムズ*14などの集団に、アメリカ人は恐怖と同時に畏敬の念を抱いた。

著作や演説からはっきりわかるように、一九六〇年代の黒人政治活動家の大部分は、黒人解放運動を、新たに生まれつつあった黒人の家父長制に承認と支持を取り付ける動きと見なしていた。ブラックパワーを標榜しながら白人女性を伴侶に選ぶ黒人男性の矛盾を、ブラックパワー運動の批判者が指摘すると、「本物の」男は誰でも好きな相手とつき合うことで自分の力を示すとうそぶかれた。黒人運動の闘士が白人女性を伴侶にすることは可能かと尋ねられたバラカは、次のように答えている。

ジム・ブラウンがかなり率直に言っているが、本当に彼の言うとおりだ。彼いわく、黒人男性と白人男性、そして女性がいる。つまり、黒人闘争に携わりながら、女性を手に入れることは実際に可能である。女性がたまたま黒人か白人かということは、もはや誰の目も引かない。ただ、男性が女性を手に入れたということが重要なのである。認めたいかどうかは別として、闘いは白人男性と黒人男性の間で行なわれている。いまはそこが戦場である。

黒人男性がブラックパワー運動を通じて宣言したのは、たとえ主流のアメリカ社会と決別し、新たな黒人文化を作るとしても、自分たち男性は権力を獲得する手段を手に入れる決意をしたということであった。黒人男性の闘士がこう主張すると、白人男性は動揺した。相手が怒りや敵意や復讐心を抱く正当な理由は、十分あるとわかっていたからである。白人男性は暴力的な抵抗で応じ、黒人の闘士を打倒することに成功したが、男としての言葉をもちはじめた黒人男性に感銘を受けた。ブラックパワー運動はアメリカの白人の心に大きな衝撃を与えたのである。ジョエル・コヴェルは著書『白人の人種差別——ある心理歴史学』の中で、ブラックパワー運動が白人の黒人観を一変させたと主張している。

マルコムXや、その急進的な後継者らが奨励した公然たる抵抗を通じて、黒人はそれまで押しつけられていた黒人像を洗い清め、長年見せかけてきた謙虚な素振りを脱ぎ捨てた。その結果、黒人自身が肯定的な黒人像を作り直す素地ができた。黒人がこうして尊厳を取り戻せたことは、人類が迫害に抵抗する強さをもっている証拠であり、黒人と白人双方にとって大いなる希望となる。確かに、怒りと破壊を経ずしては尊厳の回復が果たされないことは、遺憾に思えるかもしれない。しかし、かつて奴隷であった者を人間と見なす発想すらない西洋的な象徴体系の下では、残念ながらそうした手段が必要である。この英雄的な行為にこそ、われわれが拠って立つ限りなく破壊的な相克を打ち破る、真の突破口がある。

失われた男らしさの回復を強調したブラックパワー提唱者の要求に、多くの白人男性は好意的な反応を示した。それは、性差別によってこの目標に感情移入できたからにほかならなかった。ブラックパワーという名目で黒人男性が求めた家父長としての特権は、まさに性差別的な家父長制を支持する白人男性が求めてやまないものであった。白人女性も白人男性も、黒人が経済的搾取の償いを要求しても共感を覚えなかったが、「男らしさ」を示したいという黒人男性の欲求にはあっさり共鳴した。白人たちはアメリカ人として社会化されていたので、社会的な平等が万人の生得権であると心から信じてはいなかったが、権力を求め、それを手にすることこそ、男性の本質であると思い込んでいたのである。ミシェル・ウォレス〔序章の訳注14を参照〕は物議をかもした著書『強き性、お前の名は』の中で、ブラックパワー運動は成果を上げなかったと一蹴するとともに、黒人男性の主な関心は白人女性の体を手に入れることであったと示唆している。実際には、六〇年代の黒人運動は、異人種間の交際を妨げる障壁を取り除いただけではなく、黒人に社会的・経済的利益を少なからずもたらしもした。その点をウォレスは理解できていない。しかし、いくらブラックパワー運動が有意義な成果をもたらしたとしても、運動の言葉遣いからにじみ出た女性蔑視の姿勢が負の影響をもたらした事実は、看過できないし正当化することもできない。

六〇年代のブラックパワー運動は、人種差別への抵抗でもあったが、同時に黒人男性が家父長制を公然と支持した運動でもあった。闘争に参加した黒人男性は、白人男性の人種差別を大っぴらに攻撃しつつ、家父長制の信奉という共通点によって白人男性との結束を強めもした。黒人男性の闘士と白人男性を結びつけた絆は、性差別であった。両者とも、女性が生まれつき劣っていると信じ込み、男性による支配を支持した。もうひとつの絆は、黒人男性が白人男性と同様、権力を手にする手段として暴力を容認した点である。白人男性は黒人男性の暴力を見て、興奮と歓喜を覚えた。こうした反応は、いつの時代にも戦争へ赴く男性が示してきたものである。白人男性は黒人男性の闘士たちを攻撃はしたものの、腕力を誇示した相手に敬意を表したのである。六〇年代のブラックパワー運動以来、白人男性は以前より積極的に黒人男性を警官に採用するようになったし、軍隊でもより多くの指導的地位が黒人に開かれた。警察や軍隊など男性のものとされる領域では、昔から人種差別の感情が二の次になってもよしとされていた。スポーツ界にはあからさまな人種差別も見られるが、そこは黒人男性の男性的な能力がある程度、認められた最初の場所でもある。人種差別はこれまでずっと黒人男性と白人男性を分断してきたが、性差別は両者を結束させてきたのである。

アメリカ社会の基盤は家父長制だけであると言わんばかりに、白人も黒人もあらゆる人種の男性が結束する。こうした姿勢は、ただ女性差別に基づいたアメリカ社会のしきたりを受け入れたことの証というだけではない。これは、アメリカを含む世界各地で男性の支配体制を維持しようとする、ゆゆしき政治的取り組みである。『性差別に反対する男性へ』という選集に入っている評論「性の公平性に向けて」では、著者のジョン・ストルテンバーグが家父長制の政治構造を論じている。それによると、家父長制には以下のような特徴があるという。

家父長制では、男女双方のあるべき姿を決めるのは男性である。なぜなら、家父長制とは、そもそも男らしさを規範とする文化だからである。家父長制のもとでの男らしさは、力や威光、女性を見下し女性に敵対する特権にある。それこそが男らしさであり、男らしさとはそれ以外の何ものでもない。

こうした男らしさの規範を男性の生態に則しているとして弁護する試みが、これまでにいろいろなされてきた。たとえば、男性が文化的に力をもつことはヒトのオスの性的攻撃性が自然に表れた結果であると言われている。しかし、実際には逆であると思う。つまり男性の性的攻撃性こそが、男性の文化的な権力の証であると考えられる。男性の性的攻撃性とは一〇〇％学習された行動であり、男性が一〇〇％支配する文化が男性に教えた後天的なものであると思う。これから説明していくが、男根をもって生まれた人間に、家父長制が権力や威信や特権を与える社会のしくみがあると私は考える。（母なる自然ではなく）家父長制が助長する男女の性別に基づく決まりがあり、男根の働きを定めているのであろう。

さらにストルテンバーグが強調しているのは、男性が性差別主義という絆で結ばれることによって、家父長制が維持される点である。

男根をもって生まれた人間が男らしさを獲得し、それを維持する社会のしくみは、男性同士の絆が結ばれるときに起きる。男性同士の結束は、社会の中で男性が後天的に身につけた習性である。それによって男性は、互いが男性という「階級」に属していることを認め合い、帰属意識を強化する。そして、女性に生まれたわけではないと互いに念を押すのである。男性の結束は政治的で、あらゆるところで見られる。二人の男性が出会うときには、いつでも結束が見られる。男性の結束が見られるのは集団だけに限らない。どのような形であれ二人の男性が出会えば、それはすなわち男性の結束なのである。少年は、結束すべきことを幼いうちから学ぶ。そして、男性として結束できるように、男らしい身振りや話し方、態度や振る舞いという入念に作り上げられた規範を身につける。この規範は、男性社会から女性を締め出すことにも役立っている。男性は結束することによって、自分たちこそ家父長制下で権力を手にする資格があることを互いに確かめ合う。結束することで、権力を手中に収め、結束することで、権力を維持するのである。したがって男性は、結束を妨げることを厳しく禁じる。結束を妨げないことは、家父長制社会の要なのである。

人種差別が障壁になり、白人男性と黒人男性が性差別に基づいて完全に手を結ぶことは不可能であった。しかし、両者が手を組むことはありえた。

アメリカ社会で黒人男性が自分の「男らしさ」にこだわるのは、ただ男性に生まれたというだけで、権力を手にする権利があるとする神話をすっかり信じ込んでいるからである。人種差別のせいで黒人が白人との社会的平等を得られなかったとき、黒人男性はまるで自分たちだけが黒人の代表であり、したがって黒人男性だけが人種差別による迫害の犠牲者であるかのように反応した。黒人男性が自由を奪われたことを認めても、黒人女性が自由を奪われていることには思いいたらないようであった。黒人の小説家リチャード・ライト[*15]は、著した抗議小説すべての中で、人種差別は黒人男性の人間性を奪ったと強調しているが、その書き方はまるで黒人女性が人種差別の影響とは無縁であったと言わんばかりである。短編「長い黒い歌」では、白人男性を殺したばかりの主人公サイラスが、怒りに燃えながら次のように叫んでいる。

白人たちは、俺にチャンスってものを与えちゃくれなかった！　白人たちは、黒人にチャンスを与えちゃくれねえんだ！　一生の間に、こちらの持ってるもので、白人たちに取られねえものは一つとしてありゃしねえ！　奴らは、ひとの土地は取っちまう！　自由は取っちまう！　女は取っちまう！　で、そのあげくに、ひとの生命を取っちまうんだ！[*16]

ライトは、女性を男性の所有物のように扱っている。ライトの目から見ると、女性は男性の自我の延長にすぎないということになる。これは家父長制にとらわれた男性が抱く典型的な女性観である。

黒人男性が黒人女性の苦しみを些細なこととして片付けられるのは、性差別的な社会化により、女性に人間としての価値を見いだせなくなっているからである。家父長制にはこうした女性蔑視がはびこっている。レナード・シャインは「男はみな女嫌いである」と題した評論の中で、家父長制が男性を女性嫌いにさせると論じている。

家父長制のいしずえは、女性を虐げることである。これを揺るぎなくするために、男性が女性を嫌うよう社会が仕向けているのである。

私たち男性が成長する過程を考えれば、女性嫌いがどのようにして始まったかが簡単にわかる。幼児の頃、最初に惹かれるのは母親、つまり女性である。成長するに従って、母親への愛情にかわって、父親と自分を重ね合わせる術を学ぶ。

家父長制下における核家族は、家族全員が男性（父親・夫）に依存するようにできている。私たちはこのような抑圧的な雰囲気の中で成長するので、子どもでさえ、この権力の階層をとても敏感に感じ取る。父親（そして警察官から医師、大統領に至るまで、父親にたとえられる人々）が権力をもち、母親が権力をもたないことを、子どもは大人が知っているよりもよく理解している。母親がほしいものを手に入れるには、策を講じて、同情で相手を操らなければならない。

人種差別は性差別的な社会化の妨げにはならず、黒人男性も白人男性とまったく同じ性差別を取り込むよう社会化される。男に生まれたのであるから、自分は世の中で特権的な地位にある、と黒人の男児はごく幼いうちに認識してしまう。男性が女性より上位にあることを認識する。こうして幼少期に性差別的な社会化がなされた結果、黒人男性は白人男性と性差別的な考えを共有しながら大人になっていく。女性が身を退かず、男性である自分を立てない場合には、軽蔑と敵意をあらわにする。従順でない女性には、そういった感情を抱くように刷り込まれたからである。

黒人男性はアメリカ史を通じて性差別主義を貫いてきたが、現代ではそれがあからさまに女性嫌悪の形をとっている。男性側のこうした変化は、女性の性行動をどうとらえるかに関する文化の変化に応じたものである。女性が処女つまり「よい」娘と、性に大らかな「品行の悪い」娘に二分されていれば、男性は女性への気遣いらしきものをある程度、保つことができた。しかし、ピルなどの避妊手段が出現し、男性が女性の体に存分に近づけるようになると、女性に思いやりや敬意を示す必要性などまったく感じなくなった。いまや男性はすべての女性を「不品行」な「淫乱女」と見なし、軽蔑と嫌悪感をはばかりなく表せるようになった。白人男性社会は、性の対象として商品化することで女性を搾取し、ポルノや強姦を推奨することで、女性に対する嫌悪感をあらわにしている。黒人男性の嫌悪感は、増大する家庭内暴力や（これは白人男性も同じである）、黒人女性を家母長だの、男を去勢する女だの、あばずれだのとなじる激しい言葉に表れる。家父長制の構造を考えれば、黒人男性が黒人女性を敵視しはじめたのは至極もっともであった。シャインは男性の女性嫌悪について、次のように書いている。

……心理的に、私たちは自分の嫌いな人間を対象化する。つまり自分とは切り離して考え、自分より劣っていると見なす……

女性嫌悪によって培われ、女性嫌悪を強固にするもうひとつの状況は、少し後に現れる。男性として、自分が社会で特権的な立場にあることを理解しはじめるのである。正統派ユダヤ教徒は毎朝、神に祈るとき、自分が女性に生まれなかったことを「彼〔神〕」に感謝する。女性に「身の程をわきまえ」させなければ男性としての特権を維持できないことを、私たち男性は無意識に直感する。だから、常に不安を感じながら暮らしている。権力を脅かすものは至るところにある（寝室にさえある。というより、特に寝室にある）。このように、自分の権力に楯つかれる不安こそ、私たち男性が「生意気な」女性を病的に嫌う理由である。

黒人女性はこれまでずっと「生意気すぎる」と見なされてきた。奴隷制時代に白人男性がそう決めたのである。一九六五年に、ダニエル・モイニハンは黒人家族に関する報告書を発表し、これが黒人男性の去勢説を定着させることになった。報告書が発表された当初、黒人男性はその主張の弱点や欠陥をあげつらった。自分たちが去勢されているなんて、ばかげているうえに、真実ではないと論じたのである。しかし、彼らはほどなくモイニハンと同じことをぼやきはじめた。黒人女性が男性を去勢するという考え方を認めたことで、それまで秘匿していた女性嫌悪をあらわにできるようになった。黒人男性は、一方では家母長制の神話を受け入れ、それを利用して黒人女性にもっと従順になるよう迫りながらも、自分たちはいつだって暴力や腕力で女性を服従させられるのであるから、男らしさを脅かされてはいないというメッセージを発した。

下層階級の黒人社会では、男性としての資格が一家の稼ぎ手になりうるかどうかで定められるわけではないことが知られてきた。ある黒人男性が以下のように言うとおりである。

白人社会では、敬意とは多分に社会が定めるものである。相手の男性が裁判官や教授や企業幹部であれば、敬意を表さなければならない。しかし、こうした慣習がないゲットーでは、男性は自分の個人的資質で他人からの敬意を勝ち得なければならない。それには、体を張って自分を守る能力も含まれる。

白人男性が敬意を慣習化したと言われれば、そのとおりである。しかし、白人男性の権力者としての成功の度合いは、科学技術を駆使して暴行を働く能力や、金儲けのために他人を搾取する能力で測られる。その意味では、白人男性が男性として敬意を勝ち得る術は、黒人男性と大差ない。白人男性の場合、日本人やヴェトナム人の殺戮を組織的に計画し実行することで「男の力」を証明する。一方、黒人男性の場合、殺害の対象はほかの黒人男性か黒人女性である。黒人同士の殺し合いは若い黒人男性の死因の上位を占めている。黒人の精神科医、アルヴィン・プーサンによれば、殺し合いをするような黒人男性は「自己嫌悪の犠牲者」であるという。確かに、自分に自信がもてないことが暴力行為に走らせる要因となることは考えられる。しかし、男性の暴力を男らしさの表れとして大目に見る文化では、他人に腕力を振るうこと、つまり他人を迫害することは、自己嫌悪の表れというより、満足感が得られる、やりがいのある行為と言って差し支えない。

多くの黒人共同体で、男性は大人になると、自分が大胆不敵で、暴力行為すら恐れないことを仲間の男性に示さなければならないと感じる。そこで銃を持ち歩き、いつでもそれを使えるようにしておくことで、「男性としての」強さを公にするのである。帝国主義的で人種差別的な家父長制社会では迫害が肯定されるので、男女双方が、他者を迫害できるかどうかで自分の価値を判断したとしても驚くには当たらない。最近、若い黒人男性に殺害された連邦捜査局（ＦＢＩ）捜査官の遺体がアパートから運び出されたとき、クリーヴランドの黒人の若者が喝采したという出来事を、カリフォルニア州の有力紙の白人男性記者が驚きと怒りをもって報じていた。しかし、暴力崇拝がメディア（テレビ、映画、マンガ本）で幅を利かせる文化では、若い男女が暴力を賛美するのは無理からぬことである。しかも若い黒人男性の場合、自分が無条件に白人男性の攻撃の的になることを、やはりメディアから学んでいる。それゆえ、白人の法執行者の象徴が黒人仲間に殺されたのを見て溜飲を下げたとしても、特に不思議ではない。何しろ若い黒人男性は生まれてこのかた、性差別的な社会化によって、暴行を働かなければ「男らしさを失った」と感じるように仕向けられてきたのである。

黒人女性が黒人男性の「男らしさを失わせた」という説を広めたモイニハン報告書について、忘れられがちな事実がある。それは、この報告書が黒人男性に軍隊入りを強く促していることである。モイニハンは戦争を「完全なる男の世界」と呼び、戦争という殺戮の世界でこそ、黒人男性は自信と自尊心をもてるようになると考えた。モイニハンもまた、家父長制社会の白人男性の例に漏れず、暴力が男性の強さの肯定的な表れであることを認めたのである。モイニハンは次のように主張している。

大勢の黒人《ニグロ》の若者は、母親中心の無秩序な家庭で大人になる。彼らが家庭生活から受ける重圧を考えれば、軍隊は劇的で切実に必要とされる変化である。そこは女性のいない世界であり、疑いようのない権威をもった強い男性が支配する場所である。

性差別は男性同士の暴力をあおるだけではなく、女性に対する暴力をも助長する。家父長制社会では、男性の欲求不満による攻撃が、無力な者、つまり女性と子どもに向けられることがよしとされる。そのため、白人も黒人も男性は揃って女性を虐待する。本書では、白人男性より黒人男性の女性嫌悪を取り上げるが、アメリカ社会で女性を迫害しているのは黒人男性だけであると示唆するつもりはない。アメリカ社会では、黒人男性の暴力行為が常に大きく取り扱われてきた。そうすることで、白人男性の暴力から注意がそれるからである。アメリカでは、この二〇年で女性に対する男性の暴力が増加した。反フェミニスト派によれば、性役割の変化に危機感をもった男性が、家庭内暴力で怒りを発散しているからであるという。性役割が明確であった古きよき時代に社会が回帰するまで、女性への暴力行為は続くであろう、というのが男性支配を支持する反フェミニスト派の主張である。

フェミニスト支持派は、フェミニズムこそが女性の役割を変える原動力であったと考えがちである。しかし実際には、女性の社会的地位に最大の影響を与えたのは、アメリカの資本主義経済における変化である。かつてなかったほど多くの女性がアメリカの労働人口に加わったのは、フェミニズムの功績ではなく、家族がもはや父親の収入だけでは生活していけなくなったからである。フェミニズムは、むしろ心理的な道具として利用されてきた。本来なら退屈で時間ばかり食う単調な仕事を、女性解放の象徴のように女性たちに信じ込ませるために一役買ったのである。結局、フェミニズムがあろうとなかろうと、女性は働かなければならない。女性嫌悪からくるあからさまな女性攻撃はフェミニスト運動のはるか以前から起きていたし、いま男性の攻撃や蛮行の矢面に立っている大半の女性はフェミニストではない。この文化における女性への暴力は、その多くが資本主義的家父長制[*17]によってあおられている。資本主義的家父長制は、男性に男としての特権なるものを信じ込ませながら、非人間的な仕事に日々従事させることで、彼らの人間性を奪う。その結果、男性は、失われた権力や男らしさを実感しようとして、女性に暴力を振るうのである。メディアも、女性を従わせる手段として暴力を使うよう男性を洗脳する。かつて男性には、苦しむ乙女を庇護するたくましい騎士というロマンがあったが、資本主義の進展に合わせて作り直された現代の家父長制には、ロマンの余地はない。かわりに奉られるのは、ほしいものを力ずくで奪う強姦魔や暴君である。

その昔、騎士道の掟は、女性への暴力をとがめるように男性に教えていた。しかし一九六〇年代には、黒人男性は騎士道の掟と縁を切り、女性を搾取し暴行を働く男性を崇拝するようになった。アミリ・バラカは、『マッドハート』という戯曲で女性を服従させるための暴力を容認している。ある場面で、一人の黒人女性が黒人男性に、白人女性にかまけずに自分のもとへ帰ってくるように迫る。すると黒人男性の「主人公《ヒーロー》」は、力ずくでこの女性を服従させる。

**黒人男性**　俺はおまえを取り戻す。もし必要ならな。

**女性**　（笑いながら）必要に決まってるじゃないの……まわりを見てごらんなさいよ。私を取り戻した方がいいでしょう、何が自分のためになるか、わかってるなら……その方がいいわよ。

**黒人男性**　（女性の方を振り向き、真正面から見据えて、近づいていく）その方がいい？……（静かに笑う）そうだな。俺たちはいつだって、いまという瞬間にいるんだ……いまという瞬間に……（向き直り、いきなり女性を横様に平手打ちする。繰り返し、左右の頬を叩く）

**女性**　何？　何よ……ねえ、あんた……お願い……殴らないで。（男性は女性を殴り、もう一度、平手打ちする）

**黒人男性**　俺は女のおまえがほしいんだ、女としてな。ひざまずけ。（再び平手打ちする）ひざまずけ、服従しろ、服従しろ……愛に……そして男に、これからずっとだ。

**女性**　（泣きながら、顔を左右に振る）頼むから殴らないで……お願い……（身を屈める）あんたがいない年月は本当に長かった、私は待ってたのよ……あんたを待ってたんだから……

**黒人男性**　俺だって待ってたんだ。

**女性**　あんたが卑しめられる姿を、私、見てたの、あんたが人でなしどもにへつらう姿を見てたの。

**黒人男性**　俺はおまえが野蛮人や獣に犯されるのをこの目で見た、そしてヤクザ者の血を引いた真っ白なガキを産むのもな。

**女性**　あんたが許したせいよ……あんたは……何もできやしなかった。

**黒人男性**　でも、いまならできる（女性を平手打ちする……そして引きずり寄せ、唇を女性の唇に強く押し当てる）あんなめちゃくちゃは終わったんだ、おまえは俺と一緒にいる、そして世界は俺のものだ。

バラカは、女性に対する男性の暴力をひとりきりで賛美したわけではなかった。バラカが書いた芝居の観客は、男女ともにこうした場面に驚きもしなければ嫌悪感や怒りを覚えることもなかった。このように、バラカは六〇年代に男性による女性への迫害を芝居で見せたが、七〇年代には、黒人女性が舞台上で黒人男性の脚本家に実際に殺されるという事件が起きた。黒人女性の詩人、オードリー・ロード〔序章の訳注11を参照〕は、黒人男性の女性嫌悪を取り上げた「アメリカの大疾病」という短い評論で、このパット・カウアン殺害事件に言及し、次のように振り返っている。

彼女はデトロイトの若い黒人女優で、年齢は二十二歳、子をもつ母親でもあった。前の年の春に、『ハンマー』という戯曲に出る黒人女優募集の広告を見て、オーディションに応募した。この戯曲の脚本家の兄（弟）と自分の息子に見守られながら、口論の場面を演じていたときのことである。黒人男性の脚本家が大きなハンマーを手に取り、背後から彼女を殴りつけて殺してしまった。

家父長制社会に生きる大半の男性は、男性支配に心酔しながらも、自分は暴力を振るって女性を虐げたりはしないと高を括る。しかし男児は幼少のうちから、「女性は敵で、男性の地位や権力を脅かす存在」であると考えるよう社会化されてしまう。ただし、女性の脅威は暴力で征服できることも学ぶ。女性をやみくもに攻撃すれば、男性としての権力を奪われる不安が和らぐことを成長とともに学んでいく。シャインは女性嫌悪についての評論で、次のように結論を下している。

私たち男性は、この怒り（と憎しみ）が自分の内側から発していることを理解しなければならない。女性が悪いわけではない。家父長制社会が、このような気持ちを全女性に対して抱くように仕向けるのである。フェミニズムという現実を突きつけられ、私たち男性の権力と特権が脅かされると、私たちは自分を守ろうとするあまり、真の怒りから目をそむけられず、とんでもない暴力に頼ることになる。

真の怒りは自分の内なるものであり、女性への憎しみから発していることを、私たちは認めなければならない。俺は女性を全然憎んでなんかいない、女性を不当に扱ったのはそのように社会化されたせいである、と男性は言うであろう（「強姦魔はほかの男どもであって、俺ではない」というわけである）。これは言い逃れのための嘘とも言えよう。男性はみな女性を憎んでいる。それは確かである。私たち男性は、自らが内に抱える憎しみと向き合わない限り、自らの感情を見きわめることも、女性を平等な人間として扱うこともできないであろう。

黒人女性はアメリカ社会の女性の中でも特におとしめられているので、男性から際限のない虐待を受けてきた。白人男性と黒人男性の双方から「悪女」と決めつけられてきたため、白人男性か黒人男性のどちらか一方と手を組んで身を守ることもできなかった。両者とも、黒人女性を守るに値するとは思っていない。低所得の黒人の男女関係に関する社会学的な調査によると、若い黒人男性の大半が、伴侶の女性を搾取の対象としか見ていないという。調査の対象になった男性の大半が、黒人女性を「あのあばずれ」とか「あの売女《ばいた》」などと呼んでいた。黒人女性が堕落した性の対象であるという見方は、白人男性の黒人女性観に通じる。黒人社会では、女性に対する憎しみや蔑みをあからさまに示す男性が尊敬されることが多い。このように、女性に対する男性の暴力を賛美する現代の風潮のおかげで、かつては社会の嫌われ者であったポン引きが英雄に昇格した。『スウィート・スウィートバック』[*18]や『クール・ワールド』[*19]などの映画や、ポン引きの手柄を称える『アイスバーグ・スリム』[*20]といった本の中では、ポン引きが嫌悪感まる出しで女性を扱うさまが甘美に描かれている。洗練されたマルコムXの自伝ですら、彼がポン引きだった日々の回想にかなりの紙幅が割かれている。マルコムXは、ポン引きをすることに抵抗は感じなかったという。というのも、女性を男らしさの敵と見なし、女性を搾取して女性に打ち勝たなければならないと信じ込んでいたからである。ムスリムになった後はポン引きの役割を拒絶したが、かつてポン引きをしていたことは、「男らしさ」の探求が歪《いびつ》な形で表れただけであるかのように紹介されている。

一九七二年に出版された『黒人のポン引き』という本では、著者のクリスティーナ・ミルナーとリチャード・ミルナーがポン引きの生き方を美化し、称えている。なかでも「男性優位――男が支配者でなければならない」と題された部分では、ポン引きは女性を服従させることで他人に感銘を与える、と著者は力説している。

まず最も重要なこととして、ポン引きは自分の女を完全に支配していなければならない。この支配関係が他者の目にもはっきりわかるように、一連の些細な儀礼が定められる。こうした儀礼は女の態度に象徴的に表れる。たとえば、他人がそばにいるとき、女は絶対的な服従と敬意をもって男に接するよう特に気を配らなければならない。男のタバコに火をつけ、男の気まぐれにいちいち即座に応じなければならず、何があっても決して口答えをしてはならない。それどころか、ポン引きと一緒にいるとき、売春婦は話しかけられない限りしゃべってはならないと厳しく決められている。

ポン引きが女性に求めた役割は、家父長が妻や娘に求める役割を模倣したにすぎない。売春婦に求められた受け身で従属的な振る舞いは、家父長制社会で全女性に要求される振る舞いと大差ない。六〇年代から七〇年代に黒人イスラームの組織に所属した黒人男性は、差別的な性役割に固執していた。E・U・エシエン－ウドム[*21]は一九六二年に『ブラック・ナショナリズム』を出版し、実際に自分の目で見た黒人イスラーム運動について報告している。この本によると、ブラック・ムスリムズに加わった黒人男性は、いわゆる「女性の理想像」を女性の自然な役割であると認めていたという。

ムスリムの女性は自分の夫を「同等ではあるが指導者の立場にある」と認め、少なくとも理屈の上では、男性を一家の稼ぎ手で家長と見なしている。ムスリムの女性は男性には「サー」という敬称で呼びかける。夫婦であっても同様である。

ムスリムの男女の愛情関係では、いついかなるときにも女性は男性に追従するものであると理解されていた。多くの黒人女性がブラック・ムスリムズに加わることを希望したのは、黒人男性に支配的役割を果たしてもらいたかったからである。ほかの黒人解放団体もそうであったが、ブラック・ムスリムズもまた、男らしさを賛美し、女性を従属的立場に追いやった。

マルコムXは黒人イスラームの指導者で、多くの人から黒人男性の模範と目されていた。しかし自伝を読むと、マルコムXが長い間、女性に憎しみや軽蔑を抱いていたことに気づく。自伝のなかほどで、マルコムXは自分が結婚した黒人女性について次のように書いている。

いまでは、私はベティを愛しているといえると思う。そもそも愛するなどということを考えたのは、彼女だけだ。信頼した数少ない女性――四人の娘もふくめて――のなかの一人だった。ようするにベティは、よきイスラム教徒であり妻である……

ベティは……私を理解している。彼女以外の女性だったら、ほとんどが、私のやり方に耐えられないと言いだすだろうことは想像にかたくない。洗脳された黒人をめざめさせ、尊大で悪魔のような白人に自分自身の真の姿を見せてやることは、二十四時間休みなしの仕事だ、とベティは理解してくれている。私には家にいるときも仕事があり、家でも忙しがっている私が少しでも集中できるように、静かにしておいてくれる。週の半分も家にいないし、年間五か月も留守にすることがある。彼女をどこかへ連れていってやる機会もない。彼女が夫といっしょにいたいのもよくわかっている。ボストンからサンフランシスコへ、マイアミからシアトルへ、私が飛行機でたつ前いろいろな空港から電話をかけてくるのに、彼女は慣れてしまった。最近ではカイロ、アクラ、聖地メッカからの電報にも慣れてしまった。[*22]

マルコムXは、妻の美徳を褒めたたえているものの、女性一般についてはきわめて否定的に見ていた。黒人イスラーム運動には、黒人、とりわけ黒人女性のふしだらな性行動を正すことを強調する禁欲的な側面があり、これが多くの成員にとって重要であった。アメリカの家父長制では、女性はみな性的な罪悪を宿すとされる。しかし性に関してまで人種差別があるせいで、特に黒人女性が矢面に立たされることになった。白人女性は崇め奉られたが、黒人女性は堕落した女性と見られた。黒人社会でも、白人女性に近い色白の黒人女性は「貴婦人」と見なされて崇拝されたが、肌の色が比較的濃い黒人女性はあばずれで淫らな女であると見なされた。女性の性行動に対する異常なまでの欲情と軽蔑はアメリカ社会全体に見られるが、黒人男性も例外ではない。黒人男性もまた、白人男性が考えているように黒人女性は女性の中でも特に性欲が強く、堕落して生まれついていると考え、そのため黒人女性を最も軽蔑してきた。ところがイスラーム運動に加わった黒人男性は、それまで価値の低い所有物と見なしてきた黒人女性を、にわかに妻・母親として祭り上げた。つまり、黒人女性がムスリムになって、かぶりものと丈の長い衣装を身にまとうと、立場が一変するのである。

エシエン-ウドムによれば、ほとんどの黒人女性は黒人男性から敬意を払われることを期待して、ブラック・ムスリムズに加わったという。エシエン-ウドムはこのくだりを「黒人女性《ニグロ》——恥辱からの旅立ち」と題し、次のように解説している。

黒人女性《ニグロ》がネーション〔・オブ・イスラーム〕に加わる動機のひとつは、黒人文化《ニグロ》における女性の立場から逃れたいという思いである……ネーションでは貞淑が重んじられる。黒人女性《ニグロ》に対するムスリムの男性の態度は、下層階級の黒人《ニグロ》に見られる無礼で冷淡な待遇とは対照的である。ムハンマドの教えで、信徒は黒人女性を敬うよう求められるが、これは黒人女性には魅力的に映る。黒人女性は、黒人《ニグロ》社会で屈辱的な立場に置かれることにも、下層階級で強姦に近い性交渉が日常化していることにも辟易していた。ネーション・オブ・イスラームにはこのような虐待からの逃げ場があり、性を搾取されることからも解放される。それは恥辱から尊厳への旅立ちである。

確かにネーション・オブ・イスラームに加わった黒人女性は、改宗前よりもはるかに丁重に遇された。しかしそれは、ムスリムの黒人男性が女性への否定的な態度を改めたからではなかった。ネーション・オブ・イスラームの男性指導者たるエライジャ・ムハンマドが、強固な家父長制の基盤を築けば組織を利すると判断したからであった。女性は庇護され尊重されるかわりに服従を求められるのである。ブラック・ムスリムズの男性は多くの場合、組織に加わった黒人女性には敬意をもって接したが、ムスリム以外の女性に対しては虐待や搾取をやめなかった。白人男性と同様、ブラック・ムスリムズの男性もまた、「よい」女性と「悪い」女性を区別する思考から逃れられなかった。黒人女性に理想の女性像を見ようとした黒人男性は、十九世紀に白人女性を理想化した白人男性とさほど違わなかった。白人男性は黒人女性をふしだらな女だと決めつけることで、白人女性を引き立てたが、二十世紀の黒人ムスリム男性は、白人女性を悪魔のような淫乱女と見なして、黒人女性をもち上げた。両者はともに、女性が生まれつき邪悪であるという思い込みを捨てられなかった。女性を軽蔑することに変わりはなく、ただ軽蔑の対象を一部の女性に限っただけであった。

ムスリムでない黒人男性の中には、黒人女性を大して価値のない所有物と考え、伴侶に白人女性を求める人が大勢いた。黒人男性が白人女性に理想の女性像を見たのは、黒人女性をおとしめたのと同様、性差別的な女性嫌悪に根ざしている。どちらの場合も、女性は物と見なされている。理想化された女性は、価値のある財産、象徴そして装飾品になる。そうした女性からは、人間としての本質が剝ぎ取られる。一方、おとしめられた女性は、また違った意味で物になる。男性が女性への否定的感情を吐き出す、痰つぼになるのである。アメリカン・ドリームを深く信奉する黒人男性ほど黒人女性をおとしめ白人女性を奉る傾向がある。アメリカン・ドリームの本質とは、他人を踏みつけて成功するという男性的な理想である。白人男性のものさしで自己を規定する黒人男性が、白人女性を求めるのは不思議ではない。こうした黒人男性は常に白人男性と競い合っているのであるから、女性に関しても、白人男性の尺度で「ミス・アメリカ」に最もふさわしいと定められた対象を手に入れようとするのである。

黒人男性が白人女性を求めるのは、黒人女性よりずっと「女らしい」からであると考えられているが、これは責任を黒人女性になすりつけるための方便である。性差別主義者の理屈は、こうであるる。黒人男性が黒人女性を拒んでほかに伴侶を求めるのは、きっと黒人女性に落ち度があるからに違いない、なぜなら男性は常に正しいものと決まっているからである。しかし、実際はそうではない。性差別社会のアメリカでは、女性は男性の自我の延長上にある客体である。黒人女性はハンバーガー、白人女性は極上のステーキという烙印を押されているのである。人種と性別からなる階層を作ったのは白人男性であって、黒人男性ではない。黒人男性はただそれを受け入れ、その存続を支えているだけである。もし白人男性が、紫色の肌の女性を手に入れることが男性の地位と成功の象徴であると定めたなら、白人男性と張り合う黒人男性は、すぐにでも紫色の女性を手に入れようとするであろう。私は、異なる人種の人たちが性的に惹かれ合うのはまったくもって正常なことであると思う。しかし、黒人男性が白人女性ならみな大好きで、黒人女性は大嫌いであるとか、あるいはその逆であるなどと言う場合には、それが単なる個人の好みで、文化によって社会化された偏見と無縁であるとは思えない。

黒人男性が白人女性を「手に入れよう」とするのは、黒人であるために人間性を否定された体験を克服する試みであると、黒人男性は盛んに吹聴してきた。カルヴィン・ハーントンは『傷だらけの黒人――アメリカの人種差別とセックス』の中で、次のように主張している。

しかしながら、ニグロは敗北者で、白人女性は性的純潔性と誇りの偉大なるシンボルとされているアメリカでは、黒人の男はその自尊心を保つために、しばしば彼女を追い求めるように強いられる。アメリカ文化の完成品たる白人女性を手に入れることは、ニグロの基本的な人間性を否定する社会を見返す手段となる。[*23]

注目すべきは、ハーントンがたびたび「黒人《ニグロ》」という言葉を使いつつ、実際には黒人男性のみを指している点である。黒人男性は、自分たちが白人女性を物とみなすこととアメリカ社会で黒人として被る迫害との相関関係の論証を試み、多くの人々を納得させてきた。この論法を使えば、白人女性への欲望の根底にある女性蔑視を覆い隠すことができる。そもそも、白人女性と交際や結婚をする黒人男性には、資本主義社会で一定の地位と成功を収め、自分に自信をもっている者が多い。それゆえ、こうした黒人男性が白人女性の伴侶をほしがる理由は、人種差別で痛めつけられていることとは別のところにあると考えられる。端的に言えば、彼らは、白人の家父長制文化が男性の功績に対して授ける最高の褒美、すなわち白人女性を手にできなければ、本当に成功したとは考えていないのである。

白人女性を物と見なし、可能なら搾取しろとそそのかす白人家父長制の価値観に、黒人男性はなぜ異議を唱えようとしないのか。黒人男性と白人女性の関係について論じる黒人男性論者は、この点をほとんど問題にしない。それどころか、こうした黒人男性論者は黒人男性を「犠牲者」として扱う。つまり、黒人男性は社会の誘惑に抗《あらが》うことができず、そのために黒人女性をおとしめ、白人女性を理想化して、図らずも両者から人間性を奪う結果になってしまったというわけである。実のところ、女性、特に白人女性を物と見なせという白人男性の喧伝に黒人男性が逆らわないのは、逆らえば家父長制や、家父長制に基づく女性への迫害を否定することになるからである。白人女性をステータスシンボルであると断じてはばからないことこそ、黒人男性が家父長制を受容しそれを支持している証である。白人女性を「手に入れる」ことが人種差別の克服であるなどという理屈は、ごまかしにほかならない。多くの黒人男性が熱心に白人女性の体を追い求める姿は、彼らが人種差別への抵抗よりも、男性の特権の行使にご執心であることを露呈してしまった。こうした行動は、白人優越論者を自称しながら、憎んでいるはずの黒人女性との性的接触をやめられなかった白人男性の行動と大差ない。黒人男性もまた男性の特権の行使をほかの何よりも優先しているのである。もしもその特権を守るため、女性を虐待し搾取する必要があれば、躊躇なくそうするであろう。

フェミニストの著作では、女性が男性の迫害者について恨みや怒りを表すことが多い。そうした感情表現は、美化された性役割を信奉しないようにするために役立つからである。美化された性役割は女性の人間性を否定する。ただし、男性を迫害者として強調しすぎれば、男性もまた犠牲者であることが往々にしてわかりにくくなる。迫害者になることもまた、人間らしさを奪われることであり、この点では犠牲者になることと変わらない。家父長制は、父親に暴君を演じることを強い、夫や恋人をそそのかして、仮面をかぶった強姦魔に仕立てる。家父長制はわが同胞の黒人男性に、私たち女性を愛することを恥であると教え込む。家父長制はまた、男性の人間性を培い自己肯定を促すような精神生活を、すべての男性から奪ってしまう。昔ながらの尊敬に値する家父長は、先進的な資本主義社会ではとうの昔に居場所をなくしている。帝国主義的な資本主義という支配体制の下で、家父長制はいわば小見出しのひとつにすぎなくなった。このような状況下で、男性は家族や地域社会の家父長として仕えるのではなく、国家の利益に仕えるのである。家庭生活で家父長としての男性が肯定されないのは、そのためである。『アメリカ人男性』の中で、ある心理療法士は次のように力説している。

その男性は高校時代はカリスマ的な存在だったかもしれない。生徒会長だったり、花形の運動選手だったりね。でも、その後、社会に出て行くと組織の歯車のひとつになって、敗北感をかみしめながら帰宅するんだ。

男性は、「敵」として女性だけを恐れるように仕向けられる。その結果、彼らの人間性を日々奪い取っている強大な力を気づかないうちに受け入れてしまう。アメリカの資本主義を方向づけているのは、家父長制のイデオロギーを支持する女性と家父長的な男性からなる集団である。この集団が性差別主義を利用し、同時に男性を洗脳している。洗脳された男性は女性を迫害することで、自己を確立できると履き違えてしまう。この洗脳こそが、男性を家父長制に服従させる究極の手段である。

ある著述家は、黒人女性と黒人男性の関係を解説するなかで、次のように断言している。

黒人の性的関係には自己嫌悪と暴力が渦巻いている。そのため、黒人の男女は本来の愛を経験することがほとんどない。セックスはしても愛情はなかったり、愛情はあってもセックスはしなかったりする。愛情の質も、女性に対する敬意の質も、いわば「ポン引き－売春婦症候群」と呼びうるもののためにお粗末になっている。この症候群を長い間黒人に押しつけてきたのは、アメリカの人種差別と迫害である。暴力は愛情を装う。本来なら男女をもっと強く結びつけるはずの深い感情は、搾取、不信、軽蔑、利己的な権力争いによって、断ち切られる。男女関係とはそういうものであると思い込んでいる黒人が、老いも若きも山ほどいる。セックス、金、車、暴力（言葉の暴力を含む）が媒介する男女の政治学、つまり「両性の戦い」。それ以外の男女関係をまったく知らないというのである。

この著述家は、黒人男女の実りない緊張状態の原因を「アメリカの人種差別と迫害」のみに帰している。このように、黒人男女の問題を人種差別だけで説明しようとすると、性差別もまた男女関係に同じくらい重大な影響を及ぼしている現実を見失ってしまう。性差別が男女間の暴力や憎しみを助長し持続させることを、多くの黒人が認めたがらないのは、家父長制社会の秩序を温存したいからである。家父長制を擁護し、結果として性差別による女性への迫害を助長している黒人男女は、アメリカ社会で黒人を迫害し苦しめる要因が人種差別だけであると思わせることに、莫大な努力を費やしている。

しかし、現実を直視してほしい。人種差別による迫害は確かにあるが、アメリカ社会で私たち黒人を苦しめているものはほかにもある。性差別や資本主義、利己主義など、人間解放を脅かす人種差別以外の迫害を認識することも重要である。人間の経験はきわめて複雑なので、人種差別だけですべてを理解することはできない。そう認めても、人種差別による迫害を蔑《ないがし》ろにすることにはならない。性差別による迫害と闘うことは、黒人の解放にとって重要である。というのも性差別によって黒人の男女が分断されている限り、私たち黒人は人種差別への抵抗に力を結集できないからである。黒人の男女関係に見られる緊張状態や問題の多くは、性差別と、性差別による迫害によって引き起こされる。黒人の男女関係について解説した先ほどの黒人著述家が、もし次のように述べていれば、もっと真実に近かったであろう。

性的関係には自己嫌悪と暴力が渦巻いている。そのため、男女は本来の愛を経験することがほとんどない。セックスはしても愛情はなかったり、愛情はあってもセックスはしなかったりする。愛情の質も、女性に対する敬意の質も、いわば「ポン引き－売春婦症候群」と呼びうるもののためにお粗末になっている。この症候群を長い間アメリカ人に押しつけてきたのは、アメリカの家父長制と、性差別による迫害である。暴力は愛情を装う。本来なら男女をもっと強く結びつけるはずの深い感情は、搾取、不信感、軽蔑、利己的な権力争いによって、断ち切られる。男女関係とはそういうものであると思い込んでいる人が、老いも若きも山ほどいる。セックス、金、車、暴力（言葉の暴力を含む）が媒介する男女の政治学、つまり「両性の戦い」。それ以外の男女関係をまったく知らないというのである。

黒人男女間の憎しみや暴力の増長を憂える人たちは、迫害の要因として性差別を認める必要がある。そうでない限り、なぜこれほどまでに男女がせめぎ合うのかを理解することはできない。ブラック・ナショナリズムが分離主義と黒人独自の文化の創造を強調してきたために、黒人は何百年もアメリカ社会に住んでいながらアメリカ文化の影響を一切受けていないと思い込んでいる黒人が多い。このような虚構の黒人観、いわゆる「高貴な野蛮人の神話」が幅を利かせているので、多くの人は事実から目をそらしてしまう。つまり、ブラック・ナショナリストが提案する、家父長制に基づく社会秩序では、黒人男女間のわだかまりは決してなくならないという事実である。黒人を白人の迫害者から解放する名目で、黒人男性は黒人女性を迫害することこそ勇気であり、新たな栄光の兆しであるかのように見せかけてきた。そのため黒人解放運動は、人種差別による迫害をなくすためには有用であっても、性差別による迫害をなくすための見通しはもたない。黒人の男女関係は、アメリカ社会のすべての男女関係と同様に、家父長制という帝国主義に支配されている。家父長制という帝国主義の支配下では、女性の迫害は文化的な宿命なのである。

主人と奴隷の関係、つまり迫害者と被迫害者の関係が存在すれば、必ず暴力と反乱と憎悪が生活全般に浸透している。有色人種として人種帝国主義と闘ってきた私たち黒人は、このことを身をもって学んだ。黒人女性の服従を提唱している限り、黒人男性の解放はありえない。人種を問わず、女性の服従を提唱している限り、男性の解放はありえない。家父長の絶対的権力は、人を自由にはしないのである。ファシズムは、迫害される人々だけでなく、迫害者をも支配する。自由、といっても、好き勝手に振る舞うという意味ではなく、社会的平等としての自由、つまり健全で共同体にも与《くみ》する身の処し方を万人が定められる自由は、この世から人種差別と性差別がなくならない限り、完全には実現しない。

# 第四章　人種差別とフェミニズム——責任の問題

アメリカの女性は人種を問わず、人種差別を人種的憎悪という文脈でのみ考えるように社会化される。特に黒人と白人の場合、人種差別といえば、白人による黒人への差別待遇や偏見と見なされるのが常である。大半の女性にとって、人種差別がアメリカ社会に組み込まれた迫害であることに気づくきっかけは、自分自身の体験か、会話・本・テレビ・映画から拾い集めた情報である。そのためアメリカ人女性は、人種差別が植民地主義や帝国主義の政治的な道具であることをほとんど理解していない。人種的憎悪の痛みをじかに体験したり目撃することは、人種的憎悪の起源や変遷、あるいは人種的憎悪が世界史に与えてきた有害な影響を理解することではない。ただし、人種差別をアメリカ政治の文脈で理解できないのは、女性の側に落ち度があるせいではない。むしろ、私たち女性がいかに欺かれてきたかを示しているにすぎない。

公立学校で使われるどの歴史書も、人種の違いに基づく帝国主義については教えてくれなかった。私たちが教わったのは、「新世界」や「アメリカン・ドリーム」、アメリカは偉大な坩堝《るつぼ》でその中ではあらゆる人種がとけ合ってひとつになるというお伽噺であった。コロンブスがアメリカを発見したこと。「インディアン」とは人間の頭皮を収集する輩で、罪もない女性や子どもを殺すこと。黒人が奴隷にされたのは、聖書に出てくるハムに対する呪い[*1]のせいであり、神――しかも神は男性代名詞で表される――は黒人を、伐採や耕作や水の運搬をする者と定めたこと。私たちが教わったのはこういうことであって、アフリカを文明のゆりかごとして語る教師もいなければ、コロンブス以前にアメリカに到来したアフリカ人やアジア人について教えてくれる教師もいなかった。大勢の先住民を殺しても大量虐殺《ジェノサイド》とは呼ばれなかったし、先住民やアフリカ系の女性に対する強姦をテロリズムとも呼ばなかった。奴隷制が資本主義の発展の基盤として論じられることもなければ、白人の増殖を目的として白人の妻に無理やり子を産ませることが、性差別による迫害と言われることもなかった。

私は黒人女性で、黒人だけの公立学校に通っていた。私が育った南部では、あらゆるものが、人種差別や憎悪、強制的な人種分離の現実であった。それでも、私が受けた教育は、ことアメリカ社会における人種の政治学に関して言えば、白人の女子学生が受けた教育とそう変わらなかった。それがわかったのは、後に人種統合がなされた高校や大学に通ったり、さまざまな女性団体に参加して白人女性と出会ったからである。私たち女性の大方が理解していた人種差別とは、偏見をもつ白人が持続させている社会悪であり、黒人とリベラルな白人が結束して、抗議を繰り広げ、法律を改定して人種統合を実現すれば克服できるはずであった。私たちは人種差別を政治的なイデオロギーとして理解しておらず、高等教育はこうした理解に資するどころではなかった。教授は意図的に真相から目をそらさせ、白人至上主義という形の人種対立と、男性支配という形の男女の対立を受け入れろと教えた。

アメリカ人女性は白人至上主義という人種帝国主義と、家父長制という男性による帝国主義を是認し守るためのアメリカ史観を受け入れてしまった。これは社会化、いや、洗脳とすら言える。そのような教育が功を奏した結果として、私たちは自らを迫害する悪弊を意識的であれ無意識のうちにであれ温存しつづけている。六年生のとき歴史を教えてくれた黒人女性の教師は、私たちがアメリカの一員であると説き、アメリカ国旗に向かって忠誠の誓いを人一倍上手に暗唱できる生徒をかわいがった。しかし、その矛盾に教師自身は気づいていなかった。私たちを隔離し、白人学校には支給した備品を黒人学校には送ってこないような政府を愛せというのである。知らないうちに、この教師は私たちの心に人種帝国主義の種を植えてしまい、それが私たちを永遠に束縛しつづけることになった。愛し、信じるよう教え込まれた体制に挑み、打倒したり変革することなど、できるわけがないからである。教師に悪気はなかったかもしれないが、黒人の子どもたちに黒人を虐げる体制を信奉するよう教えたことは事実である。その体制を支持し、畏れ敬い、体制のために命を捧げることすら奨励したのである。

アメリカ人女性は、学歴・経済状況・人種にかかわらず、何年にもわたり性差別や人種差別を取り込んで社会に適合してきた。その結果、私たち女性は歴史認識や歴史認識が現在に及ぼす影響について、教わったとおりを鵜呑みにしてきた。しかし実際には私たちの知識は、圧制的な体制によって作られたものにほかならない。この事実は、最近のフェミニスト運動に最もよく表れている。運動を組織した中産階級や上流階級の大卒の白人女性たちは、アメリカにおける女性の権利という概念に新たな活力を吹き込んだ。男性との社会的平等を提唱しただけではない。革命、つまりアメリカの社会構造の変革を要求したのである。しかし、フェミニズムを急進的な修辞だけに留めず、実生活に適用した際、白人女性たちは馬脚を露した。彼女たちが性差別と人種差別による洗脳から脱しておらず、自分とは異なる女性を他者と見なしていることが明らかになったのである。そのため、彼女たちが語ったシスターフッド〔六ページの訳注を参照〕は実現せず、アメリカ文化に変容をもたらすとされた女性運動も実現しなかった。実際には、アメリカ社会ですでに確立していた人種と性の階層が、「フェミニズム」のもとで違う形で現れたにすぎなかった。たとえば、アファーマティブ・アクション[*2]のプログラムでは女性がひとまとめに被迫害者集団に分類されたために、アメリカ人女性の社会的地位はみな同じであるという神話が揺るぎないものになった。また、女性学の教育課程が設けられはしたが、教員はみな白人、教材はほぼ例外なく白人女性が白人女性を描いた文献で、人種差別的な視点から書かれたものが多かった。白人女性たちはアメリカ人女性の経験と称して本を書いたが、もっぱら白人女性の経験に終始していた。そして、人種差別をフェミニストが取り上げるべきかどうかについての議論や論争が、果てしなく続いた。

もしフェミニズムにつながる現代の運動を組織した白人女性が、少しでもアメリカ史における人種の政治学を知っていたなら、女性同士を隔てる障壁を乗り越えるには、人種差別という現実に向き合わざるをえないことがわかったはずである。ここでいう人種差別とは、社会悪としての人種差別だけにとどまらず、白人女性の心に潜む人種的憎悪を含めた、より広い意味での人種差別である。家父長制が強固に支配しているとはいえ、アメリカが植民地化された基盤にあるのは人種帝国主義であり、男性による帝国主義ではない。仮に白人の男性植民者と先住民男性の間に家父長同士の絆があったとしても、白人帝国主義は揺るがなかった。白人社会が先住民と関わる場合も、アフリカ系アメリカ人と関わる場合も、人種差別は男同士の連帯に優先した。同様に黒人女性と白人女性の間でも、人種差別は女同士の連帯に優先した。チュニジア人著述家、アルベール・メンミ[*3]は『植民地――その心理的風土』の中で、帝国主義の道具としての人種差別が及ぼす影響を次のように強調している。

人種差別は……植民地主義に付随する些末な現象としてではなく、植民地主義と一体となって現れる。人種差別は植民地制度を最もよく表し、植民地主義者のとりわけ重要な特徴のひとつである。人種差別は、植民地生活の必要条件として、植民者と被植民者を根本的に分け隔てる。それだけではなく、植民地の生活をゆるぎなくするための基盤になる。〔以上、大類・柳沢訳〕

どの社会にも蔓延しているのは、人種帝国主義よりもむしろ男性による帝国主義の方であるというフェミニストの主張は、たぶん正しい。しかしアメリカ社会に限って言えば、人種帝国主義が男性による帝国主義に優先するのである。

アメリカでは、黒人女性と白人女性の社会的地位が同等であったことなど、いまだかつてない。十九世紀および二十世紀前半のアメリカでは、黒人女性と白人女性の経験には共通点などほとんどなかった。ともに性差別には苦しめられていたが、黒人女性は人種差別の犠牲者でもあったので、白人女性には無縁の辛酸をなめていた。実際、白人女性はみな、いかに性差別によって迫害されていても、白人帝国主義のおかげで黒人女性と黒人男性を迫害することが可能であった。フェミニズム革命を目指す現代の運動が始まった当初から、運動を組織した白人女性はアメリカ社会における人種の階層を軽視した。彼女たちは、白人男性と同じ人種の階層に属することを否定するために、人種差別を白人男性の家父長制に特有のものである、と非難した。[*4] 白人女性には人種差別による迫害の責任などない、というわけである。ラディカル・フェミニストを標榜するアドリエンヌ・リッチ[*5]は「文明に背を向けて――フェミニズム、人種差別主義、女性嫌悪」と題した評論の中で、白人女性の責任の問題について次のように主張している。

黒人と白人のフェミニストが女性の責任を論じるつもりなら、人種差別という言葉をしっかりとらえ、素手で握りしめ、人種差別の温床になりがちな保身の意識から引き離して眺める必要がある。そうすれば、この言葉は私たちの生活や運動に新たな洞察をもたらしてくれる。現在進行中の支配や、身体的・制度的な暴力、神話や言語による正当化の責任を白人女性に帰するような分析を行なえば、間違った意識が強まってしまう。それだけでなく、奴隷制時代以来、黒人女性と白人女性の間にある緊張に満ちた結びつきを、無視することにもなってしまう。さらに、すべての女性を迫害している体制に女性自身がどう荷担してきたかをまともに議論することもできなくなる。この体制下ではまた、女性への憎悪が神話・風習・言語の中に織り込まれている。

フェミニズムに真剣に取り組む女性たちが、黒人女性と白人女性を隔てる障壁を乗り越える努力をするよう、リッチが願っていることを疑う余地はない。しかし、リッチは黒人女性の視点を理解していない。黒人女性の目から見た場合、もしも白人女性が黒人女性の存在を否定し、「フェミニスト」による研究と称して「アメリカ人女性」には黒人が含まれないかのように論じたり、黒人女性を差別するのなら、それはゆゆしき問題である。フェミニストと称する白人女性が黒人差別を支持し持続させている事実は、白人の家父長的な男性が北米を植民地化して人種帝国主義を制度化したという事実より、はるかに大きな問題である。

　黒人女性にとって、問題は白人女性の人種差別意識が白人男性に比べて強いか弱いかではない。白人女性が人種差別主義者であること自体が問題なのである。黒人であれ白人であれ、フェミニスト革命に真剣に取り組む女性が、白人女性と黒人女性の「緊張に満ちた結びつき」を少しでも理解したいのであれば、まずは女性が社会や人種やアメリカ文化とどのように関わっているのかを精査しようと思わなければならない。それも、こうあってほしいという理想の関係ではなく、ありのままの関係を見つめることが重要である。それはとりもなおさず、白人女性の人種差別という現実を直視することである。白人帝国主義を持続させるうえで、白人女性は支配的役割を担うことを性差別によって妨げられてきた。しかし、人種差別のイデオロギーを取り込んで、それを唱道することは妨げられなかったし、アメリカ社会のさまざまな領域で、個々人が人種差別に基づいて迫害を加えることもできた。

　アメリカの女性運動は、草創期から今日に至るまで、いずれも人種差別という基盤の上に築かれている。ただし、そうであるからといって政治的なイデオロギーとしてのフェミニズムの価値が軽減するわけではない。十九世紀と二十世紀前半のアメリカ社会を特徴づけたのは人種隔離政策であり、これは女権拡張運動にも反映した。初期の白人女権拡張論者は、すべての女性の社会的な平等など求めてはいなかった。白人女性だけの社会的平等を求めていたのである。十九世紀に活躍した白人の女権拡張論者の多くは、奴隷制即時廃止運動にも積極的に取り組んでいたため、人種差別に反対の立場をとっていたと考えられがちである。歴史家や、とりわけ最近のフェミニストの著作は、白人の女権拡張論者が虐げられた黒人の守護神であるかのようなアメリカ史観を生み出した。この猛烈なロマン主義は、奴隷制即時廃止運動に関する研究の大半にみなぎっている。今日では、奴隷制即時廃止論と人種差別反対は同一視される傾向がある。しかし、男女を問わず大多数の白人の奴隷制即時廃止論者は、奴隷制を激しく糾弾しながらも、黒人に社会的平等を認めることには頑に反対していた。ジョエル・コヴェルは著書『白人の人種差別主義――ある心理歴史学』の中で、次のように力説している。「気高く勇敢に開始された改革運動の本当の目的は、黒人を解放することではなかった。白人と白人の良心を守ることであった」

白人女性の改革論者が虐げられた黒人奴隷に共感しながらも、女性には奴隷制を廃止する力がないと認識したことが、フェミニスト意識やフェミニストの反乱につながった――このような考え方が一般には受け入れられている。現代の歴史家、特に白人女性の研究者は、白人の女権拡張論者が黒人奴隷との連帯感をもっていたという理由で、彼女たちを人種差別反対論者と見なし、黒人の社会的平等を認めていたと考える。しかし、これは白人女性の美化であり、こうした考え方こそ、アドリエンヌ・リッチの次のような主張につながるのである。

……白人のフェミニストにぜひ思い出してほしいことがある。それは、白人女性の先駆者たちが——憲法上の市民権もなく、教育の機会を与えられず、経済的に男性に束縛され、法律や慣習によって人前で演説することや父・夫・兄弟に背くことを禁じられながらも——リリアン・スミスの言葉によれば、たびたび「文明に背を向け」て、『人種分離』という言葉に死の匂いをかぎ取って」、自分自身のためではなく黒人のために、家父長制に公然と刃向かった事実である。私たち女性には人種差別に反対する強力な伝統がある。白人の家父長制が、いくら私たちを対立させようとし、階級や、肌の色、年齢、奴隷の身分などを作り出しても、この事実は変わらない。

リッチは、集団としての白人女性、あるいは白人の女権拡張論者が人種差別に反対する伝統を担っていると主張する。しかし、それを裏づける歴史的証拠はほとんどない。一八三〇年代に白人女性の改革論者が奴隷の解放に乗り出したのは、宗教的な感情に駆り立てられたためであった。こうした人たちが攻撃したのは奴隷制であって、人種差別ではなかった。攻撃は倫理的な改革を基盤にしていた。彼女たちが黒人の社会的な平等を求めなかった事実は、奴隷制に反対しながらも、白人至上主義を信奉していたことの証である。白人女性の改革論者は、奴隷制の廃止を声高に提唱しつつも、自分たちを黒人女性や黒人男性より上に位置づけていた人種の階層を変えるよう求めることは一切なかった。それどころか、人種の階層が保たれることを望んだ。それゆえに、初期の改革運動の中で細々と始まった白人の女権拡張運動は、黒人の権利獲得の動きが起こると、一気に燃え上がった。白人女性は、自分たちの権利拡張より先に黒人の社会的地位が向上することに我慢がならなかったのである。

白人の女権拡張論者で奴隷制即時廃止論者であるアビー・ケリーは、こう述べている。「私たちは奴隷のために活動するなかで恩恵を得たのですから、奴隷に感謝すべきです。奴隷の足かせを外そうと努めるうちに、私たちもまた縛られていることがよくわかったのです」と。奴隷制廃止運動こそ白人女性が自らの権利が剝奪されていることを認識する契機であったと証明するために、研究者はよくケリーの言葉を引用する。白人女性が自分の権利について奴隷制廃止運動から学ぶ必要があったという言説は、十九世紀にはまかり通っていたが、まったくの誤りである。十九世紀の白人女性はみな、大人になる前に、社会の中に組み込まれた性差別に気づいていた。白人女性が奴隷制廃止運動から学んだのは、白人男性が黒人の権利を擁護しても、女性の権利は否定した事実であった。改革活動を否定され、奴隷制反対活動を阻止される経験をした結果、白人女性はある認識に至らざるをえなくなった。つまり、白人男性と同等の権利をはっきりと要求しない限り、黒人とひと括りにされるか、最悪の場合、黒人男性より低い社会的地位に置かれるかもしれないということであった。

白人女性が自分たちを奴隷の苦境と重ねて語ったところで、虐げられた黒人奴隷を利することはなかった。アビー・ケリーは芝居がかった言い回しをしたが、白人女性と黒人奴隷の日々の生活には共通点などなかった。理屈の上では、家父長制における白人女性の法的地位は「所有物」であったかもしれない。しかし、白人女性が奴隷のように人間性を奪われたり、過酷に虐げられることは決してなかった。性差別を隷属と同列に語ったとき、白人の改革論者は奴隷の境遇を理解し思いやっていたわけではなかった。自分たちに都合よく、奴隷の体験の恐ろしさを引き合いに出して利用しただけであった。

白人女性の改革論者の大部分が、黒人との政治的な連帯感などもっていない事実が露顕したのは、選挙権をめぐる対立が起きたときであった。白人男性が白人女性には選挙権を与えずに、黒人男性にのみ与えようとしていることが明らかになったとき、白人〔女性〕の参政権拡張論者が選挙権をすべての男女に認めるよう集団で抗議することはなかった。ただ、白人男性が政治の領域で人種の階層より男女の格差にこだわりつづけることに、憤りを表明しただけであった。たとえばエリザベス・ケイディ・スタントン〔序章の訳注7を参照〕のように、それまで人種の優劣をもち出したことがなかった熱心な白人の女権拡張論者さえ、劣った「黒ん坊」が参政権を与えられ、「優れた」白人女性が選挙権をもたないままでいることに対する怒りをあらわにした。スタントンは次のように主張している。

アングロサクソンの男性ですら、自分の母親や妻や娘に対してこのような法律を定めるのですから、中国人やインド人、アフリカ人が政治に参加したとして、私たち白人女性は一体どんな待遇を望めるというのでしょう？　……ジェファソンやハンコックやアダムズ〔いずれもアメリカ合衆国の白人政治家〕の娘たちが権利を授けられるまで、どの人種であれ、どんな国から来た者であれ、男性が新たに選挙権を与えられることに、私は抗議します。

白人〔女性〕の参政権拡張論者にしてみれば、黒人男性に与える権利を白人女性に与えようとしないのは、白人男性による白人女性への侮辱であった。こうした女性たちは、白人男性の性差別に苦言を呈したのではない。性差別が白人としての絆を揺るがし、白人男性がそれを是認していることをたしなめたのである。スタントンをはじめとする白人の女権拡張論者は、黒人が奴隷のままでいることを望んではいなかった。しかし、白人女性が低い地位に置かれたまま、黒人の地位だけが向上することにも我慢がならなかった。

二十世紀初頭の白人女性の参政権拡張論者は、白人女性が参政権を得るためには黒人を犠牲にすることもいとわなかった。一九〇三年にニューオーリンズで開かれた全国アメリカ女性参政権協会[*6]〔NAWSA〕の年次総会で、ある南部人の参政権拡張論者が「いますぐ恒久的な白人至上主義を確立する」ために、白人女性に選挙権を付与するよう主張した。歴史家のロザリン・テルボーグ－ペンは、「一八三〇年から一九二〇年までの女性運動における、アフリカ系アメリカ人女性への差別」という評論の中で、白人女性がいかに白人至上主義を支持したかを論じている。

一八九〇年代という早い時期から、スーザン・B・アンソニー[*7]は、南部の白人女性を味方に付ければ女性参政権の実現につながるかもしれないことを理解していた。老練な女権拡張論者である黒人男性フレデリック・ダグラス〔第一章の訳注9を参照〕に、アトランタで開催予定の全国アメリカ女性参政権協会の年次大会に出席しないでほしいと頼んだとき、アンソニーは正義よりも便宜を選んだのである……

一九〇三年にニューオーリンズで開かれた全国アメリカ女性参政権協会の年次大会で、協会は『タイムズ・デモクラット』紙から攻撃された。協会が黒人女性の選挙権に否定的な態度をとっていたからである。用意された声明には、スーザン・B・アンソニーをはじめキャリー・C・キャット[*8]、アナ・ハワード・ショー[*9]、ケイト・N・ゴードン、アリス・ストーン・ブラックウェル、ハリエット・テイラー・アプトン、ローラ・クレイ、メアリ・コゲシャルら〔いずれも当時の代表的な女権拡張論者〕の署名があった。声明の中で、協会の役員会は、州権を支持するという協会の立場を全面的に容認した。これはほとんどの州、特に南部諸州の白人至上主義を支持することを意味した。〔当時南部諸州は、人種隔離政策をとっていた〕

女権拡張運動が内包する人種差別が浮き彫りになったのは、参政権問題においてだけではない。白人女性が参加していたどの改革団体でも、人種差別主義が幅を利かせていた。ロザリン・ペンは次のように主張している。

一八三〇年代から一九二〇年までの女権拡張運動の内部では、アフリカ系アメリカ人女性改革論者への差別は当たり前のように見られた。十九世紀に、スーザン・B・アンソニーやルーシー・ストーン[*10]といった何人かの白人の女権拡張論者が、黒人女性にも性差別反対闘争に加わるように勧めたことは事実である。しかし、南北戦争前の改革論者は、女権拡張を求める団体のほかに奴隷制即時廃止を求める女性団体にも参加していたにもかかわらず、黒人女性を躊躇なく冷遇した。

十九世紀に黒人女性と白人女性の改革論者が結束していたと主張するために、現代の女性活動家がよく引き合いに出すのは、女権拡張のための会合に黒人女性のソジャーナ・トゥルース〔序章の訳注3を参照〕が出席していたことである。黒人女性が出席していたのであるから、白人女性の参政権拡張論者は人種差別をしていなかったというわけである。しかし、ソジャーナ・トゥルースが演説をするときはいつも、白人女性が集団で抗議した。レイフォード・ローガンは『黒人《ニグロ》への裏切り』の中で次のように書いている。

世紀の転換期に、女性クラブ総同盟がカラーライン〔黒人に対する差別〕の問題に直面したとき、南部のクラブは脱退をちらつかせた。黒人クラブの加盟にいち早く断固たる反対を表明した例が、『シカゴ・トリビューン』紙と『エグザミナー』紙で暴露されている。アトランタ万博での大親睦祭と、北軍陸海軍軍人会のルイヴィルでの野営、そしてチッカモーガ〔南北戦争で南軍が勝った激戦地〕で戦争記念公園が開園したときのことであった……。ジョージア州女性記者クラブは黒人クラブの加盟に猛反対をしており、黒人女性が加盟を認められるなら同盟から脱退する方針であった。同クラブの運営委員で『アトランタ・ジャーナル』紙の編集者であったコリン・ストッカーは、九月十九日付で次のように述べている。「この問題において、南部の女性は心が狭いわけでも頭が固いわけでもありません。ただ、社交の場では黒人女性を受け入れられないのです……。けれども、南部が黒人女性の大親友であることに変わりはありません」

黒人女性との連帯に最も激しく反対したのは南部の白人女性クラブの会員であったが、北部の白人女性もやはり人種分離を支持した。この問題が山場を迎えたのは、ミルウォーキーで開催された女性クラブ総同盟の会議においてであった。黒人の女権拡張論者で全国黒人女性協会会長のメアリ・チャーチ・テリル〔序章の訳注2を参照〕に挨拶をさせるかどうか、また黒人団体「女性の時代クラブ」代表のジョセフィン・セントピエール・ラフィン[*11]の参加を認めるかどうかが問題となった。いずれにおいても、白人女性の人種差別が勝利を収めた。女性クラブ総同盟の会長であるロー夫人は、『シカゴ・トリビューン』紙に、ジョセフィン・ラフィンなどの黒人女性の参加を認めないことについてコメントを求められて、こう答えた。「ラフィン夫人はご自身のお仲間の一員なのです。そこではラフィン夫人も指導者になり、有益なことをたくさんなされるでしょうけど、私たちのところでは騒動を起こすことくらいしかできません」。レイフォード・ローガンが解説しているが、ロー夫人をはじめとする白人女性は、黒人女性が自らの地位の向上に努めることには反対していなかったという。ただ、人種隔離政策を維持すべきであると感じていた。黒人女性へのロー夫人の態度について、ローガンは次のように書いている。

ロー夫人は、南部に黒人の幼稚園を作る手助けをしていた。それに、幼稚園を運営する黒人女性はみな、ロー夫人の親しい友人であった。そうした女性たちとは仕事上のつき合いをしていた。もちろん、黒人女性たちは会合でロー夫人の隣に座ることなど考えようともしなかった。黒人《ニグロ》は「あの人たちだけでひとつの人種をなしています。彼女たちはその中で、私たちや同盟の力を借りながら、多くのことを成し遂げられます。同盟はいつだって、できる限り手を差し伸べるつもりです」。もしラフィン夫人が「みなさんのおっしゃるとおり教養のある女性でいらっしゃるなら、黒人女性にふさわしくその教養や才能を黒人女性の間で大いに生かすべきなのです」。

黒人蔑視は、白人男性のクラブ会員より、白人女性のクラブ会員の間での方がずっと強かった。ある白人男性が『シカゴ・トリビューン』紙に次のような投書をしている。

これはかなりの見ものであった。男性からの不当な差別に長年抗議してきた教養あるキリスト教徒の女性たちが、ついに団結したと思ったら、手提げ袋から最初に取り出した攻撃弾を、仲間の女性に投げつけたのである。理由は、相手が黒人であるから。ほかに理由はないし、理由をごまかすこともない。

白人女性の活動家は、黒人の男性より女性に対して強い偏見をもっていた。ロザリン・ペンが指摘しているように、黒人女性より黒人男性の方が、白人の改革論者に受け入れられていた。黒人女性を道徳的でないとする、人種差別と性差別がないまぜになった偏見がはびこっていたためであった。多くの白人女性は、黒人女性と親しくすれば、淑女としての地位に傷がつくと感じていた。一方、黒人男性は、道徳的でないという汚名をきせられてはいなかった。フレデリック・ダグラスや、ジェームズ・フォートゥン〔第三章の訳注5を参照〕、ヘンリー・ガーネット[*12]など黒人男性の指導者は、時折、白人の社交界に歓迎された。黒人女性との会食など考えもつかなかった白人女性の活動家も、黒人男性は家族の食卓に招き入れた。

白人が人種の混交を恐れていたことや、白人男性が黒人女性に性欲を抱いてきた歴史を考えると、白人女性が黒人女性に、女性としてのライバル意識を抱いていた可能性も捨てきれない。しかし、概して白人女性が黒人女性とつき合いたがらなかったのは、ふしだらな女性に汚されることを恐れたからである。白人女性は黒人女性を、自分の社会的評価をもろに脅かす存在と見なした。ふしだらな黒人女性とつき合ったら、女神のように貞淑な女性ではいられなくなると考えたのである。ジョセフィン・ラフィンは一八九五年に黒人女性クラブの代表者たちを前に演説し、白人女性クラブが黒人女性の加入を認めないのは、「黒人女性のふしだらさ」がまことしやかに語られるためであると述べた。そして聴衆に対し、黒人女性に押された烙印に抗議するよう訴えた。

全米には真面目で聡明で進歩的な黒人女性が大勢いるはずですし、その数はますます増えているでしょう。こうした女性はまだ、充実した立派な生活を送っていないかもしれませんが、そうした生活を送る機会をひたすら待っています。いま以上のことができ、いま以上の存在になれる機会がないので、ひがんでいる黒人女性がいまだに少なくありません。それでも、アメリカの黒人女性に対する評価を誰かに訊くと、お決まりのセリフが返ってくるのです。「ほとんどは無学でふしだらですね。もちろん例外はいくらかいますが、ものの数に入りません」と。

……あまりにも長い間、私たちは不当な非難に沈黙してきました……。南部の〔白人〕女性は毎年のように、黒人女性はふしだらだからという理由で、全国組織への黒人女性の加盟を拒絶してきました。けれども、こうした不当な扱いに対して私たち黒人が個別の反論しかしてこなかったために、この非難をひねりつぶすことができませんでした。こんな非難は早いうちにひねりつぶせるはずでしたし、そうしておくべきでした……。私たちの虚像にうるさく抗議するのではなく、私たちの実像と理想像を堂々と見せて、沈黙を破るためにこそ、私たちは歩を進めなければなりません。この集会を教訓として世に示さなければなりません。

白人女性の黒人差別は、女権拡張運動や女性クラブ運動と同様、就業の場でもはっきり表れた。一八八〇年から第一次世界大戦までの間、白人の女権拡張論者は、女性の就業の問題に専念した。

賃金収入があれば、白人男性に経済的に頼らずにすむと考えたからであった。『アメリカの女性と労働』（より正確には『アメリカの白人女性と労働』）を著したロバート・スマッツは、次のように書いている。

もし女性が名誉を保ちながら自活できるなら、本人が希望しないような結婚を拒否できた。つまり多くの女権拡張論者から見ると、仕事に就くことは、結婚に代わる現実的な、あるいは潜在的な選択肢であり、ひいては夫婦関係を改善する手段であった。

白人女性による女性の雇用機会拡大の活動は、もっぱら白人女性労働者の境遇改善に的を絞っていた。白人女性労働者は、黒人女性労働者を同志とは見なさず、むしろ自分たちの安全を脅かす存在と考えた。黒人女性労働者がいることで、就職における競争率が高まったからである。両者の関係は、対立を特徴としていた。そして黒人女性が産業労働人口に加わり、人種差別に直面したとき、対立は激化した。一九一九年に、ニューヨーク市の産業における黒人女性を調査した報告書『黒人女性労働者の新時代』が発表されたが、冒頭には次のように書いてある。

何世代にもわたって、黒人女性は南部の畑で働いてきた。また、南部でも北部でも家事労働に従事してきた。黒人女性が就ける仕事に就いてきたのである。こうした仕事はきつく不快な仕事であったが、黒人女性は小売店や工場からはほぼ完全に締め出されてきた。伝統と人種偏見が主な原因であった。南部の経済発展が遅かったことと、黒人女性自身が産業界で働くことをあえて求めなかったことも、要因の一部である……。こうした理由から、黒人女性はこれまで産業労働人口に加わっていなかった。

しかし現在は、黒人女性が産業労働人口の一翼を担っていることに疑問の余地はない。戦争特需によって、少なくとも一時的には、産業界の扉が黒人女性にいくらか開かれた。男性は戦場に行き、白人女性は軍需産業に従事したため、その穴を埋めるべく黒人女性を雇い入れる工場が現れた。熟練労働者、半熟練労働者、および非熟練労働者というそれぞれの需要に対処しなければならなかった。既存の移民労働者はすでに利用していたし、〔戦争によって〕移民の流入は止まった。労働力不足のため、白人の半熟練労働者は、熟練労働に従事しなければならなかった。安い労働力の調達が必要であった。史上初めて、職業紹介所や求人広告は「求む」の前に「黒人」を挿入した。黒人女性は、経験こそなかったが、大勢控えていた。

産業労働人口に加わった黒人女性労働者は、クリーニング業や食品業で働き、縫製業では比較的技術のいらない仕事に携わった。たとえばランプの笠の製造は、黒人女性の労働力に大いに依存した。黒人女性労働者と白人女性労働者の反目は日常茶飯事であった。白人女性は、黒人女性と職を奪い合うことも、一緒に働くことも望まなかった。白人の雇用主が黒人女性を雇わないよう、白人女性労働者は辞職さえちらつかせた。黒人女性労働者について苦情を訴えることもよくあった。

連邦政府に勤める白人女性は、黒人女性との分離を要求した。多くの職場で、別々の作業室や洗面所やシャワーが設けられ、白人女性が黒人女性と一緒に働いたり手や体を洗ったりしないですむようになった。白人女性労働者の言い分は、白人の女性クラブ会員が黒人女性を締め出したときと同じであった。つまり、黒人女性はふしだらで、横柄であるからという理由であった。それに加えて「黒人《ニグロ》の」病気がうつらないように、分離が必要であることも主張した。なかには、膣に疾患のある黒人女性を見たと言う白人女性もいた。証書記録局に勤めるモード・B・ウッドワードという白人女性は、次のような内容の供述書に偽りがないことを宣誓している。

白人と黒人が同じトイレを使っているが、前述の黒人には病気の者がいて、その証拠はきわめて明白である。アレグザンダーという名の黒人《ニグロ》女性は、何年も前から陰部の病気を患っており、彼女の後にトイレを使うことに不安を感じ、白人女性の一部は精神的・肉体的に苦痛を受けている。

黒人女性と白人女性が職をめぐって争った場合、たいていは白人女性に有利な決定が下された。黒人女性は往々にして、白人女性にはきつすぎるとされた仕事を担うことになった。飴の製造工場に勤めた黒人女性は、飴の包装と箱詰めだけではなく、飴を熱して固める作業にも携わった。重い盆を台から機械へ、機械から台へと運びつづける仕事であった。タバコ工場では、「ほぐし」というかつては男性だけが担当していた工程を黒人女性が手がけた。ニューヨーク市の調査には、次のような報告がある。

黒人女性は、白人女性が担当しようとしない仕事をしていた。たとえば、男性に代わって窓の日よけを拭く仕事をしていたが、立ち仕事で、常に背伸びをしなければならなかった。毛皮の染色でも男性の代わりを務めたが、これも立ち仕事で、背伸びや重いブラシの操作が求められるうえに、染料の悪臭にさらされる非常に不快で危険な仕事である。マットレスの工場では、男性の代わりに「荷造り」をしていた。二人一組になってマットレスを五個ずつまとめ、輸送用に縫い合わせる仕事である。ここで働く女性は屈みつづけていなければならず、重さ七〇キロもの持ちにくい荷を運ばなければならなかった。

人種別に分かれた労働環境で、黒人女性の賃金はたいていの場合、白人女性の賃金より低かった。

両者の間にはほとんど交流がなかったので、黒人女性は給与の格差を必ずしも知っていたわけではない。ニューヨーク市の調査によって、ほとんどの雇用主が両者に同じ仕事をさせながら、黒人女性労働者には白人女性と同額の賃金を払おうとしないことがわかった。

すべての職業で、人種による賃金格差は明らかであった。黒人女性の場合、二人に一人が週に一〇ドル以下の賃金であったのに対して、これほどの低賃金で働いていた白人女性は六人に一人だけであった……。実に多くの雇用主が、白人女性の方が作業が速いという理由で、賃金格差を正当化した。ただし、婦人帽製造工場の職工長は、黒人労働者は白人より質の高い仕事をしているにもかかわらず、低賃金であることを認めた……。

賃金差別は三つの形態をとっていたようである。ひとつは、雇用主が黒人労働者を隔離して、同じような仕事をさせても、黒人だけの部署では賃金を低く抑えるというやり方である……。第二の方法は、黒人には出来高払いをしないというものであった。たとえば衣料業界で働く黒人のアイロン係は、時間給で週に一〇ドルもらっていたが、白人のアイロン係は出来高払いで平均すると週に一二ドルもらっていた。第三の差別形態として、雇用主は黒人女性に対して、白人女性と同額の週給を露骨に拒んだ。

集団としての白人女性労働者は、白人を黒人より上に位置づける人種の階層を維持しようとした。黒人女性が技能のいらない仕事に就くことは認めても、高い技能が求められる専門職に就くことは認めなかった。アメリカ社会に組み込まれた人種差別を白人女性が推進したために、黒人女性労働者との関係は常に険悪であった。多くの工場では、暴動が起きないように、どちらか一方の人種しか雇わなかった。両者がいる工場では、黒人女性は白人女性労働者よりはるかに劣悪な条件下で働いていた。白人女性が更衣室やトイレ、談話室の共用を拒んだため、黒人女性がこういった設備を利用できないことも少なくなかった。一般に黒人女性労働者は絶えず虐げられていた。女性労働者を含む白人労働者全体が人種差別をしていたからである。ニューヨーク市の調査報告は、黒人女性の産業労働者にもっと配慮すべきであると結論づけている。

以上の検討において終始明らかであったように、産業部門への黒人女性の参入には、問題がないわけではない。黒人女性は、白人女性が見向きもしない仕事を、白人女性なら受け取らないような低賃金で行なっている。白人の男女と黒人男性の穴埋めを、誰よりも低賃金で引き受け、しかも健康を害するような作業に従事している。新人の不慣れな産業労働者に付きもののちょっとしたミスしか犯さなくとも、黒人女性労働者には、計り知れなく不利な条件が課されるのである。

終戦によって、黒人女性の産業労働者の地位はどうなるのであろうか？　この国の歴史上、最も生産需要が高まり、労働力が不足した時期に、黒人女性は誰よりも後に雇用された。労働力が枯渇するまで、産業部門に呼び入れられなかった。そうして最も退屈な仕事や最も卑しい仕事、ほかよりはるかに低賃金の仕事をこなしたのである……。

アメリカ国民が戦争中にあれだけ重んじていた民主主義の理念に忠実であろうとするなら、黒人女性産業労働者の処遇には、改善の余地が大いにある。

二十世紀初頭、白人女性と黒人女性の関係は緊張に満ち、衝突も多かった。女権拡張運動は、黒人女性と白人女性の連帯を育むどころか、白人女性の本性を浮き彫りにした。白人女性には、女性全体の利益のために白人至上主義をあきらめるつもりなどなかったのである。女権拡張運動や職場における人種差別を通じて、黒人女性は、黒人と白人の経験を分かつ隔たりを常に意識させられた。白人女性はその隔たりを埋めようとはしなかった。フェミニズムにつながる現代の運動が始まっても、運動を組織する白人女性は、黒人女性と白人女性の葛藤という問題には取り組まなかった。白人女性が口にするシスターフッドや結束という言葉を聞くと、アメリカの女性が階級や人種の壁を越えて団結できると錯覚させられたが、そのような団結は実際には起きていなかった。現代の女性運動と過去の女権拡張運動には、構造の違いなどなかった。現代の女性運動を担った白人女性は、女権拡張運動の先輩たちと同じく、黒人解放運動の後に活動に着手した。一九六〇年代の黒人解放運動である。まるで歴史を再現するかのように、こうした白人女性もまた、自分たちと黒人の社会的地位を同列に語りはじめた。そうして「女性」と「黒人」の境遇を重ね合わせていくなかで、白人女性の人種差別が露呈した。ほとんどの場合、白人女性は自らの人種差別を意識していなかった。利己主義によって都合よく隠されていたのである。自己中心的であるあまり判断力を失った白人女性は、ふたつの明白な事実を認めようとしなかった。ひとつは、資本主義と人種差別と帝国主義がはびこる国では、すべての女性の社会的地位が同じでなどありえないこと。もうひとつは、アメリカにおいて白人女性が、男であれ女であれ黒人と同列であったことなど、いまだかつて一度もなかったという事実である。

六〇年代後半に女性運動が始まったとき、参加者の大多数を占めていた白人女性は、明らかにこれは「自分たちの」運動であると思っていた。つまり、白人女性が社会に不平不満を表明する手段と見なしたのである。白人女性は、自分たちなら人々の目を女性の問題に向けさせることができる、だからフェミニストのイデオロギーは自分たちのためだけにあるとでも言わんばかりに振る舞った。それればかりか、白人以外の女性もアメリカの女性であるという事実を認めようとしなかった。白人女性は黒人女性に、「あなたがた〔黒人〕の」運動に参加するよう促した。ときには女性運動への参加を呼びかけたが、対話の場でも著作のなかでも黒人女性に対する人種差別と性差別が見え隠れしていた。白人女性の人種差別は、あからさまな憎しみではなく、はるかに陰険であった。単純に黒人女性の存在を無視することもあれば、著作のなかで、性差別と人種差別に彩られた黒人女性を描くこともあった。ベティ・フリーダンの『新しい女性の創造』から、バーバラ・バーグの『記憶された入口』、さらにはジーラー・アイゼンステインが編纂した『資本主義的家父長制と社会主義フェミニズム擁護論』といった最近の出版物に至るまで、フェミニストを自負する大半の白人女性著述家の著作は、こうした白人女性たちが人種差別のイデオロギーを受容して存続させるように社会化されてきた事実を露呈している。[*13]

そうした著作のほとんどで、白人のアメリカ女性の経験がアメリカ人女性全体の経験であるかのように書かれている。もちろん、白人女性のみを扱った本を書くこと自体は、人種差別には当たらない。しかし、白人のアメリカ女性だけがアメリカ人女性であると決めつけるような本の出版は、人種差別である。たとえば私は、本書の下調べで、植民地時代のアメリカに生きた自由黒人の女性と奴隷女性に関する情報を探していたとき、ある文献目録の中に『南部植民地における女性の生活と仕事』と題する、ジュリア・チェリー・スプルイルの著作を見つけた。初版が一九三八年で、一九七二年に復刊されている。ロサンジェルスのシスターフッド書店で現物を見つけ、新版向けに書かれた裏表紙の広告文を読んでみた。

アメリカ社会史の名著『南部植民地における女性の生活と仕事』は、植民地時代のアメリカ南部に住んだ女性の生活を包括的に扱った初めての研究書である。ジュリア・チェリー・スプルイルは、植民地時代の新聞や裁判所記録、あらゆる種類の手書き文書を、ボストンからサヴァナに至る数々の文書館と図書館で渉猟した。こうして書き上げられた本書は、アーサー・シュレジンガー・シニアの言葉を借りれば、「調査報告の手本であり、アメリカ社会史への大きな貢献である。学生が手放せない参考書になるであろう」。

扱われている内容は以下のとおりである。植民地への入植に女性が果たした役割、女性の家庭生活と社会生活、女性教育の目的と方法、政治やビジネスなど家庭外での女性の役割、女性の法的地位や社会一般の女性観などである。豊富な資料に加えて、植民地時代の人たち自身の言葉も多く盛り込まれ、鮮明かつ驚くべき――かつて見たことのないような――さまざまな女性像が浮かび上がる。

私はスプルイルの本が、アメリカ社会における多種多様な女性に関する情報を載せているものと思い込んだ。しかし、結局はこれもまた白人女性だけを論じた著作であり、書名もくだんの広告文も誤解を招くものであることがわかった。より正確には、『南部植民地における白人女性の生活と仕事』と題すべき本であった。もし私やほかの著述家が、南部の黒人女性だけを扱った原稿に、やはり『南部植民地における女性の生活と仕事』と名づけてアメリカの出版社に送ったら、即座にこれは誤解を招くまずい書名と見なされるに違いない。白人のフェミニスト著述家が実際には白人女性だけを扱う本を書いて、これを「女性」に関する著作であると言うことは許される。しかし、黒人女性だけを取り上げた著述家は、黒人について書いたことを明示しなければならない。両者には、人種差別という同じ力が働いている。アメリカのような人種帝国主義国家では、人種にこだわらずにいられるのは支配的な人種の特権であり、虐げられている人種は日々人種を意識させられるのである。自分の経験こそ普遍的であると公言できるのは、支配的な人種だけである。

アメリカでは人種差別のイデオロギーのおかげで、白人女性はこれまでずっと、女性とは白人女性を指すものと決め込むことができた。それというのも、白人以外の女性は常に「他者」であり、非人間的で女性には該当しない存在と見なされるからである。政治的であることを自負する白人フェミニストも、自覚のないまま黒人女性の存在を無視する言葉遣いをしている。こうしたフェミニストは「女性」と「黒人」とを際限なく類比し、その結果、「女性」が白人女性だけを意味するという感覚をアメリカ国民に植え付けてしまった。類比の例は枚挙にいとまがない。一九七五年に出版された論集『女性――フェミニストの視点』には、ヘレン・ハッカーが書いた「マイノリティ集団としての女性」という評論が含まれている。これを読めば、白人女性が「女性」と「黒人」の比較を用いて、黒人女性を排除し、人種の階層における自分たちの地位から注意をそらそうとしてきたことがよくわかる。ハッカーは次のように書いている。

女性と黒人《ニグロ》の関係には歴史があり、類似点も見られる。十七世紀には、黒人《ニグロ》の使用人の法的地位は、家父長の支配権のもとにあった女性と子どもの地位にならって定められた。また南北戦争まで、奴隷制即時廃止論者と女性参政権運動の間には強い協力関係があった。

明らかに、ハッカーは白人女性だけを指して女性と言っている。もっとあからさまな例もある。キャサリン・スティンプソンの評論「『汝の隣人の妻、汝の隣人の使用人』――女性解放運動と黒人の市民権」の一節である。

ミュルダール[*14]が指摘するように、産業経済が発達しても、女性と黒人は成人男性の文化に統合されなかった。女性は出産と仕事を両立させる満足な方法を見つけていない。黒人は、同化できないという強固な原則を打破していない。経済が発達しても、女性と黒人には単純作業と低賃金しか与えられず、昇進はごく稀である。白人男性の労働者は、女性と黒人の両方を目の敵にしている。競合者がいれば賃金にひびくし、女性や黒人と肩を並べたり、まして女性や黒人が職場で上に立つようなことにでもなれば、まさに物事の本質が揺らぐからである。女性と黒人に割り当てられる仕事はたいていきつく、単調で退屈な汚れ仕事である……。

スティンプソンの評論は最初から最後まで、女性を白人女性と、黒人を黒人男性と同義で用いている。

歴史を通じて、白人の家父長たちが白人女性の人種に言及することはほとんどなかった。人種の話題は政治的なので、「白人」女性を殺伐とした現実にさらしてしまうと思ったからである。白人女性は、白人とは呼ばれず単に女性とのみ呼ばれることで、地位をさらに引き下げられ、人格をもたなくなった。十九世紀から現在までの「女性問題」を扱う、白人女性の手になる著作では、「白人男性」という表現は見られても、「白人女性」という表現はなく、かわりに「女性」という言葉が使われる。同様に、「黒人」という言葉は黒人男性と同義に使われることが多い。ハッカーは評論のなかで、「女性と黒人《ニグロ》の階級制に似た地位」を比較するために表を作っている。「地位の合理化」という項目で、黒人は「彼が置かれている境遇に満足している」〔強調は訳者〕と書いている。ハッカーもスティンプソンも、白人女性を「女性」、黒人男性を「黒人」と呼んで差し障りないと決め込んでいるが、これは決して珍しいことではない。こうした言葉遣いは、大半の白人はもちろん、一部の黒人にも見られる。アメリカ人が人種差別と性差別に彩られた言葉で現実を語るので、黒人女性はますます排除される。最近〔一九七九年〕、イランで政変が起きたとき、アメリカ中の新聞が「ホメイニ、女性と黒人を解放」という見出しを載せたが、実際にイランの大使館から解放されたアメリカ人の人質は、白人女性と黒人男性であった。

「女性」という言葉で白人女性だけを指し示すのは、人種差別であり性差別であるが、白人のフェミニストは異議を唱えなかった。むしろ、これを助長した。白人のフェミニストにとって、二重の利点があったからである。第一に、「白人女性」ではなく単に「女性」と称することで、白人女性も白人男性とともに人種帝国主義の担い手である事実に蓋をした。そうして、白人男性だけを世界の迫害者と非難することができた。第二に、アメリカ社会の白人でない女性と手を結んだかのように振る舞うことで、自分たちの階級差別と人種差別から注意をそらすことができた。もしもフェミニストが白人女性と黒人、より具体的には、黒人女性と白人女性を比較していたら、両者が被っている迫害が同じではないことは火を見るより明らかであろう。人種と性の両方に基づいた帝国主義が存在する社会において、家父長制下の女性の立場と、奴隷または被植民者の立場は必ずしも同じでないことが明白になったはずである。そうした社会では、男性より下に見られる女性が、人種の面で優位に立つ場合がある。ほかの人種の男性より優位に立つことさえある。フェミニストが一枚岩の「女性」を描いてきたので、「女性」と「黒人」の比較はすんなりと受け入れられた。「女性」と「黒人」が絶えず対比されてきたせいで、黒人女性が人種差別と性差別の両方にひどく苦しんでいる事実には注意が払われなかった。もしもこの事実が強調されていたなら、中産階級や上流階級の白人フェミニストの不平には目が向けられなかったかもしれない。
十九世紀の白人女権拡張論者は自らを黒人奴隷に重ねて語ることで、奴隷に向けられた関心を自分たちに引きつけようとした。現代の白人フェミニストもまた、同じ隠喩を用いて自分たちの関心事に注目を集めようとしてきた。階層社会のアメリカでは、白人男性が最上位、白人女性がその下に位置づけられている。このような社会で、黒人の権利獲得運動に続いて白人女性が「自分たちも権利を奪われている」と訴えれば、階層の下位に置かれた黒人より、まず白人女性が脚光を浴びるのは予想できた展開であった。アメリカで女性運動に参加した白人女性ほど、隠喩として黒人を徹底的に利用した集団はなかった。隠喩の目的について、オルテガ・イ・ガセット[*15]は次のように論じている。

あるものの代わりに別のものを用いるという精神活動は、まったくもって奇妙である。この精神活動に駆り立てるのは、後者を手に入れたいというより、前者を消したいという衝動である。隠喩は、ある対象を別ものののように装わせて、その対象を消し去る。特定の現実に対する本能的な忌避があると認識しない限り、この行為を理解することはできない。

「黒ん坊としての女性」とか「女性という第三世界」とか「奴隷としての女性」を論じたとき、白人女性は非白人の苦しみや非白人が被る迫害を想起させることで、「白人女性としての私たちの境遇がいかにひどいかを見て。なぜ私たちが黒ん坊のようなのか、なぜ第三世界のようなのかに目を向けて」と主張した。もちろん、上流階級や中産階級の白人女性の境遇が世界中で迫害されている人々の境遇に少しでも似ていたとしたら、このような隠喩は必要なかったはずである。もしこうした女性たち自身が貧困と迫害に苦しんでいたり、あるいは迫害されている女性を本当に気遣っていたら、わざわざ黒人を引き合いに出すまでもなかった。単に女性の苦境を語れば、それで十分であった。夫や恋人から暴行を受け、しかも貧困に耐えている白人女性であれば、つらさを強調するために黒人の苦境にたとえる必要などない。

仮に女性運動に参加する白人女性が、女性に対する迫害を強調するためにどうしても黒人の経験をもち出す必要があるなら、まず黒人女性の経験を取り上げなければ筋が通らない。しかし、白人女性はそうはしなかった。逆に黒人女性の存在を否定し、女性運動から黒人女性を締め出したのである。「締め出す」といっても、それは人種を理由に黒人女性を露骨に冷遇したという意味ではない。人を締め出したり疎外したりする方法はほかにもある。多くの黒人女性は白人女性が「女性」と「黒人」とを類比するのを聞くたびに、女性運動から締め出されていると実感した。このような類比によって、白人女性は事実上、黒人女性が「アメリカ社会で女性として存在することを認めない」と言っていたからである。白人女性が虐げられた同士として黒人女性と結束したかったなら、黒人女性がいかに性差別の被害を受けているかを認識し、それを少しでも示せばよかったのである。残念ながら白人女性は、シスターフッドだの結束だのと盛んに言いたてはしても、性差別と闘うために黒人女性など白人以外の女性との結束に真摯に取り組まなかった。白人女性にとって最大の関心事は、自分たち、すなわち上流階級や中産階級の白人女性が置かれている境遇に注目を集めることであった。

貧困女性の窮状や黒人女性特有の苦境に目を向けさせることは、女性運動に参加した中産階級以上の白人女性の日和見的な利益にはかなっていなかった。たとえば、白人女性の大学教授が終身在職権をもらえないのは不当に差別されているからであると主張したいとき、家事労働に従事し最低賃金さえもらえずにひとりで家族を養っている、貧しい女性を引き合いには出さない。それよりも、「私なんて、白人男性の同僚から見れば黒ん坊なのよ」と言った方が、よほど注目と同情を集められるからである。こう言えば、何の罪もない貞淑な白人女性が、黒人と同等に扱われているというイメージを呼び起こせる。重要なのは、ここで言う黒人が黒人男性を意味するということである。女性運動に参加する白人女性が、黒人男性を類比の対象に選んだのは単なる些細な偶然ではない。キャサリン・スティンプソンは、女性解放と黒人の市民権に関する評論の中で「黒人解放と女性解放は別々の道を歩むべきである」と主張しているが、その際、黒人の市民権を黒人男性と、女性解放を白人女性と結びつけている。また、十九世紀の女権拡張運動について論じる際、黒人男性指導者の著作を引用しているが、実際にはどの黒人男性指導者よりも黒人女性の方がずっと積極的に活動していたのである。

アメリカの人種差別の心理歴史学に鑑みれば、権利が与えられないままでは黒人（男性）同然であると力説した白人女性のねらいは、人種差別主義者の白人男性の心に白人女性の堕落という観念を植え付けることにあった。つまり、人種と性別による階層において、同じ白人である白人女性の地位を守るよう、白人男性にそれとなく懇願したのである。スティンプソンは次のように記している。

白人男性は、精子ほど大切なものはないと確信しながらも、それを使うことに後ろめたさを感じている。また、子宮という安らぎの場と、子ども時代という特権を失ったことに、怒りを感じている。そのため、男性であることを権力獲得の条件としたうえで、その権力を利用し、性を支配しようとしたのである。白人男性は、現実に黒人男性と白人女性を荒々しく切り捨てたが、頭の中でも両者を排除するためにとりとめもない妄想をふくらませた。その最たるものは、黒人男性の性は邪悪で、人間以下であり、白人女性は貞淑で、人間を超越しているという妄想である。片や排泄物、片や実体のない精神性という極端な対をなしている。黒人も女性も性的なえじきとなってきた〔強調は訳者〕。多くの場合、残酷にも黒人男性は去勢され、女性は強姦されたうえに、得てして心理的な陰核切除を被った。

スティンプソンにとって、黒人は黒人男性を、女性は白人女性を意味している。また、白人男性を人種差別主義者として描いてはいるが、ともに迫害されている白人女性と黒人男性は、結局のところ共闘できないと思わせるような描き方をしている。スティンプソンは、性と人種の類比を用いて人種差別主義者である白人男性に媚びているのである。皮肉にも、スティンプソンは黒人と白人女性の類比を避けるよう白人女性を諭している。しかし、彼女自身が評論でまさにそれを展開しつづけている。権利が与えられなければ自分たちは黒人男性同然であるとほのめかすことで、白人女性は、家父長的な白人男性の人種差別に迎合している。こうして、白人女性が主張する「女性解放」(つまりは白人女性の解放)は、人種の階層を維持してほしいという白人男性への懇願にすり替わる。人種の階層が維持されれば、白人女性は黒人男性より高い社会的地位を確保できるのである。

黒人女性は白人女性の人種差別を指摘し、運動の先頭に立つ白人女性たちは本当の意味で虐げられてはいないと伝えようともした。しかし、そのたびに白人女性は、「迫害は測れるものではない」と反論した。さらに白人女性は虐げられた者同士であることを強調して、黒人女性に女性運動への参加を促した。これで多くの黒人女性の気持ちはいっそう冷めてしまった。女性運動に参加する白人女性の多くが、非白人や白人の家事労働者を雇っていた。そのため、「虐げられた者同士」と言われても、黒人女性にとっては、ブルジョア女性の無神経さと下層階級の女性に対する無関心さを露呈しているとしか思えなかった。

虐げられた者同士という主張の根底には、黒人女性に対する庇護者ぶった態度が潜んでいた。白人女性は、シスターフッドの実現とか、黒人女性にも運動に加わってほしいなどと表明しさえすれば、黒人女性が飛び上がって喜ぶと思い込んでいたのである。自分の振る舞いは寛大かつ開明的で、人種差別とは無縁であると信じて疑わなかったため、黒人女性が怒りを示したときはショックを受けた。白人女性は寛大さを示したつもりになっていたが、その寛大さは実は自分自身に向けられており、自己中心的な日和見主義に根ざしていた。白人女性はこれを理解できなかった。

確かに、アメリカの上流階級や中産階級の白人女性も、性差別や虐待を受けてはいる。しかし、集団として考えれば、貧しい白人女性や黒人女性や黄色人種の女性ほどは虐げられてはいない。上流階級や中産階級の白人女性は、差別や迫害に程度の差があることを認めようとしなかったため、黒人女性から敵視されるようになった。そもそも上流階級や中産階級の多くの白人フェミニストが受ける性差別による迫害は、程度から言えば最も軽い。そうであるにもかかわらず、耳目を独占しようとしたため、アメリカ女性が置かれた境遇に関する特定の分析を受け入れようとしなかった。こうした分析は、すべての女性が同程度の迫害を受けているわけではないと指摘し、その理由として、階級や人種や学歴という特権を利用して、性差別による迫害を軽減できる女性がいることを挙げている。

当初、白人女性は女性運動の中で、階級による特権を論じなかった。自分たちが犠牲者であるという印象を与えようとしたからである。階級が問題にされれば、そのような印象を与えることはできない。しかし実のところ、現代の女性運動は階級に縛られている。白人の参加者は集団として資本主義を非難することはなく、それどころか、白人の資本主義的な家父長制を前提とした表現で解放を定義した。つまり解放を経済的地位と財力の獲得と見なしたのである。資本主義の信奉者の例に漏れず、こうした白人女性もまた、仕事こそ解放への鍵であると宣言した。この仕事重視の姿勢には、白人女性の解放運動家の現実認識が、利己主義と階級差別と人種差別に完全に蝕まれていたことを示していた。現実には、アメリカの労働者階級に属する大勢の女性は、賃金労働をしていても性差別による迫害からは解放されず、経済的自立にはほど遠い生活をしていた。仕事こそ女性解放への鍵であるという主張の裏には、こうした現実を見ようとしない態度が潜んでいた。女性運動を批評した『フェミニズムの解放』の中で、著者ベンジャミン・バーバーは、中産階級と上流階級の白人の女性解放運動家が仕事を偏重したことについて、このような見解を述べている。

暇つぶしを求めている女性にとっての仕事は、歴史を通じてほとんどの人類がこなしてきた仕事とは明らかにまったく違う意味をもっている。一握りの幸運な男性と、それよりはるかに少数の幸運な女性は、仕事に意義を見いだし創造性を発揮できるかもしれない。しかし、それ以外の大半にとっては、仕事と言えば、いまでも鋤や機械や文字や数字を前に強いられる苦役でしかない。製品を売り込んだり、スイッチを押したり、事務処理をしたりして、生きていくための金を辛うじて手にできるのである。

……仕事をする能力があることと、実際に仕事に就くことは別ものである。しかし、解放運動家の女性が、時間をつぶしたり権力機構に参入する目的で、家事労働者や単純労働者として働く事例はほとんどない。それというのも、地位や権力は、どんな仕事であれ仕事をすれば得られるものではなく、中産階級や上流階級でなければ就けない限られた仕事によってのみ与えられるからである……。スタッズ・ターケルが『仕事（ワーキング）！』の中で示しているように、ほとんどの労働者は仕事を息が詰まるほど退屈で、いらだたしく、身を入れることなどできないものと見なしている。これは女性が家事に抱く感覚に非常に近い。

仕事こそ解放への道であると強調したとき、白人の女性解放運動家は、アメリカの労働人口で最も搾取されている女性たちに目を向けてはいなかった。もし労働者階級の女性の窮状が強調されていたら、中産階級や上流階級向きの仕事を求めていた郊外在住で大卒の主婦など注目されなかったであろう。仕事に就いているとはいっても、アメリカ社会で安価な余剰労働力として搾取されるだけの女性に注目が集まれば、中産階級の白人女性による「有意義な」仕事の追求など、恵まれた女性の慰みにすぎないことが暴かれたはずである。もちろん、女性が職場に進出して、性差別による迫害に抵抗することは重要である。しかし、大勢のアメリカ人女性にとってみれば、仕事をすれば女性が解放されるという議論は現実的ではなかった。さらに言えば、性差別が女性の職場進出を妨げるという状況は、しばらく前からなくなっている。ベティ・フリーダンの『新しい女性の創造』に描かれる中産階級や上流階級の白人女性が主婦になったのは、性差別のせいで賃金労働者になれないと考えたためではなく、労働者より主婦になる方がいいという考えを、自ら進んで受け入れたからである。仕事が女性を解放すると白人の女性解放運動家が論じるときほど、人種差別と階級差別があらわになることはなかった。このような議論では、性差別による迫害の犠牲者は常に中産階級の「主婦」であり、アメリカで最も経済的に搾取されている貧困層の黒人女性や黒人以外の女性ではなかった。

賃金労働者としての女性の歴史を通じて、白人女性は黒人女性より後から仕事に就いても、はるかに速いペースで昇進できた。性差別によってすべての女性に閉ざされていた仕事が多かったことは事実であるが、人種差別により、白人女性は常に黒人女性労働者より恵まれていた。ポーリ・マリーは、評論「黒人女性の解放」の中で両者の立場を次のように比較している。

黒人女性と白人女性を比べると、以下のことがわかる。白人女性よりも黒人女性の方が配偶者がいない場合が多く、子だくさんで、労働者である期間が長く、労働者の人口比が高く、学歴と所得が低く、夫に先立たれる時期が早く、一家を支える経済的な負担が大きい。

労働者としての女性の地位を論じる際、白人の女性解放運動家は、得てして黒人女性と白人女性の経済格差を無視、または軽視しようとする。白人の活動家、ジョー・フリーマンは著書『女性解放の政治学』の中でこの問題を取り上げ、黒人女性は「すべての人種・性別集団の中で失業率が最も高く、平均所得が最も低い」と指摘している。しかし、それに続く文章は、この言葉の重みを殺いでいる。「常勤で働くすべての人種・性別集団のうち、一九三九年から平均所得の伸び率が最大であったのは非白人女性で、白人女性の伸び率は最小であった」。ただし、フリーマンが読者に伝えていないのは、黒人女性の賃金増加は、経済的地位の上昇を反映しているわけではないということである。むしろ、長らく白人女性をはるかに下回っていた黒人女性の賃金が、ようやく定められた標準額に近づいてきていたことの表れであった。

女性運動は黒人など非白人の女性を締め出すとともに、主に中産階級と上流階級の大卒の白人女性と、同じ階級の白人男性との社会的平等を求める運動として、意識的かつ意図的に構築されていた。しかし、この事実を認めようとする白人の女性解放運動家はほとんどいない。仮に女性解放運動に携わる白人女性に人種差別や階級差別の意識があることは認めても、それが運動に悪影響を及ぼすとは考えない傾向がある。しかし、フェミニストイデオロギーの提唱者に人種差別や階級差別が見られるからこそ、大多数の黒人女性はこういった人たちの動機を疑い、女性運動に関わるあらゆる取り組みから距離を置いてきた。黒人女性の活動家、ドロシー・ボールデンは四二年間アトランタで家政婦として働き、全米家事労働者組織の創立者の一人であったが、『私の代弁者は誰もいない！――労働者階級の女性の自画像』の中で、女性運動に対する見解を述べている。

……始まった当初、あの人たちが立ち上がって堂々と話すのを見て、私はとても誇らしく思いました。どんな集団であれ、その人たちが正しくて、何か奪われているものが確かにあるのなら、そういう行動を見るのはうれしいものです。ただ、あの人たちが話しているのは大勢の人のことではありません。あらゆる人種のさまざまな階級の人が人生のあらゆる局面を生きているのですから、そういう人たちだって代弁してもらわなければならないのです。

……女性を一人残らず引き込むまで、女性の権利について語ってはいけません。たとえ一人の女性であっても、その人の権利を認めないなら、すべての女性に権利を認めないことになります。私はあの手の会合に行くのにうんざりしてきています。仲間が誰も参加していないのですから。

あの人たちはまだ憲法に修正条項を載せようとがんばっていますが、私たちを引き込むまでは実現できないでしょう。いくつかの州における前例が示すように、全女性があの修正条項を支持しているわけではありません。あの人たちは女性の権利について語っていますが、一体どの女性のことなのでしょう?

黒人女性はみな女性解放運動に無関心であると思われている。黒人女性は男性との社会的平等を得るよりも、むしろ決まりきった女性の役割を好むという考えを定着させることに、白人の女性解放運動家も一役買った。しかし、一九七二年にバージニア・スリム〔フィリップ・モリス社が製造する女性向けタバコ〕が調査専門会社のルイス・ハリス社に委託して行なった世論調査によると、女性の社会的地位を変える取り組みに、黒人女性の六二%が賛成したが、白人女性では四五%であった。また、女性解放運動団体に好意的な黒人女性は六七%であったのに対し、白人女性ではわずか三五%であった。世論調査の結果からは、黒人女性が女性運動への参加を拒んだのは、フェミニズムそのものに反対していたからではないことがうかがえる。

あらゆる女性の社会的平等を提唱する政治思想としてのフェミニズムは、昔もいまも多くの黒人女性の意にかなうものである。黒人女性が女性運動を拒絶したのは、参加者の大多数を占める中産階級と上流階級の大卒白人女性が、運動を自分たちに都合よく導こうとしていることが明らかになったときであった。本来フェミニズムとは、両性の政治的・経済的・社会的平等の理論である。そうであるにもかかわらず白人の女性解放運動家は、アメリカ社会における支配的な人種つまり白人である特権を使って、フェミニズムが一部の女性にしか関わらないかのように解釈した。女性の間にある人種や階級の階層を参加者の大多数が温存しようとしている運動。そのような運動への支持を求められるのは、黒人女性にとって心外であった。

女性団体に参加したり、講義や会合に出席した黒人女性は、最初は白人女性の誠実さを信用していた。こうした黒人女性は、十九世紀に活動した黒人の女権拡張論者と同じように、いかなる女性運動も全女性に関係する問題を扱うものと考えた。人種差別は女性を対立させる要因として、真のシスターフッドの実現のために当然取り上げられるであろうし、また、すべての女性が政治的に結束しない限り、革命的な女性運動は起こりえないとも考えた。現代の黒人女性は、白人女性に蔓延する人種差別を見逃してはいなかったが、これと向き合って変えていくことは可能であると思っていた。

しかし黒人女性が実際に女性運動に参加して、女性団体や、女性学の授業や、会議などで白人女性と対話をしてみると、信用が裏切られたことに気づいた。白人女性は自分たちの目的、つまりアメリカ資本主義の主流に加わるという願望をかなえるために、フェミニズムを私物化した。参加者の多数を白人女性が占めるので、どの問題を「フェミニストの」問題と見なすかを決める権利は白人女性にある、そう黒人女性は言い聞かされた。白人の女性解放運動家が人種差別への対処として行なったことと言えば、自身が受けてきた人種差別的な教育について意識向上集会で話したり、自分たちの運動に黒人女性を誘ったり、「自分たちの」女性学講座に非白人の女性教員を一人雇い、「自分たちの」討論会に非白人の女性討論者を一人招待することであった。

女性解放運動に参加した黒人女性が人種差別をもち出そうとすると、多くの白人女性は怒ったように言い放った。「私たちに罪悪感を覚えさせようとしても、そうはいきませんからね」。白人女性にとって、対話はそれで終わりであった。そのほか、自分が人種差別主義者であると喜んで認め、口に出して認めさえすれば自分の人種差別意識が改まると思っている人もいた。口先だけで罪を認めるのではなく、人種差別をしない、あるいはしないように努めていることを行動で示してほしいと、黒人女性がいくら説明しても、白人女性は耳を貸さなかった。そもそも、白人女性が人種差別から本当に「解放されて」いることが文章や演説から見て取れていたなら、女性運動内部の人種差別は問題にならなかったはずである。

人種差別を直視し、差別的な態度を改めることは女性運動にとって重要である、なぜなら放置しておけば運動が弱体化しかねないからである——事態を憂慮した黒人と白人はそう訴えたが、フェミニズムを都合よく利用することしか考えない白人女性は抵抗した。女性運動の中で大多数を占めつつあった保守的で反動的な白人女性の参加者は、人種差別など注目に値しないと断言した。こうした白人女性が人種差別の問題を避けたのは、白人女性を「善」つまり人種差別などしない犠牲者、白人男性を「悪」つまり人種差別的な迫害者とする印象を崩したくなかったからである。帝国主義や植民地主義、人種差別、性差別の存続に女性が積極的に荷担したことをもし認めていたら、女性解放運動の論点ははるかに複雑になっていたであろう。フェミニズムを、白人男性からなる権力機構への登竜門のように見なした人にとっては、全男性を迫害者、全女性を犠牲者としておいた方が話が簡単であった。

女性解放に関心をもつ黒人女性の中には、白人女性の人種差別に対抗して、「ブラック・フェミニスト」の団体を創設した人々もいた。しかし、これは反動的な行動であった。人種別の団体を作ることで、攻撃対象であるはずの「人種差別」を是認し、持続させてしまったからである。こうした黒人女性が女性運動に批評を加え、人種差別や日和見主義に毒されないフェミニストのイデオロギーを全女性に提示することはなかった。逆に、何百年にもわたって被植民者が行なってきたように、支配集団（ここでは白人の女性解放運動家）から押しつけられた条件を受け入れて、人種差別にのっとって黒人の団体を構成した。つまり、反発していたはずの白人主導の団体と、まったく同じことをしたわけである。黒人の団体は、白人女性を積極的に締め出した。それだけでなく、黒人の「フェミニスト」団体の際立った特徴は、黒人女性独自の問題に焦点を絞ったことであった。こうした姿勢は、黒人参加者の著作の中で公にされた。コムビー川集団[*16]は活動の重点を説明するため、

「ブラック・フェミニストの声明書」を発表した。冒頭では次のように宣言している。

私たちは一九七四年から会合を開いているブラック・フェミニストの集団である。この間、私たちは自らの政治方針を明確化すると同時に、自集団内だけに留まることなく、ほかの進歩的な組織や運動とも連携して、政治活動を行なってきた。現時点での私たちの政綱をごく大まかに述べると、次のようになる。まず、人種・性別・異性愛中心主義・階級に基づく迫害との闘いに積極的に取り組むこと。私たちを虐げるこれらの体制は互いに連動しているので、迫害を総合的に分析し迫害との闘いを実践することが私たちの特別課題である。これらの迫害が絡み合って私たちの生活に影響を及ぼしているのである。有色人種の全女性が直面する多様な迫害と闘うには、ブラック・フェミニズムこそが理にかなった政治運動である。黒人女性として、私たちはこのように考えている。

ブラック・フェミニストの団体が出現したことで、黒人と白人の女性解放運動家の対立は激化した。両者は、社会における女性の境遇が各集団や個人によって異なるという理解を共有して結束することはなかった。それどころか、互いの経験を分かつ隔たりは知識によっても理解によっても埋まらないと言わんばかりの振る舞いを見せた。白人女性は黒人女性を他者、つまり未知の不可解な存在として表象したが、黒人女性はその点を非難するのではなく、自ら他者のように振る舞った。多くの黒人女性は、黒人だけの団体において初めてフェミニズムへの関心を認められ奨励された。これは、白人主導の女性団体では経験できなかったことであり、黒人女性団体の長所のひとつでもある。しかし本来は、人種混合の団体であってもすべての女性がこうした励ましを受けるべきである。人種差別は建設的なコミュニケーションを妨げる障壁であり、人種の分離によって取り除かれるものではない。白人女性は、人種別の団体を支持した。人種別の団体が、白人女性と黒人女性の経験には何のつながりもないという、人種差別と性差別に裏打ちされた先入観に合致したからである。人種別の団体ができれば、人種や人種差別に関心を払わずにすむというわけであった。一方、黒人女性は白人女性による黒人差別を非難したが、両者間で反感が高まるにつれて、今度は黒人女性の方が白人差別を露骨に表すようになった。それまで女性運動に参加しなかった多くの黒人女性は、黒人だけの女性団体が作られたのを見て、やはり黒人女性と白人女性が手を結ぶことなどありえないと確信した。そして白人女性への怒りを表すために、否定的な白人女性像をもち出した。つまり、白人女性をほかの者の労働に頼って生きる特権的な寄生虫として描き、白人の女性解放運動家を嘲ったのである。黒人女性のロレイン・ベセルは、「私たちって誰のことよ、白人のお嬢さん？　もしくは、有色人種のレズビアン・フェミニストの独立宣言」と題した詩を発表し、その前書きに次のように記した。

ガレージセールで肌の白い（アングロサクソンとは言わない）女性からセーターを一枚買った。これを着ると、匂いに圧倒される。ストレスも汗も闘いもない、楽で恵まれた生活の匂いがぷんぷんするのだ。これを着ながらよく考えるのは、このセーターが匂わせる不自由のない生活は、過去にも未来にも私とは無縁の暮らしだということである。ボンウィット・テラー〔高級デパート〕を歩いていて肌の白い女性たちが装身具を買っている光景を見たときも、やはり同じ感覚に襲われる。それは、エレベーター係の高齢の黒人女性を養えるほど高価な代物である。その黒人女性は生きている限り、一日じゅうずっと立ちっぱなしで、こういう女性たちを上へ下へと送り届けるのである。こんな痛みを感じる瞬間、無限に続くこうした瞬間にこそ、泣きたくなったり、殺したい衝動にかられる。あるいは、目をむき、歯をすり〔不快感を示す仕草〕、片手を尻に当てて、いわゆるラディカルな白人のレズビアンやフェミニストに向かって「私たちって誰のことよ、白人のお嬢さん？」と叫びたくなる。

黒人と白人の女性解放運動家が敵対したのは、女性運動内部の人種差別をめぐる衝突のせいだけではなかった。両集団間の長年にわたる嫉妬と、羨望と、競争と、怒りの結果であった。黒人女性と白人女性の対立は、二十世紀の女性運動に端を発したわけではなく、奴隷制時代に始まった。アメリカにおいて白人女性の社会的な地位は、白人と黒人の関係によって決まる部分が大きかった。

白人女性の社会的地位が変わりはじめたのは、アメリカ植民地でアフリカ人が奴隷にされたときである。奴隷制以前は、家父長制の掟により、白人女性は身分の卑しい劣った存在で、社会における従属的な集団と定められていた。黒人を隷属させたおかげで、白人女性は見下されていた地位を明け渡し、優位な立場に立つことができたのである。

奴隷制を制度化したのは白人男性であったが、最も直接的に奴隷制の恩恵を被ったのは白人女性であったと言うことができる。奴隷制が始まっても、社会における階層の中で白人男性の地位はまったく変わらなかったが、白人女性には新たな地位が与えられた。白人女性はこの地位を維持するために、黒人女性と黒人男性よりも自分の方が上だと絶えず主張する必要があった。植民地時代の白人女性、特に奴隷の女主人であった白人女性は、奴隷を残酷に扱うことで自分と奴隷の地位を区別しようとした。とりわけ、白人女性が最も効果的に権力を行使できた相手は、黒人女性奴隷であった。同じ女性であっても白人の女主人には一目置かなくてはいけないことを、黒人奴隷たちは素早く呑み込んだ。そうとはいえ、家父長制によって男性の権威を尊重し、女性の権威には憤るよう社会化されていたため、白人の女主人の「権力」を認めることには抵抗があった。黒人女性奴隷が白人女性の権威を侮ったり無視したりすると、白人の女主人はよく、権威を見せつけるために残酷な処罰に訴えた。しかしそのような処罰を与えられてもなお、黒人女性は白人男性に示すのと同じ畏敬の念を白人女性には示そうとしなかった。

白人男性は、黒人女性の肉体への欲望をあらわにし、黒人女性を性行為の相手に選ぶ態度を見せつけることで、白人女性と黒人女性奴隷をまんまと敵対させた。ほとんどの場合、白人の女主人は、黒人女性奴隷が性の対象にされたこと自体をうらやみはしなかった。ただひとつ恐れたのは、白人男性が黒人女性と性的に通じることにより、白人女性に与えられた社会的地位が危うくなりかねないことであった。白人男性が黒人女性と（たとえ強姦であっても）性的関係をもつことで、結果的に白人女性は白人男性に対する従属的な立場を思い知らされた。なぜなら、白人男性は人種帝国主義や男性による帝国主義が付与した権力を笠に着て、黒人女性を誘惑し強姦することができたが、白人女性は罰を受ける恐れなしに、黒人男性を自由に誘惑し犯すことができなかったからである。黒人女性奴隷と性的関係をもった白人男性の行動を白人女性があえて非難することはあっても、正しい身の処し方を白人男性に命じることは許されなかった。このような状況下で、仕返しとして奴隷や自由人の黒人男性と性的関係をもつことも許されなかった。このような状況下で、白人女性の怒りが黒人女性奴隷に向けられたのも驚くには当たらない。白人男性と黒人女性奴隷の間に感情的な絆が生まれているような場合には、白人の女主人は黒人女性を罰しようと躍起になった。こうした場合、大半の白人女性は、黒人女性奴隷を激しく打ちすえた。嫉妬による怒りから、白人男性を惑わせた黒人女性奴隷の体を醜くすることもよくあった。具体的には片方の乳房を切り取ったり、片目をつぶしたり、その他の体の部位を切断したりした。このような扱いは必然的に、白人女性と黒人女性奴隷の間に敵意を生んだ。黒人女性奴隷にとって、安楽な暮らしをしている白人の女主人は白人女性の象徴であり、羨望と軽蔑の対象であった。物質的な快適さを享受していることをうらやんだ一方、奴隷の女性を思いやれない料簡の狭さを軽蔑したのである。白人女性が恵まれた社会的地位を得られたのは、女性に与えられる低い地位を黒人女性が一手に引き受けたおかげであった。その結果として、両者は反目し合うことになった。仮に白人女性が黒人女性奴隷の境遇を改善しようとすれば、人種と性別の階層における自らの社会的な位置づけが変わってしまう。

奴隷が解放されても、黒人女性と白人女性の対立は終わらず、かえって激化した。白人の植民者は男女を問わず、奴隷制によって制度化された人種隔離を保とうとし、黒人女性と白人女性を社会的に区別するためにいろいろな神話や固定観念を作り出した。人種差別に凝り固まった白人ばかりか、植民者側のものの見方を身につけた一部の黒人までもが、白人女性を女性の鑑として描き、黒人女性もこれにならうよう奨励した。奴隷制時代に黒人女性が抱いた白人女性への嫉妬や羨望を、白人の支配的文化は意図的にあおった。広告や新聞記事、本などが、白人女性との社会的な地位の違いを黒人女性に絶えず思い起こさせ、激しい怒りを覚えさせた。両者の違いは、物質的に恵まれた白人家庭で最も鮮明に浮かび上がった。そこでは、黒人女性の家事労働者が白人家族の使用人として働いていた。こうした関係の中で、黒人女性の労働者は白人家族の世間体をよくするために利用されていた。白人社会では、家事手伝いを雇うことが物質的な豊かさのしるしであり、使用人の労働からじかに恩恵を受けるのは本来家事を担当するはずの白人女性であった。賃金はたいてい白人男性の稼ぎから払われていたのに、黒人女性の家事労働者が白人女性の方を「上司」つまり迫害者と見なしがちであったのも、驚くには当たらない。

アメリカの歴史を通じて、白人男性は故意に白人女性と黒人女性の敵意と不和を助長してきた。白人家父長制の権力機構は両者を敵対させて、女性同士の結束を妨げ、家父長制下で女性を従属的な地位に留めておこうとする。白人男性が白人女性の社会的地位の変化を許してきたのは、白人女性に代わる別の女性集団が従属的な役割を引き受ける場合のみである。結局のところ、女性は生まれつき劣っているという、白人の家父長の性差別意識が根底から変わることはないのである。支配的な地位を手放すつもりもないし、家父長制に基づく社会構造を変えるつもりもない。それでも、「女性の地位」が根本的に変わったと多くの白人女性に信じ込ませることができたのは、人種差別を利用して、白人女性は黒人女性と何の関わりもないという考えを、白人女性に吹き込んだからである。

女性の解放は、白人男性の権力機構の中で特権を得ることであると見なされてきた。そのため、女性を権力機構に参入させる条件を決めたのは白人男性であり、白人女性でも黒人女性でもなかった。男性が定めた条件のひとつは、特権を得るのはひとつの女性集団に限るというものであった。つまり、ひとつの女性集団だけが、ほかの女性集団への迫害と搾取を積極的に支持することによって、特権を得るというしくみである。白人女性も黒人女性も、こうした条件を呑み尊重するよう社会化されていたため、両集団の間には激しい競争が起きた。競争は常に性の政治学の場で展開され、白人女性と黒人女性は男性に気に入られるために競い合ってきた。白人女性と黒人女性の競争は、特権を得るために多種多様な女性集団が繰り広げる闘いの一部にすぎない。

女性同士のさまざまな競争によって、フェミニスト革命を目指す現代の女性運動は弱体化の一途をたどった。人種という観点から見れば、女性運動は、選ばれた女性集団の座をめぐる白人女性と黒人女性の競争の場になり下がった。利益集団同士が対立しても、この権力闘争は解決しない。そうした対立は、問題を露呈させているだけであって、解決策ではない。黒人女性も白人女性もあまりに長い間、「女性解放」というときの「解放」の概念を現状に鑑みて構築しようとしてきたため、すべての女性が結束できるような戦略をまだ編み出せていない。言ってみれば、これまで女性が抱いてきたのは、奴隷の自由観でしかない。奴隷にとっては、主人の生き方だけが理想的で自由な生き方なのである。

白人男性のもつ権力を得ることを解放と見なす限り、白人と黒人の女性解放運動家は反目をつづけるであろう。なぜなら、その権力は団結や関係性を否定し、本質的に分裂をもたらすからである。女性自らが分裂を自然律として認めてしまったために、黒人女性と白人女性は、人種の壁を越えた結束は不可能であると律儀に信じつづけ、女性同士を分かつ隔たりは変えられないと疑うことなく思い込んでしまった。どんなに無知で経験の浅い女性解放運動家でも知っているとおり、フェミニズム革命を起こすには、女性同士の政治的結束としてのシスターフッドが必要である。そうであるにもかかわらず女性たちは、黒人女性と白人女性の団結などありえないという社会による洗脳を克服するために、十分な時間と労力をつぎ込んでこなかった。人種の壁を越えて手を取り合うためにこれまで用いられてきた方法は、うわべだけのものであり、いずれ失敗する運命にあった。

人種差別や階級差別がまかり通るフェミニスト運動など、単なるまやかしにすぎない。そのような運動は、女性が物質主義的な家父長制の原理にとらわれつづけ、現状を無抵抗で受け入れていることをごまかす隠れみのである。このことをすべての女性が認めるまで、黒人女性と白人女性の対立は解消しない。フェミニスト革命を起こすために必要なシスターフッドは、全女性が敵意や嫉妬や競争から解き放たれない限り実現できない。女性同士の敵意や嫉妬や競争が女性の絆を弱め、変革の構想を難しくしてきた。ただシスターフッドという言葉を唱えるだけでは、真のシスターフッドは創り出せない。シスターフッドは継続的な成長と変化の結晶である。それは到達すべき目標であり、変貌の過程でもある。その第一歩は行動である。女性一人一人が神話や固定観念、間違った思い込みを拒絶することから始まる。すべての女性が共有するものなどないとか、全女性の団結などありえないとか、女性は人種差別や性差別や階級差別を乗り越えられないとか、女性が変わることなどできないといったような考えにノーと言うのである。程度の差はあれ、アメリカ人女性は例外なく、人種差別・階級差別・性差別を社会の中で刷り込まれており、こういった負の遺物を捨て去るには、たとえフェミニストを名乗ったとしても意識的な努力が必要であることに変わりはない。これを女性一人一人が認めることが第一段階である。

女性がフェミニスト革命――私たちの世界が大いに必要としているもの――を求めるなら、私たちは女性の政治的な結束を実現しなければならない。それはつまり、女性を分裂させるあらゆる圧力を取り除く責任を引き受けることである。人種差別もそのひとつである。人種差別が私たちを分断しつづけている責任は、すべての女性にある。とはいえ何も罪悪感や道徳的な負担、被害者意識や怒りを覚える必要はない。人種差別をなくすためには、シスターフッドを実現したいと心から願い、女性同士の人種差別がフェミニズムの革命性を損なうことを理解すればいい。人種差別を私たちの行く手に立ちはだかる障害物と見なせばいいのである。障害物を誰が置いたかについて論争を続けても、さらに多くの障害を生み出すだけである。

# 第五章　黒人女性とフェミニズム

ソジャーナ・トゥルース〔序章の訳注3を参照〕がインディアナ州で奴隷制反対の集会に集まった白人男女の前に立ち、女性であることを証明するために裸の胸を見せた日から、一〇〇年以上の歳月が流れた。奴隷の身から自由になるまで長い道のりを旅したソジャーナにとって、胸をさらすくらいは大したことではなかった。聴衆と向き合ったソジャーナは、恐れることも恥じることもなく、黒人そして女性に生まれた誇りに満ちていた。しかし、「あんたが本当に女だなんて、俺は信じないぞ」という白人男性の野次は、黒人女性を軽蔑するアメリカ社会を図らずも象徴していた。十九世紀の白人たちから見れば、黒人女性は女性に値しない生きものであった。単なる動産であり、モノであり、動物であった。一八五一年、オハイオ州アクロンで女権拡張運動の第二回年次総会が開かれ、ソジャーナ・トゥルースが聴衆の前に立ったときには、「しゃべらせるな！　しゃべらせ

るな！　しゃべらせるな！」という声が上がった。白人女性たちの声であった。黒人女性が自分たちの面前で演壇に立ち、演説するのはふさわしくないと思ったのである。ソジャーナはこうした白人女性の抗議をものともせず、逆に彼女たちの目を黒人奴隷の女性の境遇に向けさせた革命的なフェミニストとなった。黒人男性と肩を並べて働かされていた黒人女性奴隷は、女性も男性と対等に労働できることを示す、生きた証人であった。

ソジャーナ・トゥルースが演壇に立つことを許されたのは、単なる偶然ではない。ある白人男性が発言し、女性に平等な権利を与えるべきでないとする根拠を、女性が肉体労働をこなすにはかよわすぎる、つまり生まれつき男性より劣ることに求めた。すると、ソジャーナはただちに白人男性に論駁することを許され、聴衆に次のように語りかけた。

……さて、みなさん、こんな大きな騒ぎがあるところには、何かしらうまくいっていないことがあるに違いないんです。南部の黒ん坊と北部の女性が口を揃えて権利を主張しているのですから、白人男性は近い将来、苦しいはめに陥ることになるでしょう。でも、ここで話されているのは一体、何のことですか？　あちらにいるあの男性ときたら、女性は馬車に乗るとき手を貸してもらわなきゃならないとか、溝をまたぐとき抱き上げてもらわなきゃならないとか、特等席をあてがってもらわなきゃならないとか言いますけど……じゃあ、私は女性じゃないんですか？　見てください、この私を！　見てください、この腕を！……畑を耕し、植え付けをして、収穫を納屋に運びましたが、どんな男性だって私にはかないませんでしたよ――じゃあ、私は女性じゃないんですか？　私は男性に負けないくらいたくさん働けたし……鞭打ちにだって耐えられました――じゃあ、私は女性じゃないんですか？　私は子どもを五人〔一三人とする資料もある〕産んで、ほとんどが奴隷として売られていくのを見送りました。母親として泣き叫びましたが、それをお聞きになったのはイエスさまだけでした――それでも、私は女性じゃないんですか？

大半の白人の女権拡張論者と違い、ソジャーナ・トゥルースは自分の人生経験を引き合いに出して女性の能力を証明できた。女性が親としての役目を果たせることや、男性と対等に労働できること、迫害・身体的虐待・強姦・拷問に耐えられること、それらを生き延びたばかりか、意気揚々と這い上がったことの証拠として、自らの経験を語れたのである。

女性への社会的平等を提唱した黒人女性は、ソジャーナ・トゥルースだけではない。非難や抵抗に遭っても、女性の権利を支持することを公にしたソジャーナの熱意は、政治意識の高いほかの黒人女性に道をつけた。しかし、アメリカ人歴史家は性差別と人種差別に凝り固まっているので、アメリカの女権運動を論じる際、黒人女性の活動を見落としたり無視する傾向があった。フェミニズム思想を支持する白人女性の研究者も、やはり黒人女性の貢献を無視してきた。ほんの少し例を挙げただけでも、バーバラ・バーグの『記憶された入口――アメリカのフェミニズムの起源』や、ジューン・ソチェンの『ハーストーリー』、シーラ・ローボサムの『歴史から隠されたもの』、バーバラ・デッカードの『女性運動』といった現代の著作は、十九世紀に女権拡張論者として黒人女性が果たした役割にまったく言及していない。女権拡張運動を扱った歴史書で、黒人女性も参加していたことを詳細に記録したものは、一九五九年初版のエレノア・フレクスナー著『闘いの一〇〇年』くらいであろう。

フェミニスト革命を目指す近年の運動に参加した女性の大半は、アメリカ社会の男性優越主義に対してフェミニズムに根ざした抵抗を担ったのは白人女性だけであり、黒人女性は女性解放運動に関心をもっていないと考えている。確かに、アメリカ社会でフェミニスト革命を目指す運動を主導したのは、いずれの場合も白人女性である。しかし、それは黒人女性がフェミニストの闘争に無関心であるからではない。むしろ植民地化の政治学と人種帝国主義のせいで、アメリカの黒人女性が女性運動を主導することが歴史的に不可能であったことを示しているのである。

十九世紀の黒人女性ほど、性差別による迫害を熟知していた女性集団は、いまに至るまでアメリカ社会には見当たらない。黒人女性は性差別とそれに基づく迫害に最も苦しめられ、そのうえ無力であった。たとえ抵抗しようとしても、集団行動を組織することなど、できなかったのである。十九世紀の女権拡張運動は、黒人女性が苦情を呈する場を提供できたかもしれない。しかし、白人女性の人種差別により黒人女性の全面的な参加は阻まれた。こうした状況を通して明らかになったのは、まず人種差別をなくさなければ、黒人女性は白人女性と対等に女権拡張を主張することができないという事実であった。十九世紀には女性の組織やクラブは、ほとんどが人種別に分かれていた。しかしこの事実は、そういった団体に参加した黒人女性が、白人の参加者に比べて女性の権利を軽んじていたことを意味してはいない。

現代の歴史家は、十九世紀の黒人女性が人種差別撤廃に熱心であったことを強調しすぎるきらいがある。黒人女性は人種差別反対運動にのめり込んでいたために、女権拡張運動には参加する余裕がなかったというわけである。ジューン・ソチェン著『ハーストーリー』は、その一例である。ソチェンは、白人女性の組織を「女性運動」という章で論じ、黒人女性の組織を「旧来の問題——アメリカの黒人」という章で論じている。まるで黒人女性の組織が人種差別撤廃活動から派生したのであり、女性運動とは無関係であったとでも言いたげな章立てである。ソチェンは次のように記している。

黒人女性のクラブは、慈善活動や教育活動を行なうために地域ごとに組織された。一八九六年、白人女性のクラブと似た目的と性質をもつ全国黒人女性協会が組織され、メアリ・チャーチ・テリル〔序章の訳注2を参照〕(一八六三―一九五四)が会長に就任した。四年もたたないうちに、この組織は二六州に計一〇万人以上の会員を抱えるまでになった。黒人病院の設立を進めていた地方支部もあれば、地域の黒人の子どものために幼稚園を創設中という支部もあった。

メアリ・チャーチ・テリルは、オベリン大学[*1]を卒業した黒人女性の草分けで、アメリカ黒人の権利の優れた代弁者であった。この非凡な人物は、長い生涯を通じて黒人の自由を獲得する活動に従事した。演説と論説に長け、さまざまな運動で才能を発揮した。全国黒人女性協会の会長を務めただけでなく、リンチ反対の運動を展開し、全国黒人地位向上協会の設立に携わり、参政権運動に加わった。数多くの全国会議や国際会議で、黒人女性を代表する存在であった。

この二段落の情報だけでは、読者はメアリ・チャーチ・テリルがアメリカにおける黒人の権利の熱心な代弁者である一方、女性の権利にはそれほど関心がなかったと思ってしまうであろう。しかし、実際にはそうではなかった。全国黒人女性協会の会長として、メアリ・チャーチ・テリルは女権拡張闘争に黒人女性を引き込もうと精力的に活動した。特に心を砕いたのは、教育分野で女性の社会的平等を実現すべく、黒人女性が声を上げることであった。メアリ・チャーチ・テリルが、大半の黒人女権拡張論者と同じように、黒人全体の地位向上に尽力したことは確かである。それでもなお、彼女が社会における女性の役割の変革に最も力を入れていた事実に変わりはなかった。もしテリルが黒人全体の代弁者を自任していたなら、「白人社会における黒人女性」〔強調は訳者〕などという著作を発表することはなかったであろう。これは黒人女性の社会的地位と、人種差別および性差別が黒人女性に及ぼした悪影響を論じた著作である。

白人フェミニストの歴史家は、主に白人女性を感化したルーシー・ストーン〔第四章の訳注10を参照〕や、エリザベス・スタントン〔序章の訳注7を参照〕、ルクレシア・モット[*2]などの社会改革の取り組みを、女性の権利問題とまったく無縁のように書くことはない。しかし、フェミニストを自称する歴史家は、黒人の女権拡張論者が黒人の問題だけに力を入れたかのように書き、黒人女性が女権拡張運動において果たした役割を過小評価している。白人女性は、女性キリスト教禁酒同盟やキリスト教女子青年会、女性クラブ総同盟といった団体を組織したが、白人帝国主義のおかげで、白人だけの組織であることを団体名に明示する必要はなかった。一方、黒人女性は、黒人女性連盟や、全国アフロ・アメリカン女性連盟、全国黒人女性協会のように、黒人の組織であることを団体名で示した。このように黒人組織であることを明示したために、黒人女性にとっては黒人の地位向上が第一であり、女性の立場からの社会改革は二の次であったと研究者に思われている。しかし、実際には黒人女性の改革組織はしっかりと女性運動に根ざしていた。黒人女性が女性の中でも特に黒人の女性を中心に考えざるをえなかったのは、白人女性の人種差別とアメリカ社会の相も変わらぬ人種隔離政策のせいであった。

黒人の活動家ジョセフィン・セントピエール・ラフィン〔第四章の訳注11を参照〕は当初、白人女性の組織との協力を試みた。しかし、人種差別主義者の白人女性が女性の改革運動で黒人女性に対等な協力関係を求めることなど望むべくもなかったので、黒人女性の組織化を呼びかけた。一八九五年、ボストンで開かれた黒人女性の第一回全国会議で、ラフィンは次のように聴衆に語りかけた。

なぜ私たちが話し合うべきなのか、その理由は火を見るより明らかで、あげつらう必要などないと思えるでしょう。でも、その中には、真剣に考える必要がないものなどひとつもありません。まず第一に、互いに顔を合わせることで、励ましや刺激を受けることです。気心の合う人、同じ目的のために活動している仲間と会うことで、勇気や新たな活力を得る必要があるのです。ふたつめは、私たち女性にとってきわめて大切な問題だけではなく、特に黒人の女性にとって重要な問題についても、話し合う必要があるということです。私たち黒人の子どもの教育や、黒人の若者の就職口、職業訓練、職探しの方法、黒人の道徳教育において私たちに特にできること、黒人の精神と身体のすこやかな成長、黒人の子どもが将来ぶつかる独特の状況を見据えた家庭教育、限られた機会を最大限に活かす方法――こういったものが、私たち黒人に特有の検討課題です。こうした黒人独自の課題のほかに、今日の社会全体に関わる問題もあります。

こうした問題に対しても私たちは無関心ではいられません……

ラフィンは黒人の女権拡張論者に、黒人の境遇改善だけに努めろと呼びかけたわけではない。黒人女性が組織化することで、女性運動を主導し、すべての女性に関わる問題を扱うよう説いたのである。

私たちの女性運動は、女性と男性双方のために、女性が主導し監督する女性運動です。これは全人類のための運動であって、一部の人間のための運動ではありません。私たちはわが男性たちが積極的に関わってくれることを求めます。肌の色も問いません。私たちは女性です。アメリカ人女性です。私たち女性に関係のあることには何でも、わがこととして強い関心を抱いています。それはほかのすべてのアメリカ人女性と同じです。私たちはほかの人を疎外したり、自分たちだけで引きこもるつもりはありません。ただ最前線へ出て行くのみです。同じ活動をしている方々とは誰とでも手を携えるつもりですし、私たちの活動に参加してくださる方々は心から歓迎します。

同じような気持ちを口にした黒人の女権拡張論者は、ほかにもいた。黒人女性は白人の人種帝国主義に阻まれて、白人女性と同じ団体には参加できなかった。しかし、人種を問わず女性が団結して統一戦線を張らない限り、女性の権利を獲得できないという考えを強くもちつづけた。黒人の参政権拡張論者、ファニー・バリアー・ウィリアムズ[*3]は世界女性代表者会議において演説し、黒人女性がほかの女性集団と同様に、真剣に女性の権利を求める闘争に取り組んでいることを知らしめた。女性が政治的に結束すればアメリカ文化に絶大な影響をもたらすはずであるという信念を、ここで開陳している。

組織化した女性の力は、現代の社会学でも特に興味深い研究対象のひとつです。かつて女性は、精神的には互いをほとんど知りませんでした。共通の興味の対象といえば、ひどく感傷的な、つまらない噂話くらいで、人間社会の大きな問題については知識が乏しかったため、近代的な意味での女性の組織化は不可能でした。でも、いまでは豊かな知性を身につけ、教育の促進のために力を合わせ、今日の重要な改革運動のすべてで、よい影響力を高めています。そのおかげで、互いへの敬意が強まり、壮大な目的に向けて組織化するための諸条件が整いました。共感と忠誠と相互信頼が入り交じった結びつき、この結びつきを保てる精神力を得たとき、女性は最大の成長を遂げたのです。今日では、団結が女性の前進の合い言葉になっています。

女性の組織は一般的に人種別に分かれてはいたものの、白人と黒人それぞれの女性団体が着手した改革に根本的な違いはなかった。違いらしいものといえば、黒人女性が直面していた黒人独自の問題に対する解決策を改革に盛り込んだことだけであった。そうした問題のひとつは、黒人女性はみな身持ちが悪く不道徳であると、白人のアメリカ人ばかりか、洗脳された一部の黒人までもが考えていたことであった。これはアメリカの性差別的な神話から生じたいわれのない固定観念であったが、そのせいで、白人女性の組織が一般的な改革に集中できたのに対し、黒人女性はまず自分たちの「徳性」を弁護することから始めなければならなかった。黒人女性の性道徳を弁護する記事や演説は、そういった運動の一環であった。

白人女性の組織は、教育や慈善についての議論や、文学会の創設に焦点を絞ることができたが、黒人女性は貧困や、高齢者・障害者の介護、売春といった問題に注意を向けた。人種差別に基づく迫害のせいで、白人女性と黒人女性を取り巻く状況は異なっていた。その結果、黒人女性のクラブや組織の方がフェミニズムの精神や急進性をより強く秘めていた。白人女性の場合、黒人女性のように、集団として売春対策に乗り出す必要はなかった。他方、南部から北部へ移住した若い黒人女性の多くは売春婦として働かざるをえなかった。なかには、職業紹介所や労働斡旋業者が提供する、「ジャスティス〔正義〕チケット」と呼ばれる制度を使って北部へ行く場合もあった。交通手段と到着後の職の保証と引き換えに、斡旋者があてがった職場で働く契約を結び、一、二ヵ月分の賃金に相当する手数料を支払う制度である。北部に到着した黒人女性は、自分たちの仕事が主に売春宿の手伝いであることを知った。しかし、手伝いの賃金では食べていけず、ほどなく白人の「ポン引き」から売春婦になるようそそのかされた。全国黒人女性保護同盟が設立されたのは、北部へ移住する南部の黒人女性に情報と援助を提供するためであった。一八九七年には黒人活動家のヴィクトリア・アール・マシューズが[*4]「ホワイトローズ勤労女性の家および黒人保護・女性の権利協会」を、ニューヨークとブルックリン地区の女性愛国同盟の中に設けている。黒人女性の窮状を知ってもらうために、ヴィクトリア・マシューズは「アフリカ系アメリカ人女性の目覚め」をテーマにした講演も行なった。こうした活動を行なったのはマシューズだけではない。自己改善に努める黒人女性に手を差し伸べる目的で、たくさんの黒人女性の組織が作られた。

女性の社会的平等を提唱した黒人女性で、特に際立っていたのがアンナ・ジュリア・クーパー〔序章の訳注1を参照〕である。クーパーは黒人活動家の中でもいち早く、黒人女性に自らの経験を語るよう呼びかけた。そうすることで、人種差別と性差別の両方が黒人女性の社会的地位に悪影響を及ぼしていることを世に示すよう黒人女性を促した。クーパーは次のように記している。

今日の黒人女性は、この国でいわば独特の立場に置かれている。過渡的で不安定な時代にあって、黒人女性は、私たちの文明に資するあらゆる要因の中で、特に不確かで頼りない立場に置かれているように見える。黒人女性は女性の問題と人種問題に直面している。しかし、どちらの問題においても黒人女性の存在はまだ知られていないか、認められていない。

クーパーは、黒人女性が黒人の代弁者であるだけではなく、女権拡張論者としても一翼を担っていることをアメリカ国民に周知させたかった。一八九二年には、女性の権利に関する自分の見解を広く知らせるため、『南部からの声』を出版している。これは、黒人女性の社会的地位をフェミニズムの観点から論じた著作としては最も早いもののひとつで、女性が高等教育を受ける権利について多くの紙幅を割いている。クーパーがこの中で繰り返し述べているのは、黒人女性は黒人男性に対して受け身で従属的な立場をとるべきではないという信条である。また、女性が平等な権利を得ようと努力しているのに、それを応援しようとしない黒人男性を批判している。一般に黒人の指導者は、黒人女性が女権拡張闘争に参加すれば、人種差別撤廃闘争への貢献がおろそかになると考える傾向があった。そのためクーパーは、男女の社会的平等を実現させれば、黒人女性も指導的立場で闘争に関わることが可能になり、人種差別撤廃に大いに貢献できると主張した。さらにクーパーは、黒人女性がそれまでにも黒人解放闘争に、黒人男性と同じくらい、あるいはよりいっそう貢献してきたことは証明ずみであると論じている。

『南部からの声』には、クーパーが書いた「女性の高等教育」という評論も収められている。ここでクーパーは、すべての女性が高等教育を受ける権利を手にすべきであると説いている。現代の多くのフェミニストと同様、クーパーもまた、女性だけに備わる特別な「女性の力」の存在を信じていて、「これまで世界に欠けていたのは女性的な力である」と主張した。その力は、「女性の自由な成長を通じてのみ、最大の効力を」発揮できるという。

私はただ、以下のことを言いたいだけである。真理には、男性の側から見た真理と女性の側から見た真理があるということ。両者は、優劣や善悪や強弱で語ることができない、互いに補い合う関係、つまり均斉のとれた全体を作るために欠かせないふたつの要素であること。男性が理性の面で優れているとすれば、女性は感応の面で優れていること。男性が抽象的な真理を根気よく追求するとすれば、女性は追求の途上にあるさまざまなことを根気よく気遣い、「小さき者」の中でも特に小さき者が失われないように、優しく愛情を込めて懸命に努力する。女性の中にも、いわゆる男性の冷静さと緻密さをもって論理的に考える人や、逆に男性の中にも女性と同じくらい弱者を思いやれる人もよく見られる。それでもなお、男性的な特質と女性的な特質があることは、一般に合意されている。子どもの教育には両方を盛り込み、男の子には力強さに加えて優しさと感受性を身につけさせ、女の子は温和さのほかに強さと自信を補えるようにする必要がある。一人一人が均斉のとれた人間に成長するためには、いわゆる男性的な要素と女性的な要素の両方が必要であるように、国家や人種もまた、どちらか片方だけに支配されれば、感情に流されすぎたり、逆に弱者への配慮をまったく欠いてしまうことになる。最後に最も強調したいのは、女性的な要素がしかるべき効果を上げるためには、女性の成長と教育が必要であるという点である。教育を受け成長することによって、女性はその時代に見合った知的な影響を及ぼし、世界の思潮という富にわずかばかりの貢献をすることができる……

クーパーもまた、十九世紀の女権拡張論者の例に漏れず、女性が国家に貢献する最良の方法は、教養を活かし、家父長制が押しつけた性役割を立派にこなすことであると信じてやまなかった。ただし、高等教育を受ければ、女性は家庭と家族という従来の領域の外でも活躍できると認識していた。高等教育は結婚の邪魔になると主張する人に、クーパーは次のように答えている。

確かに、知的な成長には自信や生計を立てる能力が伴いますから、女性が扶養してもらうために結婚に頼る度合いは弱まります（ちなみに、結婚したからといって必ずしも扶養されるとは限りません）。また、性愛だけが女性の人生に色と活力を与えるなどと思わされることもなくなります。教育を受けた女性の地平は広がります。より多くのことにいっそう深く共感できるようになります。森羅万象とより密に関わるようになるのです……

十九世紀の黒人女性は、選挙権を手にすれば教育制度を変革できると考えていた。そうなれば、女性は存分に教育を受けることができる。そのために、黒人女性は心の底から女性参政権を支持した。黒人女性の活動家、フランシス・エレン・ワトキンズ・ハーパー*5は、同時代の黒人女性の中で最も積極的に女性参政権について発言した人物である。一八八八年にはワシントンで開かれた国際女性評議会で演説をし、黒人女性と白人女性の双方にとって参政権が重要であることを語った。一八九三年にはシカゴにおけるコロンブス万国博覧会で「女性にとっての政治の未来」と題した演説を行ない、選挙権について意見を述べている。

私は、男性にであれ女性にであれ、誰にでも無制限に参政権を与えるのがいいことだとは思いません。道徳と教育でふるいにかける必要はあると思います。無学で粗暴な男性が、教養と高潔さを兼ね備えた聡明な女性以上に政府に寄与できるとは思いません……。女性が投票権を手にすれば、女性の影響力に政治権力が加わります。その力を女性がどれだけうまく使えるかは、私にも予言できません。強大な悪が眼前に迫っています。これを留めるには、高潔な男性と啓蒙された女性が、力を合わせなければなりません。しかし、国民の半分が自由で、もう半分が束縛されていたら、どのような国であっても、人々が十分に啓蒙され幸福な状態にあるとは言えません。中国は女性に纏足《てんそく》を施し、それによって男性の歩みまで遅らせてしまったではありませんか。

メアリ・チャーチ・テリルもまた、女性参政権のために陳情運動をした黒人女性である。自身も会員である全国アメリカ女性参政権協会〔第四章の訳注6を参照〕で演説をしたことが二度あり、一九一二年にはこの協会で女性参政権を支持する演説を行なっている。それだけでなく、黒人に対するリンチを阻止する運動も積極的に展開した。一九〇四年に発行された『ノース・アメリカン・レヴュー』誌には、テリルが書いた「黒人《ニグロ》の目から見たリンチ」という記事が掲載されている。テリルが白人女性にリンチ撲滅運動への参加を訴えたのは、この記事が最初であった。テリルはリンチにおいて白人女性が白人男性の共犯者であると考えており、人種差別と迫害の責任を、ある程度、白人女性にも負わせている。

リンチは奴隷制の後遺症である。今日、黒人《ニグロ》を射殺したり生皮を剥いだりする白人男性や、油まみれにした黒人の体に燃えさかる松明《たいまつ》をあてがう白人女性は、奴隷制時代に黒人への哀れみなどろくに感じなかった女性たちの息子や娘である。いま黒人にリンチを加えている男性の母親は、大方が暖炉の前に座り、わが子を手元に置いて、その子を愛おしいと思う幸せをかみしめながら、奴隷の母親の苦悩を無慈悲な目と石のような心で眺めていた。奴隷の母親の子どもは売り飛ばされるか、あるいはもっと悲しい運命に見舞われていたのである……。黒い肌の姉妹たちの苦難や屈辱を何世代にもわたってほとんど抗いもせずに見ていた、そんな女性の子どもたちに向かって、虐げられた人種の子どもたちに同情し慈悲の心をかけてくれなどと言うのは、過剰な期待かもしれない。でも、もし南部の白人女性が女性ならではの清廉さと強さをもって立ち上がり、これ以上黒人男性の血で手を汚さないでくれと父親や夫や息子に懇願してくれたとしたら、法と秩序にどれだけ絶大な影響を与え、集団暴行に対してどれだけ強力な歯止めになることか！……

テリルは同じ女性であるという理由で、黒人女性との結束を白人女性に訴えた。十九世紀の多くの黒人女性は、テリルと同じように女性がアメリカの新たな政治勢力になりうることを確信していた。人種差別と性差別に基づく迫害は続いたものの、十九世紀後半は黒人女性史にとって重要な時期であった。フランシス・エレン・ワトキンズ・ハーパーは、「十五世紀に旧世界がアメリカを発見したとすれば、十九世紀には女性が自分自身を発見しようとしている」と感嘆したが、まったくそのとおりであった。十九世紀にわき起こった女性の権利をめぐる熱気は、二十世紀に受け継がれ、ついに一九二〇年八月、すべての女性に投票権を認める憲法修正第一九条が批准された。しかし、黒人女性は投票権を求める闘いから苦い教訓を学んでいた。多くの白人は、女性に投票権を認めることを、白人帝国主義を維持する手段と見なしていたのである。南部で女性が参政権を得れば、白人優位を強化できるという信条のもとに、南部の白人参政権拡張論者は結集した。万一、黒人女性に投票権を与えることになっても、南部では二対一の割合で白人女性の人口の方が多かったからである。アンドリュー・シンクレアは『アメリカの女性の解放』の中で、白人女性の参政権拡張論者に見られた人種の政治学を論じ、次のように結んでいる。

南部の参政権拡張論者、たとえばケイト・ゴードンやローラ・クレイ——この二人は〔スーザン・B・〕アンソニー〔第四章の訳注7を参照〕が引退した後の全国アメリカ女性参政権協会で、特に有力な幹部であった——が示したあからさまな人種差別は、北部と西部の参政権拡張論者を危惧させた。キャリー・キャット〔第四章の訳注8を参照〕やアナ・ショー〔第四章の訳注9を参照〕が南部で参政権に対する一定の支持を得るため、駆け引きをする必要があったことは事実である。しかし、彼女たちはかつての奴隷制即時廃止論者のような聖戦を闘う精神を失っていた……。参政権運動は、人権を語らずに便宜主義を語るようになった。参政権を求めるいくつかの行進では、北部の黒人《ニグロ》女性が参加を拒まれた。南部を刺激することを恐れたのである。参政権拡張論者について、ある黒人《ニグロ》の指導者は別の指導者にこう書き送っている。「あの人たちはみな、南部をひどく恐れています。もし黒人女性に選挙権を与える可能性を開かずに、女性参政権を盛り込んだ憲法修正条項を通過させることができるなら、いますぐにでもそうするでしょう」

北部の参政権運動指導者が使う言葉は、教育を受けた女性だけに選挙権を与えるという便宜主義に傾いていった。エリザベス・スタントンでさえそうであった……。アングロサクソン系の白人という限られた女性から賛同を得たいがために、人間の平等と自由を約束したアメリカ革命の精神は忘れ去られた。その昔、アメリカ合衆国憲法が作られたとき、憲法の文言が独立宣言の信条を打ち消したこととちょうど同じであった。[*6]

十九世紀の女性参政権問題をめぐる闘いのときと同様、二十世紀の闘いでもやはり、人種と性別の問題は切り離せなかった。白人女性は十九世紀の先達と同じように、意識的かつ意図的に白人帝国主義を支持し、黒人に共感したり黒人と政治的に連携することをあからさまに拒否した。白人の女権拡張論者は、何としても投票権を獲得しようと躍起になるあまり、投票権はあらゆる女性に賦与された自然権であるというフェミニストの信念をあえて捨て去った。このように、フェミニストの信条を曲げることもいとわなかったおかげで、家父長制の権力機構は女性参政権拡張論者の勢力を取り込み、女性票を利用して、女性を蔑む既存の政治構造をさらに強化することに成功した。投票権を手にした白人女性の大多数は、それまでに女性が掲げてきた問題を踏まえて票を投じることはなかった。ただ夫や父親や兄弟にならって投票したのである。真に闘争的な白人の女性参政権拡張論者は、女性有権者が投票権を行使して独自の政党を結成することに期待したのであり、投票権を手にした女性が、男女の平等を認めない既存の大政党を支持することなど望んでいなかった。結局、投票権を手にしたところで、社会における女性の境遇が根本から変わることはなかった。逆に、人種差別的で帝国主義的な白人の家父長制という既存の社会秩序の存続に、女性も一役買うことになった。女性の投票権獲得はきわめてゆゆしきことに、フェミニズムの勝利というより、むしろ人種差別主義の勝利であった。

黒人女性の参政権拡張論者は、投票権を得ても自分たちの社会的地位にはほとんど影響がないことに気づいた。一九二〇年代に最も闘争的であった女性運動団体である全国女性党は、人種差別と階級差別の両方に蝕まれていた。この党は女性の完全な平等を目指して活動することを公約に掲げながら、実際には、中産階級と上流階級の白人女性を利するためだけに奔走したのである。『ハーストーリー』の中でジューン・ソチェンは、黒人女性に対する白人の参政権拡張論者の態度を、次のように批評している。

一九二〇年に女性参政権を定めた憲法修正条項が通過した後、一部の改革論者は、その恩恵が白人女性だけでなく黒人女性にも及ぶかどうかを訝った。特に南部では疑わしかった。南部の黒人男性は、白人の権力者たちによって事実上参政権を剥奪されていたからである。南部では、二〇〇万人以上の黒人女性が新たに参政権を得た。参政権拡張論者たちがアリス・ポール*7に、黒人女性の投票権は今後もきわめて重要な問題でありつづけるであろうと示唆すると、ポールは、一九二〇年という年にその問題を論じるべきではないと答えた。それよりも、新たに獲得した政治力を享受し、今後予想されるほかの闘いに備えるべきである、とポールは諭した。しかし、改革論者が危惧したとおり、アラバマ州やジョージア州で黒人女性が投票所に行くと、白人の選挙管理人が投票資格を剥奪するための策略をいろいろと用意していた。もし黒人女性が目の前に差し出されたややこしい文章を読めたとしても、投票資格を否定する何か別の口実を見つけた。そして、そういった策略にもめげずに粘った黒人女性は、おとなしく退散しなければ暴力を振るうと脅された。

女性参政権が実現しても黒人女性の社会的地位がまったく変わらなかったとき、黒人女性の参政権拡張論者の多くは、女性の権利というものに幻滅した。これまで女性参政権を支持してきたのに、結局は自分たちの利益など守られなかった。しょせん「女性参政権」は、白人による黒人への迫害を強める武器にすぎないと気づいただけであった。白人帝国主義によって黒人の完全な市民権が棚上げにされている限り、黒人女性が女性としての権利を得ても、社会的地位はほとんど変わらなかった。白人女性が投票権を手にして浮かれていた頃、男性帝国主義よりもはるかに黒人女性の自由を脅かす人種隔離制度が、アメリカじゅうで施行されていた。この人種隔離制度はジム・クロウと呼ばれた。C・ヴァン・ウッドワードは『アメリカ人種差別の歴史』の中で、人種差別の再燃を次のように説明している。

戦争直後の時期には、南部の方式が人種関係についてのアメリカの方式として全国に拡がる新たな兆候があった。多数の黒人が北部大都市のスラム住宅地と工場とに流入したことが、人種間の緊張を高めた。北部の労働者は自分らの地位を失うまいとし、黒人が競争者になったことに憤慨した。黒人は組合への加入を認められなかった。彼らは戦争中の人手不足の時期に進出した産業部門からも締め出されてしまった。彼らはまた連邦政府の雇用からも締め出されるようになった。黒人の郵便局員は彼らの以前の配達区域から姿を消し始め、それとともに、黒人の警官も彼らの以前の巡回区域から姿を消した。黒人は理髪師のような職人組合においても支配力を失い始めた。理髪師は南部ではそれまでほとんど黒人が独占していた職であった。組織的な人種差別主義の運動は、新しいクー・クラックス・クランによって、二〇年代を通じて全国に拡がった……。

一九二〇年代には、人種差別と分離の規則が撤廃されるかあるいは緩和される方向に進みつつあるという明らかな傾向はみられず、三〇年代になっても、大恐慌が始まって何年か経つまで、その傾向はみられなかった。実際、ジム・クロウ法はこの間にさらに一層詳細になり、一層強化されたのである。新しいジム・クロウ法は社会史経済史の新しい局面を多分に反映していた。婦人が髪を短くして理髪店の常客になり始めた頃、一九二六年にアトランタでは黒人の理髪師は婦人と一四歳以下の子供を客にしてはならないという条令がつくられた。ジム・クロウはファッションの変化と同様に交通機関や産業の進歩と歩調を合わせて発展した。[*8]

再建期に黒人が獲得した権利や功績がジム・クロウ制度によって奪われるかもしれないとなれば、黒人女性の活動家が女性の権利を求めて闘うのをひとまずやめて、人種差別を阻止するために力を集中させたのは至極当然であった。

黒人女性の活動家だけが女権の問題から関心をそらしたわけではなかった。女性活動家は投票権の獲得に全力を注いでいたので、いったんそれが獲得されると、もはや女性運動の必要性を感じなくなる者も多かった。全国女性党に属する白人女性はフェミニストの闘争を続けたが、黒人女性が積極的に参加することは稀であった。黒人女性は、激化する黒人への迫害に抵抗すべく力を注いだのである。白人の女権拡張論者が一九二三年に、上院で男女平等権修正条項を通過させようと努めていたとき、黒人女性の活動家は、人種差別主義者の白人暴徒による黒人女性と黒人男性へのリンチの阻止や、貧困にあえぐ大勢の黒人の救済、黒人に対する教育の機会の提供を目指して闘っていた。二〇年代と三〇年代を通じ、黒人女性の活動家は多くの黒人女性に向かって、性差別を克服し、女性も男性に負けないくらい熱心に黒人解放闘争に参加してほしいと訴えている。エイミー・ジェイクス・ガーヴィー[*9]は、同志であり夫でもあったマーカス・ガーヴィー〔第三章の訳注7を参照〕が率いるブラック・ナショナリスト運動に深く携わり、万国黒人地位改善協会[*10]の機関紙『ニグロ・ワールド』で女性向けのページを編集した。自分で書いた記事の中でエイミー・ジェイクス・ガーヴィーは、黒人女性がブラック・ナショナリズムに意識を集中し、男性と同等に黒人解放闘争に参加するよう促している。

現在の切迫した状況下で求められているのは、女性が男性と同等の行動に出ることである。白人女性は、自分たちの人種を滅亡から救い、自分たちの理念を後代に残すために、全勢力を結集し、国境を越えて団結している……。家庭の要である女性は家計のやりくりや几帳面さを活かして、国家と人種の運命を切り開く作業に立派に与れることに、白人男性も気づきはじめた。

現代の女性にとって、この先も長きにわたって門戸を閉ざしつづけるような活動はひとつもない。女性は機会均等を求めて世論を喚起し、それを勝ち取る。仕事で成功し、これまで対立していた男性たちから尊敬を集める。飢えかけた状態で家庭に留まっている妻より、一家の稼ぎ手になる方を選ぶ。きつい仕事などものともしないし、自立することによって、古きよき時代に祖母たちが夫から得ていたよりも多くのものを夫から得る。

東洋の女性は、黄色人種も黒人も含めて、ゆっくりと、しかし確実に、西洋の女性を模倣している。白人女性が衰退しつつある白人文明に梃入れしているように、有色人種の女性も、男性を手伝って自分たちの人種の基準で文明を築き、世界を導く力を得るために、さっそうと立ち上がろうとしている。

黒人女性の指導者は黒人女性に、人種差別撤廃闘争で黒人男性と同等の積極的な役割を担うよう求めた。しかし、そうした呼びかけには、人種差別撤廃という大目的を前にして男女の社会的平等は二の次であるという想定があった。

女権拡張運動が始まった当初から、運動の忠実な支持者は、愛国心をもって国づくりをするにはまず女性が社会的に平等でなければならないと主張した。その際、女性はアメリカの政治体制や社会秩序を覆そうとしているのではなく、ただ政府を積極的に支持したいだけであると強調した。こうした体制支持の姿勢が、黒人と白人の女権拡張活動家の政治的な結束の芽を摘み取った。白人女性にとって、アメリカの発展に全面的に参与することは、自ずと白人帝国主義を受容して支持することにつながった。しかし黒人女性にしてみれば、政治に関してどれだけ保守的な考えをもっていても、人種差別的な政策を温存する国家を非難せずにはいられなかった。結局のところ、黒人も白人も、フェミニストの闘争より人種を優先させてしまった。三〇年代、四〇年代になってもなお、女性の組織やクラブの大半は人種別に構成されていた。一九四〇年から六〇年までは、ほとんどの女性団体が女性の解放を強調せず、ただ社交の目的で、あるいは職業集団として集っていた。『女性運動』の著者であるバーバラ・デッカードは、一九四〇年から六〇年までは組織化された女性解放運動はなかったと主張し、それを説明するため、次のような理由を挙げている。

理由のひとつは、女性参政権運動家のイデオロギーが限定的で、エリート階級を母体にしていたことにあった。あまりにも投票権を強調し、投票権だけを問題にしていたため、一九二〇年代には女性有権者同盟など運動の継承者らが、女性差別はもうなくなったので、リベラルな女性は万人のための改革だけに力を注ぐべしとまで宣言した。参政権拡張論者の闘争性を唯一引き継いだ全国女性党も、また違った意味で視野が狭かった。法的な平等を求めて闘いを続けてはいたが、家庭内における女性の地位の低さや、女性労働者の搾取、黒人女性特有の問題にはまったくと言えるほど関心を払わなかった。このように、社会や経済や人種にまつわる重大問題に無関心であったために、急進的な女性が離れていったうえ、社会の逆風の中で穏健派の女性を引き入れることもできなかった。

一九二〇年代半ばになると、資本主義の安定と、わずかばかりいた急進的な農民がいなくなったこと、さらに赤狩りや内部分裂という要因も加わり、社会党や革新党が勢力を失った。女性運動にとって厳しい、保守の時代が到来した。一九三〇年代の急進主義はまず失業問題に全力を注ぎ、一九三〇年代後半になるとファシズムとの戦争の可能性だけを見据えていたため、ほかの問題には目が届かなかった。戦争中も、戦争以外の問題は提起されなかった。戦後の一九四六年から一九六〇年までは、アメリカの経済が発展し、世界を支配するようになった時期であった。冷戦の時代であり、マッカーシズムという魔女狩りによって守られた狂信的な愛国主義の時代であった。急進派やリベラル派の団体はみな弾圧を受けた。たとえば児童養護といった女性解放運動にあつらえ向きの大義は、ほかの急進的な大義とともに葬り去られた。

一九二〇年代半ばから一九六〇年代半ばまでの四〇年間、黒人女性の指導者たちはもはや女性の権利を唱道しなくなっていた。黒人解放闘争と女性解放闘争は、相いれないと見なされた。それというのも、主に黒人の市民権運動指導者が、市民権の要求は男女平等のように社会を根本から変革する要求ではないと、白人たちに思わせておきたかったからである。市民権運動の指導者たちは、黒人解放の意味を、男が女を支配する既存の国民国家に黒人が全面的に加わることと定め、人種差別の撤廃は求めても、資本主義や家父長制の撤廃は要求しなかった。白人女性は、自分たちの得にならないと見切ると、黒人との政治的なつながりを公然と拒否した。それと同じように黒人女性も、フェミニスト、つまり急進的であると見なされれば黒人解放という大義に差し障ると言いくるめられて、フェミニスト、フェミニストの闘争と手を切った。黒人男性も黒人女性も、アメリカ社会の大勢に組み入れられることを望んでいた。そのためには、急進的であってはならず、保守的でなければならないと考えていた。

かつて黒人女性の組織は、児童養護、働く女性の住宅、売春婦に対する援助といった社会事業に力を入れていたが、次第に政治色を失って、少女を社交界にデビューさせる舞踏会や資金集めの催しといった、社交行事ばかりに励むようになった。黒人女性のクラブ会員は中産階級の白人女性の行動を模倣した。黒人女性は、男女の社会的平等の重要性を認めていても、人種問題への関心が殺がれないように、意見を抑え込むことを学んだ。まずは黒人全体の自由獲得に力を入れ、黒人の自由が確かなものになったら、今度は女性の権利のために活動しようと考えたのである。残念ながら、男女が対等になることに対して黒人男性の抵抗がいかに根強いかを予測できなかったのである。

市民権運動が始まると、黒人女性も参加はしたが、黒人男性指導者より目立とうとはしなかった。市民権運動が終わったとき、マーティン・ルーサー・キング二世〔第三章の訳注10を参照〕や、A・フィリップ・ランドルフ、[*11] ロイ・ウィルキンズ[*12]などの名前はアメリカ国民に記憶されていたが、ローザ・パークス、[*13] デイジー・ベイツ、[*14] ファニー・ルー・ヘイマー[*15]といった名前は忘れられた。十九世紀の先達と同じように、一九五〇年代の黒人指導者も、自分たち黒人は白人と同じように共同体や家庭を築くつもりであると表明した。黒人男性は白人男性にならって、男らしさを誇示することに異常なほどこだわり、黒人女性は白人女性の行動を真似て、女らしさに固執した。こうして、黒人の性役割に明らかな変化が起きた。黒人全体が虐げられてきたために、黒人女性はこれまでずっと黒人男性に劣らぬほど自立し、重労働を強いられてきた。しかし、この状況を黒人はもはや無抵抗には受け入れなくなった。黒人女性は、男性に逆らわずに従い、できれば仕事をしないよう求められた。

一九五〇年代に、黒人女性が黒人男性に対してもっと従属的な役割を担うように社会化されたのは、アメリカ全体で見られた女性の洗脳の一環であった。その目的は第二次世界大戦の影響を消し去ることである。戦時中に社会状況が変化したために、白人女性と黒人女性は自立と自己主張を求められ、戦争によって需要が増え、労働者が減少した職場に進出しなければならなくなった。しかし、黒人男性と同様、白人男性もまた、女性が自己主張することを好まず、職場になど進出せずに男性に依存することを望んだ。そこでマスメディアという武器を使って、女性が手に入れた自立を蔑ろにしようとした。白人女性も黒人女性も、女性の居場所は家庭であるという宣伝に絶え間なくさらされた。人生の充足は、よい結婚相手を見つけ家庭を築けるかどうかにかかっている、と信じるよう誘導されたのである。やむをえず働くとしたら、男性と競合するような仕事でなく、教師や看護婦といった〔伝統的に女性の仕事とされてきた〕職に就くことを考えた方がいいと言い聞かされた。

黒人であれ白人であれ、働く女性は女らしさを証明しなければならないと感じていた。そのために、二種類の物腰を使い分けることも少なくなかった。職場では堂々と自己主張をしても、家庭では男性の言いなりになって愛想を振りまいたのである。アメリカ史上かつてなかったほど、黒人女性はテレビや本や雑誌に描かれた女らしさの理想を追うことに没頭した。黒人の中産階級も生まれつつあったが、これはつまり、それまでなかったほどの経済力をつけた黒人女性の一団が、衣料品や化粧品、そして『マッコールズ』や『レディーズ・ホーム・ジャーナル』といった〔いずれも主婦向けの〕雑誌を買うお金を手にするようになったということである。かつては、外で働きながら主婦業と母親業を立派にこなし、これに誇りをもっていた大勢の黒人女性が、いまや外で働かなければならない自分の境遇に不満を覚えはじめた。こうした黒人女性は何が何でも専業主婦になりたいと思い、黒人男性への怒りや敵意をむき出しにした。黒人男性がひとりで家族を養ってくれれば、専業主婦におさまることができるのに、黒人男性は努力が足りないと罵倒した。当時よく聞かれた、「黒人の男はくずだ」とか「黒ん坊はだめだ」などの言葉は、黒人男性に対する黒人女性の軽蔑の表れであった。

黒人女性は明らかに、五〇年代にアメリカじゅうが血道をあげた「女らしさの理想像」の追求に自らも参入したいと考えていた。だから、そのための力になれない黒人男性に腹を立てた。黒人女性は白人男性が定めた基準に照らして、黒人男性を評価したのである。白人の定義によれば、「男になる」とは、男性がひとりで家族を養うことを意味した。そのため多くの黒人女性は、黒人男性に男性「失格」の烙印を押しがちであった。その仕返しに黒人男性は、黒人女性よりも白人女性の方が女らしいと公言した。双方とも、白人が支配する社会が定めた基準に自分を合わせようと躍起になっていた。黒人女性は自らの女らしさに、黒人男性は自らの男らしさに自信がもてなかった。黒人女性が何らかの理由で黒人男性に従わないと、黒人男性は腹を立てた。逆に、黒人男性がひとりで家族を養えないと、黒人女性が腹を立てた。

黒人の男女関係がはらむ緊張と対立は、ロレイン・ハンズベリー〔第二章の訳注2を参照〕による一九五九年の戯曲で、賞も獲得した『陽なたの乾ぶどう』にも描かれている。作品に登場する黒人男性ウォルター・リーと、その母親や妻との関係には、とかく対立が目立つ。ある場面で、ウォルター・リーは母親の保険金をどう使おうとしているか、妻のルースに話すが、ルースが耳を貸そうとしないため、腹を立てて怒鳴る。

**ウォルター**　そこがだめなんだよ、世の中の黒人女は……わかっていないんだよな、男を立てて、いっぱしの人間のように感じさせるってことを。自分にも何か成し遂げられるんだって思わせることを。

**ルース**　実際にすごいことをする黒人の男の人だっているわよ。

**ウォルター**　黒人女なんか、ごめんだね。

**ルース**　そう。私は黒人女ですから、自分を変えることなんてまったくできないでしょうね。

**ウォルター**　俺たちは心の狭い黒人女どもに縛りつけられている男性集団ってわけだ。

〔以上、大類・柳沢訳〕

『陽なたの乾ぶどう』に出てくる母親は、家庭内の最高権力者である。ウォルター・リーは、母親が邪魔するせいで男らしさを示せないとか、母親は自分を無理やり従わせる暴君だなどと延々とぼやきつづける。しかし、劇中で描かれるウォルター・リーは無責任で、母親の信頼と尊敬には値しない。ウォルター・リーの振る舞いがあまりに子どもっぽいので、母親は息子が示す男らしさなど顧慮しない。しかし、劇の最後でウォルター・リーが責任ある態度を見せると、母親は当たり前のように従属的な立場に退く。この戯曲にはふたつの力点が置かれている。一方では、家族を食べさせるために働く黒人のシングルマザーの強さと献身を、もう一方では、黒人男性が家庭内で家父長たりうることの重要性を強調しているのである。劇中の母親の生き方は過去のものである。そして、ウォルター・リーとルースこそ、未来の先駆けである。この二人が描く未来の黒人家族は両親が揃った核家族である。そこでは男性がすべてを決定し、家族を庇護し、一家の名誉を守る家父長としての役割を担うのである。

ロレイン・ハンズベリーの戯曲そのままに、この後、性役割の問題で黒人女性と黒人男性は対立した。対立を誇張し、世に知らしめたのが、一九六五年に発表されたダニエル・モイニハンの報告書『黒人《ニグロ》家族――国家的取り組み推進論』であった。報告書の中でモイニハンは、女性の支配がアメリカの黒人家族を蝕んでいると主張した。モイニハンの議論は、こうである。黒人男性が労働市場における人種差別の犠牲になったために、黒人家族はいわば家母長制の構造をもつようになった。これは、アメリカ白人の標準である家父長制を逸脱している。そのため、黒人はアメリカ社会の主流に受け入れられないというのである。モイニハンの主張は、家父長の役割を担わない黒人男性をなじる黒人女性の訴えと通底していた。相違といえば、モイニハンは黒人男性が家父長になれない責任の一端を黒人女性にあるとしたが、黒人女性の方は、その責任を人種差別と黒人男性の無頓着さに帰している点である。

モイニハンは黒人女性に家母長というレッテルを貼ることで、働いて一家を養う黒人女性を黒人男性の男らしさを害する存在と暗に位置づけた。実際には、女性が世帯主である家庭はアメリカの全黒人家庭のわずか四分の一にすぎなかったが、モイニハンはこの四分の一を一般化して、アメリカの黒人家庭全体にあてはめた。こうした一般化は、誤りであったにもかかわらず、黒人男性の心に甚大な影響を及ぼした。五〇年代から六〇年代にかけて、アメリカの白人男性と同じように黒人男性も、女性が権利を主張し、支配的に振る舞おうとする様子を危惧したのである。

現代女性が男性を去勢しているという説は、性役割に関する黒人女性と黒人男性の対立から生まれたわけではない。むしろ性役割についての、アメリカ社会全体における対立から生まれたのである。女性が男性を去勢するという考えは、もともと黒人女性の特性と絡めて出てきたわけではないし、もちろんダニエル・モイニハンが初めて提唱したわけでもない。これを広めたのは五〇年代に一世を風靡した、精神分析家の一派であった。キャリアウーマン、つまり男性と張り合うような女性はみな男性の権力をねたんでいて、男性を去勢しかねない輩である。このような見解をアメリカ国民の意識に押しつけたのであった。

黒人女性は、男性を去勢することにかけては並ぶ者がいないと言われた。しかし、それは黒人女性が白人女性に比べて本質的に自己主張と独立心が強かったからではない。歴史を見ればわかるとおり、白人女性は黒人女性よりもずっと前から、男性中心の権力機構で精力的に競争していた。なぜなら、人種の壁によって権力機構への参入を完全に阻まれることがなかったからである。女性の自立に対する非難が黒人女性に集中的に浴びせられたのは、主に人種差別によってスケープゴートにされたためであった。十九世紀に、白人は黒人女性を、女性がもつあらゆる悪徳を一手に引き受ける者として描き、逆に白人女性を女性の美徳の体現者として描いたが、これと同じことを二十世紀の白人たちも続けた。黒人女性一般をおとしめることによって、白人女性一般を理想化して崇めたのである。女性を世帯主とする家庭でいわゆる「家母長」の役割を担っていたのは、黒人女性だけではなく、白人女性も同様であった。しかし、ダニエル・モイニハンはこの事実を記そうとしなかった。かわりに、アメリカでも特に浸透している性差別と人種差別にまみれた黒人女性像、つまり白人女性以上に我が強く、いばっている黒人女性という神話を揺るぎないものにした。

家母長制の神話の根幹にあったのは、性差別のイデオロギーである。黒人女性を家母長と見なす主張の裏には、家父長制は何としても維持されるべきであり、女性の従属が健全な男性の育成に欠かせないという前提があった。要するにモイニハンが示唆していたのは、もし黒人女性が男性に対して従属的になり、家父長制を支えるようになれば、黒人差別の弊害を拭い去ることができるという主張であった。ここでもまた、女性解放と黒人解放が二律背反であるかのような印象が与えられた。

黒人男性がいかにこのイデオロギーを取り込んだかは、六〇年代の黒人解放運動で明らかになった。黒人男性の運動指導者は、黒人が人種差別から解放されることを、家父長になって女性を迫害する権利を得ることと見なしたのである。白人男性が定めた黒人解放の定義を鵜呑みにして、黒人男性は黒人女性への搾取や迫害を是認する選択をした。しかし、これは黒人男性にもまた痛手を与えた。黒人男性は、既存の社会制度から解放されたのではなく、既存の社会制度の僕《しもべ》になる自由を得たのである。黒人解放運動が終わっても、既存の社会制度は変わらなかった。以前に劣らず、人種差別と性差別が幅を利かせていた。

黒人男性だけでなく、多くの黒人女性も、黒人解放を達成するには強力な家父長制を打ち立てる必要があると考えていた。一九七二年に出版されたイネズ・スミス・リード著『黒人女性よ、「結束」しよう』には、黒人女性の声が盛り込まれている。多くの黒人女性が、女性は内助に徹するべきで、黒人解放闘争では男性が采配を振るべきであるとあからさまに述べている。典型的な黒人女性の回答を紹介する。

女性は男性の後に従うべきだと思います。男性こそ女性よりも前に、先頭にいるべきなんです。だって、この国では長いこと、黒人女性が黒人男性の上に立ってきたでしょう。本人たちの責任ではないけれど、黒人女性の方がいい仕事といい地位を手に入れました。白人男性や白人女性とは対等ではなかったけど、黒人男性よりは上でした。でも、社会で革命が起きているいま、黒人女性が一番であってはいけないと思うんです。一番は黒人男性です。だって黒人の象徴は男性なんですから。

もうひとつの例は、以下のとおりである。

黒人女性は、革命や闘争ではとても役に立てると思います。黒人女性には忍耐とたくましさの歴史があると思うんです。そのたくましさが、いばったり、えらそうに振る舞ったりするという形で表れるのを見たくはありません。それよりも、黒人男性が妻や恋人や家族のために闘うときに必要な静かな力に、私たちはなれると思うんです。

六〇年代と七〇年代には、大勢の黒人女性が、ヴィクトリア朝時代に最初に広まった理想の女性像なるものに魅せられた。その多くが大卒で中産階級の若い女性であった。こういった黒人女性に言わせれば、女性の役割とは男性を助けることであった。そして黒人市民権運動の歴史上初めて、黒人女性は黒人男性と肩を並べて闘うことをしなかった。ミシェル・ウォレス〔序章の訳注14を参照〕は『強き性、お前の名は』の中で、六〇年代の黒人運動を次のように評している。

女性嫌悪はブラック・マッチョに不可欠な要素であった。ブラック・マッチョは、黒人男性が黒人女性よりも虐げられてきたとか、黒人女性はその実、抑圧に荷担したとか、黒人男性は性的にも道徳的にも優れていて、ほかの人に負っている責任の大半を免れてもいるなどと主張していたが、このような哲学は黒人女性にとって不利益にしかなりえなかった。そうであるにもかかわらず、黒人女性は、ついに金髪女性の亡霊から解放されるときが来たとばかりに振る舞った。心の奥底ではそうではないと直感しつつも、バラのつぼみを思わせる唇や魅惑的な脚線美を備えた無敵の金髪女性からようやく逃れられると決め込むことにしたのである。ほかの女性を崇める必要はもうない。崇められるのは、自分たちなのである。闘う必要もなくなる。誰かが代わって闘ってくれるからだ。白い甲冑の騎士が、馬に乗って立ち向かってくれる。美しい妖精のお姫様は黒人なのである。

黒人運動の女性たちは、革命のさなかにヴィクトリア朝風のかよわい女性さながらに振る舞うことの矛盾を、ほとんど感じていなかった。こうした女性たちが手にしたかったのは、垣根をめぐらした家と、鶏一羽がまるごと入った鍋、そして男であった。彼女たちの考えでは、自分たちに課せられた革命の責務は、ただ子どもを産むことだけであった。

黒人女性の中には、黒人解放運動で盛んに行なわれた性差別的な洗脳に屈しなかった者もいた。ただ、そういった黒人女性はまったく顧みられることがなかった。アメリカ人は、強く猛々しい自立した黒人女性が、指図されることにおとなしく甘んじている、むしろ喜んで指図されたがっている構図に引きつけられたのである。

アンジェラ・デーヴィス〔第一章の訳注6を参照〕は六〇年代の運動で女性の英雄になったが、その理由は、共産党員として献身的に政治活動をしたことでもなければ、資本主義や人種帝国主義について見事な分析をしたことでもなかった。デーヴィスが美人で、黒人男性に尽くしたためであった。アメリカ人は「政治的な」アンジェラ・デーヴィスを見たかったのではなく、デーヴィスをピンナップガールに仕立てたのである。基本的に、黒人はデーヴィスの共産主義支持を快く思わず、まともに目を向けようとしなかった。ウォレスはアンジェラ・デーヴィスについてこう書いている。

さまざまな功績があるにもかかわらず、彼女は無私無欲で自己犠牲的な「善き女性」の典型として見られた。黒人運動が容認する唯一の黒人女性像であった。彼女がしたことは男のためにやったことであると評された。女性の領分に留まっている女性。いわゆる政治問題など、無関係であった。

家父長支配を支持する現代の黒人女性は、現状に甘んじる自らの姿勢を人種の政治学と関連づけた。つまり黒人全体のためになるなら、黒人男性に対して従属的役割を担うこともいとわないと主張したのである。まさに新世代の黒人女性であった。この世代の黒人女性は、黒人の革命論者ではなく、白人社会やメディアによって洗脳され、その結果、女性の居場所は家庭であると信じるようになっていた。黒人男性の関心を白人女性と奪い合わなければならなかったのは、この世代が初めてであった。男性の伴侶がいない孤独を恐れるあまり、黒人男性の性差別を受け入れる黒人女性は少なくなかった。人種を問わず女性は、孤独や愛されないことを恐れて、性差別や性差別的な迫害を無抵抗に受け入れていた。黒人女性が性差別に基づく女性の役割を受け入れたのは、珍しくも目新しくもないことであった。六〇年代の黒人運動は、黒人女性が性差別なり家父長制なりを受け入れたことを公にする場を提供した。黒人女性は白人女性よりも我が強く、いばっていると信じきっていた白人たちに向かって、黒人女性は性差別と家父長制の是認を宣言したのである。

性差別に基づく役割に従うよう黒人女性を社会化したのは、五〇年代の性の政治学であって、よく言われるように七〇年代のブラック・マッチョではない。五〇年代の黒人の母親は、働くことを誇らしく思うべきではないと娘に教え込んだ。教養を身につけるのは、万が一、人生で最も重要な男性、つまり自分を養い守ってくれる男性が見つからなかったときのためであると言い聞かせた。そのような考えを吹き込まれていたとすれば、大卒の黒人女性が家父長制を信奉したのも不思議ではなかった。黒人社会には性差別と家父長制の存続を支える気運がすでにあり、六〇年代の黒人運動はそれを露呈させただけで、新しく生み出したわけではなかった。ミシェル・ウォレスは、六〇年代の市民権闘争に対して黒人女性が示した反応について、こう書いている。

黒人女性が黒人運動の主な争点に真っ向から取り組んだことは一度もなかった。髪をストレートにするのはやめた。肌を白くする化粧品を使うのもやめた。無理をして従順な女性を装った。黒人男性の栄誉を、子どもに教えて聞かせもした。しかし、そこで突然、黒人運動が終わりを告げた。すると、またもや髪をストレートにし、『ヴォーグ』誌や『マドモアゼル』誌に載っている最新ファッションを追い、頬紅をやたらと厚塗りし、黒人男性にどれだけ失望させられてきたかをしばしば語るようになった。ほかの黒人女性との交流はほとんどなく、あるとすれば表面的なものである。話題はたいてい服や化粧、家具、そして男性のことだ。一生伴侶を見つけられない売れ残りの黒人女性（一〇〇万人）にならないためには、密かにどんなことでもする。そして、男性が見つからなくても、とにかく子どもは産もうと決心することもある。〔以上、引用部分の訳は大類・柳沢による〕

組織化された黒人市民権運動がもはやなくなったので、黒人女性は、性差別に基づく役割を喜んで受け入れる姿勢を黒人解放と関連づける必要がなくなった。こうしていっそう明らかになったのが、黒人女性は黒人全体の利益だけを考えて家父長制を支持したわけではなかった、という事実である。家父長制がアメリカ文化の中で大部分の女性に支持され受容されているからこそ、黒人女性もこれを支持したのである。

六〇年代後半にフェミニズムにつながる運動が始まったとき、黒人女性が集団として参加することはほとんどなかった。黒人女性は、「両性の社会的平等、つまり女性解放への賛同は、黒人解放に反対することである」という、白人の家父長制および黒人男性の家父長制の趣意を汲み取り、フェミニスト運動への参加を唱える白人女性に当初は懐疑的であった。性差別と闘う気がまったくなかったために、参加しなかった黒人女性も多い。このような態度は珍しくなかった。黒人女性だけでなく、アメリカの女性の大多数は、同じ理由で女性運動に参加しなかったのである。黒人女性が女性運動に参加していないことを、いち早く指摘したのは白人男性であった。もっとも、白人男性がこの点を突いたのは、単に白人フェミニストの活動を嘲るためであった。つまり、アメリカ社会で一番虐げられている女性集団から賛同を得られないような女性解放運動は、信頼に足るのかと得意げに問いただしたわけである。白人男性は、白人女性の人種差別をいち早く指摘したフェミニズム批判者であった。こうした批判を受けて、白人の女性解放運動家は黒人女性を含む非白人女性に運動への参加を呼びかけた。この呼びかけに特に激しく反応したのが、フェミニズムに猛反対の立場を取る黒人女性であった。これが、女性解放運動に対する黒人女性の立場として定着することになった。こういった黒人女性の見解は、アイダ・ルイスの「女性の権利――なぜ闘いはまだ続くのか」や、リンダ・ラルーの「黒人解放運動と女性解放運動」および『アンコール』誌に初出の「女性解放運動には魂が宿っていない」、そしてルネ・ファーグソンの「女性解放運動は黒人にとって違う意味をもっている」といった評論に述べられている。女性解放運動に関するリンダ・ラルーの意見は、まるでこれが黒人女性の典型的な反応であるかのように、たびたび引用されてきた。

はっきり言わなければならない。アメリカの白人女性は、物心両面において自由で充実した人生を送る機会に、アメリカのほかのどの集団よりも――彼女たちの白人の夫は別として――恵まれている。だから、黒人への迫害とアメリカの白人女性の境遇を類比する試みは、首をつられた人間の首と、ロープの摩擦熱でやけどをしたアマチュア登山者の手を比べるようなものである。

フェミニズムに反対する黒人女性たちは、評論の中で白人女性への憎しみとねたみをあらわにし、白人女性解放運動家への攻撃に全力を注いだ。しかし、黒人女性には女性解放運動など不要であるという主張を裏づける、説得力のある証拠を一切示さなかった。黒人の社会学者、ジョイス・ラドナーは、黒人女性を研究した著書『明日の明日』の中で、女性解放運動について次のように意見を述べている。

多くの黒人女性は、これまで白人が作った女性としての振る舞い方を受け入れてきたが、いまやそれを拒絶している。その理由は、大まかに言えば、私たち黒人が白人中産階級のライフスタイルを拒絶すべき理由と同じである。アメリカの黒人女性は、女性でいることができる唯一の民族集団であり、急進派である。どういう意味かと言うと、女性解放運動団体は女性が社会による束縛や保護から解放されるべきであると主張し、これが現在、注目を集めているが、黒人女性の場合、そもそも社会による束縛や保護とは無縁であった。その意味で、私たち黒人女性はずっと「自由」であり、どんなに過酷な状況下でも個人として成長できたのである。このような自由と、黒人女性が耐えてきた多大な困難のおかげで、ある種の人格の形成が可能になった。黒人女性は頑強さと生命力を兼ね備えているが、学術誌ではめったに紹介されない。黒人女性独特の博愛主義と内に秘めた勇気もやはり、アメリカの女らしさの手本とは考えられていない。

黒人女性が女性解放運動に参加しない理由を、黒人女性が「自由」であることに求めたラドナーの主張は、その後よく用いられる説明になった。しかし、このような主張が露呈しているのは、女性解放運動から即座に距離を置いた黒人女性が、フェミニストの闘争について真剣に考えていなかったという事実である。確かに、白人女性はフェミニズムを、女らしさの神話から解放される手段と考えていたかもしれない。しかし、黒人女性もまた性差別に束縛されていたことは明らかであるから、フェミニズムをそういった束縛からの解放手段と見なすこともできた。アメリカの黒人女性はあらゆる束縛から解放された自由な女性集団であるなどと自信をもって言うのは、きわめて世間知らずで浅はかな行為である。「すでに解放されている」と自賛した黒人女性は、実のところ、性差別に甘んじ、家父長制に満足していると認めたようなものであった。

フェミニストに反対する黒人の意見だけがあらゆるところで取り上げられたため、フェミニストを支持し、フェミニストの運動を軌道に乗せることに貢献した黒人女性には、ろくに関心が向けられなかった。しかし、フェミニストを支持する黒人女性の意見は、反対派の黒人が書いた記事と同じ数だけ存在していた。セレスティン・ウェア〔序章の訳注13を参照〕の評論「ブラック・フェミニズム」や、シャーリー・チザム[*16]の「女性は反逆しなければならない」、メアリ・アン・ウェザーの「革命をもたらす力としての黒人女性解放運動推進論」、そしてポーリ・マリー[*17]の「黒人女性の解放」などは、フェミニズムを支持する黒人女性の意見を表明していた。

黒人女性は男女の社会的平等に、集団として反対していたわけではなかった。ただ、白人女性とともにフェミニストの運動を組織することに気乗りがしなかったのである。バージニア・スリム〔一三三ページの訳注を参照〕による一九七二年のアメリカ人女性世論調査を見ると、社会における女性の地位を変えることに賛成する人は、白人女性よりも黒人女性に多かった。しかし、フェミニストの争点を支持することは、黒人女性が集団として女性解放運動に積極的に参加することにはつながらなかった。黒人女性が女性解放運動に関与しなかったことを説明するのに、通常、ふたつの理由が挙げられる。まずひとつめは、六〇年代の黒人運動が黒人女性を丸め込んで、黒人女性にフェミニズムを拒絶させたという理屈である。ふたつめは、ある白人の女性解放運動家の言葉を借りれば、黒人女性が「女性運動の人種と階級が絡み合った構成からはじき出された」というものである。うわべだけを見れば、これらの理由で十分に思える。しかし、歴史に照らして詳しく見てみると、不十分に思えてくる。黒人女性には、黒人男性から従属的な立場を押しつけられてもなお、女性の権利を支持するために結集した歴史がある。アメリカの女性運動が常に中産階級と上流階級の白人女性に支配されていたことは事実であるが、それでも黒人女性が女性の権利のために団結したこともまた歴史的事実である。こうした歴史に鑑みれば、先に挙げたふたつの理由はフェミニズムに反対する黒人女性の立場を説明することはできるが、フェミニストのイデオロギーを支持しながら女性運動に加わらない黒人女性の立場を説明できない。

黒人のフェミニストは当初、性差別による迫害をなくす闘争にぜひ参加したいと思い、白人女性が組織した女性運動に近づいた。しかし、下層階級および貧困層の女性が抱える問題や、階級を問わず白人でない女性が抱える固有の問題について、白人女性の参加者がほとんど無知で無関心であることを知り、失望すると同時に幻滅した。運動に関わった黒人女性は、白人のフェミニストが非白人の参加者の少なさを嘆きながらも、すべての階級や人種の女性の必要に応えて運動の焦点を変えるつもりはさらさらないことを悟った。それどころか、運動内で過半数を占めない集団の声が取り上げられる見込みはないとはっきり言う白人女性さえいた。もしかしたら、白人の参加者は女性全体ではなく、ごく一部の個人的な利害だけしか考えていないのではないかという黒人女性の疑念は、このような白人女性の態度によって強まった。

シスターフッドとは、すべての人、特に女性が市民としての正当な権利を取り戻すためにはフェミニスト革命が必要であると信じる人々の、人種・階級・性的指向の柵を超えた結束である。このような考え方が大半の白人女性に通じないことを、黒人のフェミニストは思い知った。口先では革命的な目標を唱えながら、実は資本主義的家父長制〔第三章の訳注17を参照〕の権力機構に加わることを目指していた女性たちのせいで、フェミニストのイデオロギーに秘められた急進性が蝕まれていた。私たち黒人女性は運動の周縁に置かれたために、このことがよくわかった。白人のフェミニストは白人男性を非難し、帝国主義・資本主義・性差別主義・人種差別主義に凝り固まったブタ呼ばわりをしたものの、女性解放の意味を、権力機構に全面的に参入する権利に読み替えてしまった。その権力機構を抑圧的であると批判しておきながら、そのような読み替えを行なったのである。白人のフェミニストの怒りは、性差別への反発であっただけではない。白人男性は体制内で権力を手にしているのに、自分たち白人女性にはそれが許されないという、嫉妬心の表れでもあった。

エリート主義で人種差別主義者の白人女性がフェミニズム思想を専有するのを見て、個々の黒人のフェミニストは絶望した。私たちはフェミニスト革命の真の主張を広めるために、指導的な地位を奪えなかった。それどころか、発言の機会さえ得られなかった。女性団体が白人女性によって組織され支配されていたためである。私たち黒人のフェミニストは、政治意識の高い白人女性とともに、組織化されたフェミニストの闘争など実在しないと感じはじめた。こうして私たちは団体を離脱した。自分たちを変革することさえおぼつかないのに、女性は社会を変革できる勢力であるなどという話を聞くのはうんざりであった。なかには「ブラック・フェミニスト」の団体を創設する黒人女性もいたが、そういった団体は、背を向けたはずの白人団体にあらゆる面で似通っていた。ひとりで闘争する黒人女性もいた。また、組織や、女性学の授業や、会合には通いつづけながら、全面的には参加しないという人もいた。

私がフェミニストとして積極的に活動しはじめてから、もう一〇年になる。西洋文化には支配の心理が浸透していて、それが女性と男性の性役割を定めているが、私はその支配の心理を打ち砕こうと努力しつづけている。また、物質的な価値観ではなく、人間的な価値観でアメリカ社会を作り直すことも提唱した。女性学の授業も受けたし、フェミニストのセミナーや組織、そしてさまざまな女性団体にも参加した。私は当初、フェミニストの活動に積極的な女性というのは、性差別による迫害や女性全体が被る性差別の悪影響を懸念していると思っていた。しかし、さまざまな女性集団が自らの日和見的な目的のためにフェミニズムを専有するのを見て、幻滅してしまった。性差別を糾弾するかわりに、女性であるために自分がいかに虐げられてきたかを強く主張して、昇進の足掛かりを作ろうとする女性の大学教授。自分の性差別意識を隠すために、フェミニズムを利用する女性。経歴に箔を付けるために、フェミニズムの上面をなでただけの論評をする女性の著述家。いずれも、性差別をなくすことが目的でないことは明らかであった。みな、性差別による迫害を声高に攻撃しながら、アメリカ社会における女性全体の地位にはほとんど関心を示さなかった。それよりもまず、フェミニズムを自身の要求や願望を存分に語る場にしたかったのである。自分の関心事が、虐げられた女性の関心事を反映していないかもしれないなどとは考えもしない女性たちであった。

私はフェミニストの偽善を目の当たりにしながらも、希望にすがった。異なる人種や階級の女性が積極的に参加すれば、フェミニズムの再評価や、フェミニストのイデオロギーの抜本的な改変、あるいは男女双方の関心事により則した新たな運動が始まるのではないかと考えた。白人女性のフェミニストを「敵」と思いたくはなかった。しかし、異なる視点を示そうと、さまざまな女性団体を渡り歩いたとき、私に向けられたのは敵意と怒りであった。白人の女性解放運動家はフェミニズムを「自分たちの」運動と考えていたため、白人でない女性が批判や異議を唱えたり、運動を別の方向に導こうとすることに抵抗した。

アメリカの社会構造の変革を強調するフェミニストのイデオロギーと、アメリカのフェミニズムの実態とが、似ても似つかないことに私は愕然とした。フェミニストと称する人たちは、言葉としては急進的な含意があったフェミニズムをアメリカ社会で実践しようとしたとき、自分たちが変革しようとしているまさにその社会構造にいまだにとらわれていることを露呈させた。そのため、私たちが論じたシスターフッドは実現せず、アメリカ文化に変容をもたらすはずであった女性運動も生まれなかった。かわりに、白人の資本主義的家父長制によってすでに確立されていた性別と人種による階層が、フェミニズムのもとで違う形をとっただけであった。女性解放運動家は、社会における女性の地位の包括的な分析、つまり私たち女性の経験の多様性を考慮した分析など求めなかった。むしろ、シスターフッドという概念を広めたいばかりに、女性の経験の複雑さを無視した。生物学的な決定論から女性を解放すると主張しながら、性別で決定された在り方以外を女性に認めなかった。人種と階級について論じることは、上流階級と中産階級に属する白人フェミニストの利益にはならなかったのである。そのため、フェミニストの著作の多くは、女性の経験について有意義な情報は提供してくれるものの、人種差別と性差別に満ちた内容になっている。私がこのようなことを言うのは、非難するためでも切り捨てるためでもない。人種差別と性差別に満ちたフェミニストの本を読むたびに、私は悲しみと魂の苦悶を覚える。女性を解放すると主張した運動の中に、逆に私たちを迫害してきたものにさらにきつく私たちを縛りつけていく、無限の罠が息づいているからである。そしてこれを知ることで、この社会に革命をもたらしたかもしれない運動が、またひとつ失敗するのを目撃しているからである。

現代のフェミニスト運動を当初突き動かしたのは、性差別による迫害をなくしたいという、女性の偽りのない願いであった。しかし、この運動はより大きく強力な文化的枠組みの中で起きている。この文化の中では、女性も男性も集団全体の変化などより個人の野望の達成を重んじるようそそのかされる。こうした文化的な枠組みがあるので、フェミニズムが、運動を率いる人々の利己主義や私欲、そして個々人の日和見主義に蝕まれてしまったのも不思議ではない。抵抗や革命について急進的な言葉を唱えながら、資本主義的家父長制に進んで居場所を求めるようなフェミニストのイデオロギーは、本質的に堕落している。確かに、現代のフェミニスト運動のおかげで、性差別がアメリカの女性の社会的地位に与える悪影響は認識されるようになった。しかし、性差別による迫害をなくす効果はほとんどなかった。男性の強姦魔からの自衛策を女性に教えることと、男性が強姦しないよう社会の変革に努めることは同じではない。暴力を受けた女性のために避難所を作ったからといって、暴力を振るう男性の心理は変わらないし、残忍さを助長し大目に見る文化にも変わりはない。異性愛を攻撃しても、男性と一緒にいたがる大勢の女性の自己評価が高まるわけではない。家事を卑しい仕事と非難すれば、家父長制の中で奪われた、女性家事労働者の労働に対する誇りや尊厳は取り戻せない。制度化された性差別の廃止を要求しても、性差別による迫害がなくなる保証はない。

抵抗、反乱、革命といった言葉が強調された結果、フェミニズムは闘争的で急進的であるという幻想が生まれた。しかし、実のところフェミニズムは、資本主義的家父長制に対して異議を申し立てたわけでも脅威を与えたわけでもなかった。「男性はみな、女性に与えられていない個人的な充足感と解放を得る特権をもっている」という説をフェミニストは吹聴しつづけている。そのようなことをすれば、男性的なものはすべて女性的なものより本質的に優れているという、男性の力にまつわる性差別的な神話にいっそうの真実味を与えてしまう。フェミニズムが男性の力をねたみ、畏れ、理想化している限り、性差別がいかにアメリカ社会の男女から人間らしさを奪うかを暴くことはできない。今日フェミニズムが女性に与えているものは、解放ではなく、男性の代理として振舞う権利である。性差別による迫害をなくし、社会を変える変革の青写真はいまだ示されていない。女性運動は、男性がもっていると思しき権力をほしがるだけの女性たちの、いわば巣窟か強制収容所と化した。女性運動に加われば、男性に対する怒りや嫉妬、失望を表す場が得られる。共通点をほとんどもたず、互いを恨んだり、それどころか互いに関心さえ抱いていない女性たちも、ここでは男性に対する否定的な感情をもとに結束できるような雰囲気がある。男性がもつ帝国主義的、性差別的、人種差別的な破壊者の地位がほしいあらゆる人種の女性にとって、女性運動の綱領は都合がいい。その綱領があれば、自分の個人的な野望と権力欲の実現が、あたかもすべての女性を利するかのように語れるからである。

いまアメリカの女性はまたひとつ、女権拡張運動の消滅を目の当たりにしている。あらゆる人々を取り込んだフェミニストの闘争の未来は暗い。各自の日和見的な目的のためにフェミニズムを利用した女性たちは、求めていたものを得た以上、もはや政治的なイデオロギーとしてのフェミニズムには興味をもっていない。女性解放運動によって、社会における女性の境遇に関する分析が歪んだ形で広まったが、女権団体で積極的に活動を続ける多くの女性は、このような分析に対する批判を頑として受け入れない。こうした女性は虐げられてはいないので、根本的な変革を急務とは考えていない。だからこそ、社会の基盤に動揺を及ぼさない程度の改善として、人種差別と階級差別に満ちたフェミニストの運動を支持できるのである。確かにアメリカの女性は、男性との社会的平等の獲得に近づきはした。しかし、資本主義的家父長制は依然として変わっていない。アメリカの社会体制には、いまだに帝国主義や人種差別主義、性差別主義がはびこり、迫害を続けている。

近年の女性運動は、性差別による迫害の問題に十分に取り組まなかった。しかしそういった迫害が存在しないわけではないし、程度の差はあれ、私たちが虐げられている事実に変わりはない。私たちには、こうした社会を変える責任がある。日々、性差別による迫害に苦しんでいる黒人女性はたくさんいる。私たちは黙って苦痛に耐え、変化が起きるのを辛抱強く待っている場合が多い。しかし、無抵抗に受け入れることも、禁欲的に耐えることも、変化にはつながらない。行動や運動や革命がなければ、変化は起きないのである。十九世紀の黒人女性には行動力があった。自分自身の苦しみと、人種差別と性差別が蔓延する社会における自らの境遇の過酷さ、そしてほかの人の窮状に対する思いやりが、当時の黒人女性をフェミニストの闘争へと駆り立てた。白人の女権拡張論者が人種差別主義者であり、黒人男性が性差別主義者であっても、政治参加を思いとどまりはしなかった。また、変革の計画を人任せにすることもなかった。自らの手で変革を詳細に企画したのである。アンナ・クーパーは一八九二年、女性たちの前で演説を行ない、黒人女性がフェミニズムをどのようにとらえているかを、堂々と語っている。

女性の主張を、理論的に広げるだけでなく具体的にも広げましょう。私たちの立脚点は、全人類が結束することと、すべての生命が一体であること、そして性別、人種、国籍、身分などによるえこひいきはすべて不自然で不当であるということです。もし鎖の中の輪がひとつでも壊れていたら、鎖そのものが壊れているのです。橋の強度は、その橋の最も弱い部分で決まります。運動の価値は、そこに参加している最も弱い集団によって決まります。とりわけ女性運動の場合、弱者を非難することなど、できるはずがありません。ですから、世界中で正義と人権を勝利させようと努める私たちは、この会議から私たちの安息の場所へ行くために、自分だけの道や、自分の人種のための道、自分の性別のための道、自分の派閥のための道ではなく、全人類のための広々とした大通りを使うことを要求します。黒人女性は、女性運動はひとつであり、万人に関わるものと考えます。白い肌の神でも黒い肌の神でも、神は神であり冒してはならないと見なされるとき。人種、肌の色、性別、身分が単なる生まれ合わせで人生の本質ではないと考えられるようになるとき。生命、自由、幸福の追求という全人類のもつ権利は、誰からも奪えないと認められるとき。そのときまで女性運動の勝利はないと、黒人女性は考えます。

女性運動は、白人女性のものでも、黒人女性のものでも、赤人〔アメリカ先住民〕女性のものでもありません。それは強大な不正のもとで黙ってもだえ苦しんできた、すべての男女の運動なのです。このように、女性への不当な仕打ちは、放置されているすべての苦痛と切っても切り離せない関係にあります。女性が「権利」を得れば、あらゆる正義がついに腕力に勝利して、理性のもつ倫理的な力が頂点に立ち、世界各国の政治に正義と愛が生まれるでしょう。

これは奴隷の身分に生まれた、クーパー自身と無数の黒人女性たちの声であった。こうした女性たちは過酷な苦しみを強いられたために、迫害されているすべての人々に同情と懸念を寄せたのである。もし女権拡張論者全員がこうした思いを共有していたなら、いまアメリカには真に革命的なフェミニスト運動があったはずである。

フェミニズムは、形成途上にあるイデオロギーである。オックスフォード英語辞典によれば、「フェミニズム」という言葉が最初に使われたのは十九世紀後半で、「女性の特質」をもっていることと定義された。意味は少しずつ変化し、二十世紀の辞書に記された定義は、「両性の政治的・経済的・社会的平等の理論」となっている。しかし、多くの女性にとって、この定義は不十分である。バーバラ・バーグは『記憶された入口――アメリカのフェミニズムの起源』の序文で、フェミニズムを「女性解放の多くの側面を含む広範な運動」と定義している。さらに、次のようにも述べている。

それ〔フェミニズム〕は、自分の運命を自分で決める自由である。性別によって定められた役割に縛られないことである。社会の抑圧的な制約に縛られないことである。自分の考えを存分に表明し、それを行動に移す自由である。フェミニズムは、個人の良心に従い、判断を下す権利を、女性に認めるよう要求する。フェミニズムは、女性の本質的価値を人間であることに求め、人生を構成するそれ以外の要素には左右されないことを前提とする。

バーグが拡大したフェミニズムの定義は、有用ではあるが限定的である。多くの女性が気づいているように、社会から性差別と男性支配をなくすには、「社会的平等」のために闘うだけでは不十分であるし、「女性を自律的存在と見なす考え」を重視するだけでも不十分である。私にとってフェミニズムとは、ただ単に男性優越主義をなくす闘いでもなければ、女性が男性と平等な権利を得るための運動でもない。フェミニズムとは、西洋文化の各層、たとえば性別、人種、階級などに浸透している支配のイデオロギーの根絶に努めることであり、帝国主義や経済拡張や物欲よりも人間の自己開発が優先されるように、アメリカ社会の再編成に努めることである。一九七六年に匿名で発行されたフェミニストの小冊子は、女性に政治意識をもつよう促している。

こういった闘いすべてで、私たちははっきりと自己主張をし、異議を唱えていかなければならない。アメリカ人には、鷹揚であろうとする根強い傾向、角を立てたり嫌われたりするのを恐れて、原理の問題をめぐる闘いを避ける傾向があるが、そのような傾向には抗わなければならない。私たちは基本的な弁証法の原則にそって生きなければならない。つまり、進歩するためには、矛盾の解消に努めなければならないのである。

白人女性が多くの白人以外の女性を締め出す人種差別的な女性解放運動を築いたことは、確かにひとつの矛盾である。しかし、こうした矛盾をはらんでいても、女性はフェミニストにまつわるさまざまな問題を蔑ろにしてはならない。私はよく黒人女性から質問を受ける。なぜあなたはフェミニストを名乗り、人種差別的な運動と手を組もうとするのかという質問である。これに対して、私はこう答える。「私たちが問いつづけなければならないのは、人種差別主義者の女性がなぜフェミニストを名乗れるのかということです」。多くの女性、特に女性解放運動の先頭に立ってきた白人女性が、自分の目的のためにフェミニズムを利用したことは明らかである。しかし、私はこうした女性たちが歪めたフェミニズムを甘んじて受け入れるのではなく、むしろ「フェミニズム」という言葉を奪い返したい。そして、真の「フェミニスト」は、男女を問わずあらゆる人が性差別的な役割や支配、迫害から解放されるよう望んでいる、という事実に光を当てたい。

現在、アメリカの多くの黒人女性は、フェミニスト闘争に加われば多くを得られることを認めようとしない。こうした黒人女性はフェミニズムを恐れている。あまりにも長い間、同じ場所に置かれていたため、動くのを恐れている。みな、変化を恐れている。ただでさえ大したものを手にしているわけではないのに、それすら失ってしまうのを恐れている。白人フェミニストを人種差別主義者として糾弾し、黒人男性を性差別主義者として糾弾すること、そして言うまでもなく、白人男性に人種差別と性差別の罪状を突きつけることを、みな恐ろしく感じている。私はこれまでいろいろな家の台所に座って、黒人女性の声を聞いてきた。こうした黒人女性は、フェミニズム自体を評価しながらも、女性運動の批判を滔々《とうとう》とまくしたて、なぜ自分が参加しないかを説明してくれた。しかし、公の場ではこの見解を表明しようとはしなかった。なぜ恐れるのか、その理由が私にはわかる。私たちと同じ黒人女性が踏みつけにされ、強姦され、虐待され、殺害され、ばかにされるのを見てきたからである。フェミニスト闘争の精神は十九世紀に生きた同志《シスター》の心に火をつけたが、その精神を再燃させた黒人女性はほんの一握りにすぎない。フェミニストのイデオロギーを提唱する私たち黒人女性は先駆者で、自分自身と同志のために道を切り開いている。もはや苦しめられることもなく、存在を認められ、恐れる必要がなくなること。私たちがこのような目標に到達する姿を見て、同志たちも勇気を出し、後についてきてくれるよう願っている。

# 訳注

## 序章

＊1 Anna Julia Cooper, 1858-1964. 教育者、著述家。奴隷として生まれた。一八九二年に出版した *A Voice from the South*（『南部からの声』）は、黒人女性によるフェミニズムの先駆的な著作とされる。

＊2 Mary Church Terrell, 1863-1954. 教育に携わる一方、全国アメリカ女性参政権協会で活躍する。黒人女性によるクラブ運動の中心人物でもある。

＊3 Sojourner Truth, 1797?-1883. 奴隷制即時廃止運動、女性参政権運動に携わった。奴隷として生まれ、後に自由の身になった。本書の著者ベル・フックスは、本書の題名をトゥルースが一八五一年に行なった演説からとっている。

＊4 Amanda Berry Smith, 1837-1915. 奴隷として生まれ、後にキリスト教の宣教師になった。

＊5 Horace Greeley, 1811-72. ジャーナリスト、政治家。奴隷制反対を主張。

＊6 Wendell Phillips, 1811-84. 社会改革者、奴隷制即時廃止論者。アメリカ奴隷制反対協会の会長を務めた（在職一八六五―七〇）。

＊7　Elizabeth Cady Stanton, 1815-1902.　女性参政権運動の指導者。一八四八年に、ニューヨーク州セネカフォールズで開かれた女性の権利大会で「女性の権利宣言」を行なった。一八六九年に、スーザン・アンソニーとともに、全国女性参政権協会を設立した。一八九〇年、全国アメリカ女性参政権協会の成立時には、初代会長に就任。

＊8　Reconstruction.　連邦から離脱した南部一一州が連邦に再統合されるまでの期間。一般には、一八六五年の南北戦争終結から、一八七七年に連邦軍が南部から撤兵するまでの期間を指す。

＊9　Toni Cade, 1939-95.　作家、映像作家。一九六〇年代の黒人芸術運動の担い手の一人。

＊10　Alice Walker, 1944-.　小説家、詩人、批評家。大学時代から市民権運動に携わり、著作活動と並行して女性運動に積極的に関わる。白人中産階級の視点に偏りがちな「フェミニズム」に代わる語として、地球上すべての女性解放を意図して「ウーマニズム」という語を使った。

＊11　Audre Lorde, 1934-92.　小説家、詩人。レズビアンでフェミニストであることを自称。カリブ海地域グレナダ出身の両親をもち、アフリカン・ディアスポラ（世界各地に離散したアフリカ人とその子孫）としての意識も強かった。

＊12　Barbara Smith, 1946-.　レズビアン・フェミニストの著述家、活動家。一九八〇年にオードリー・ロードとともに、アメリカ初の黒人女性向け出版社「キッチン・テーブル」を創設した。

＊13　Cellestine Ware.　一九六九年に創設されたニューヨーク・ラディカル・フェミニストの一員。

＊14　Michele Wallace, 1952-.　フェミニスト著述家。一九七九年の著作 *Black Macho and the Myth of the*

*Superwoman*（ミシェル・ウォレス著、矢島翠訳『強き性、お前の名は』朝日新聞社、一九八二年）で、ブラック・ナショナリズムと性差別を批判して、名を知られるようになる。

＊15　Gloria Steinem, 1934-. 著述家。フェミニズムの視点から、雑誌Msの創刊（一九七二年）、編集に携わる。

＊16　Kate Millett, 1934-. 文筆家、彫刻家。*Sexual Politics* (1970)（ケイト・ミレット著、藤枝澪子［ほか］訳『性の政治学』自由国民社、一九七三年／ドメス出版、一九八五年）の出版後、女性解放運動の最前線で活躍。バイセクシャルであることを公にしている。

## 第一章　性差別と黒人女性奴隷の経験

＊1　メリーランド植民地の領主。

＊2　中南米原産の熱帯低木。根からとれるタピオカ澱粉を食用・飼料にする。

＊3　黒人奴隷頭は、人を追い立てる者という意味の「ドライバー」(driver) と呼ばれた。

＊4　ハリエット・ジェイコブズが自伝のなかで用いた偽名。ハリエット・ジェイコブズ（Harriet Jacobs, 1813または15-97）の自伝*Incidents in the Life of a Slave Girl. Written by Herself*（ハリエット・ジェイコブズ著、小林憲二編訳『ハリエット・ジェイコブズ自伝――女・奴隷制・アメリカ』明石書店、二〇〇一年）はリディア・マリア・チャイルドによる編集で、一八六一年に刊行された。

＊5　黒人と白人の間に生まれた者。
＊6　Lydia Maria Child, 1802-80. 作家。奴隷制即時廃止運動と女権拡張運動に携わった。
＊7　Angela Davis, 1944-. 政治活動家、共産党員。一九七〇年に法廷脱出事件幇助・殺人の容疑で逮捕された後、全米規模でデーヴィス救出運動が展開された。一九七二年に無罪となる。
＊8　Sarah Grimké, 1792-1873とAngelina Grimké, 1805-79の姉妹。奴隷制即時廃止と女性参政権の確立を、女性として初めて公言。
＊9　Cotton Mather, 1663-1728. 牧師で著述家。ニューイングランドのピューリタン社会に大きな影響力をもった。
＊10　Frederick Douglass, 1817?-95. 著述家、演説家。奴隷として生まれたが、逃亡により自由身分を獲得。奴隷制即時廃止運動に深く携わり、奴隷解放運動紙 *North Star*（『北極星』）を発刊、編集。南北戦争後は、解放黒人の地位向上を目指す運動や女権拡張運動に尽力した。また、ハイチ公使など連邦政府の要職に就いた。
＊11　奴隷を何人かの組に編成し、鞭と監視のもとで働かせた制度。

**第二章　奴隷制廃止後もおとしめられつづけた黒人女性像**

＊1　南部再建期を指すが、著者があえて「黒人の再建期」（Black Reconstruction）としているのは、こ

の時期に黒人が果たした役割に注意を喚起するためであろう。同様の視座を提起した先駆的な著作としてW・E・B・デュボイスによる*Black Reconstruction in America, 1860-1880* (1935)(『アメリカにおける黒人の再建期――一八六〇―一八八〇』)が想起される。序章の訳注8も参照。

＊2 Lorraine Hansberry, 1930-65. 劇作家。一九五〇年代にジャーナリストとして活躍し、アフリカ独立運動にも関心を払う。代表作*A Raisin in the Sun* (1959)(ローレン・ハンスベリー著、小林志郎訳「陽なたの乾ぶどう」『現代演劇』一一号、一九七一年)の成功により名声を得るが、二作目となる戯曲の上演直後に三十四歳で病没。

＊3 イスラエル王アハブの妃の名。放埒さで知られていたことから、黒人女性を卑しめる意味を込めてこの呼び名が使われた(旧約聖書列王記)。

＊4 白人とムラートの間に生まれた子。白人の血を四分の三、黒人の血を四分の一受け継いでいる。

＊5 口うるさい黒人女性。黒人の喜劇ドラマ*Amos 'n' Andy*(『エーモスとアンディ』)に登場する。一三六―一三八ページも参照のこと。

＊6 白人との協力による人種統合を目指すのではなく、黒人の結束による黒人の権力確立を目指した運動。

＊7 一般に、黒人の分離主義およびそれを基盤とする運動(ブラック・ナショナリズム)を支持する黒人を指す。

＊8 愛想がよく、白人に従順な黒人女性。アンクル・トムの女性版。

＊9 「男まさり」のたくましい女性。ギリシャ神話のアマゾーン族に由来する。女武者のみからなるこの部族では、男は殺されるか体に障害を負わされた。

## 第三章　家父長制という帝国主義

＊1 Harriet Tubman, 1820?-1913. 奴隷解放活動家。自らも奴隷に生まれたが、逃亡により自由の身になった後、数多くの黒人奴隷の逃亡を手引きした。

＊2 Martin Delany, 1812-85. 奴隷制即時廃止論者、活動家。フレデリック・ダグラスとともに『北極星』紙の発刊、編集に関わった。南北戦争中は軍医となり、黒人としては初めて少佐の階級を得た。

＊3 Booker T. Washington, 1856-1915. 奴隷から身を起こして、黒人の職業教育に従事した、世紀転換期の代表的な黒人指導者。

＊4 Ida B. Wells, 1862-1931. 黒人ジャーナリスト。反リンチ運動の代弁者。夫の姓を加えてWells-Barnettとも称する。

＊5 James Forten, 1766-1842. 黒人実業家、奴隷制即時廃止論者。

＊6 Charles Remond, 1810-73. 裕福な自由黒人で、奴隷制即時廃止論者。

＊7 Marcus Garvey, 1887-1940. ジャマイカ出身の黒人運動指導者。アフリカ帰還運動を展開した。

＊8 Elijah Muhammad, 1897-1975. アメリカの黒人イスラーム組織ネーション・オブ・イスラーム（N

ＯＩ）の統率者。

＊9　Malcolm X, 1925-65.　黒人指導者。エライジャ・ムハンマドの教えを受けてイスラーム教徒となり、長年ＮＯＩで活躍した後に組織を離脱。一年後に暗殺された。

＊10　Martin Luther King, Jr., 1929-68.　バプティスト派の牧師、市民権運動の指導者。

＊11　Stokely Carmichael, 1941-98.　トリニダード生まれの黒人活動家。市民権運動期に学生非暴力調整委員会委員長として頭角を現し、後にブラック・パンサー党を率いた。

＊12　Amiri Baraka, 1934-.　詩人、劇作家、活動家。マルコムXの暗殺後、白人文化を拒絶。本名リロイ・ジョーンズから改名。

＊13　リロイ・ジョーンズ著、木島始／黄寅秀訳『根拠地』せりか書房、一九六八年。なお、この邦訳書はアミリ・バラカへの改名前の、リロイ・ジョーンズを著者名として刊行された。

＊14　エライジャ・ムハンマド統率下のネーション・オブ・イスラーム（ＮＯＩ）は、アメリカの黒人イスラーム教団で、黒人の自助と、アメリカにおける黒人の分離・独立を目指した。ＮＯＩは、一九七五年のムハンマド没後、息子のワリス・モハンマドにより継承され、一九八五年に解散された。他方継承者と袂を分かったルイス・ファラカーンは、エライジャ・ムハンマドの教えを受け継ぐべくＮＯＩの名称を復活させた組織を創始した。ここで言及されるネーション・オブ・イスラームはファラカーンの組織を指すと考えられる。なおエライジャムハンマド時代のＮＯＩは、「ブラック・ムスリムズ」としても知られていた。第三章の訳注8、訳注9も参照。

＊15　Richard Wright, 1908-60.　作家。一九三四年に共産党に入党。一九四〇年代初頭まで共産党員。アメリカの人種差別に失望して一九四七年に渡仏。パリにて病没。

＊16　リチャード・ライト著、斎藤忠利訳「長い黒い歌」『世界短篇文学全集14　アメリカ文学　20世紀』集英社、一九六四年。

＊17　歴史的に変容し、経済構造や階級的な抑圧とも関係をもちつつ、資本主義と一体化して作用する抑圧体制としての家父長制。

＊18　メルヴィン・ヴァン・ピーブルズ監督・主演による一九七一年の映画。黒人の悪漢が白人の権威から逃れるさまを描いた。

＊19　シャーリー・クラーク監督による一九六四年の映画。大物ギャングを夢見て悪事をはたらくハーレムのティーンエイジャーを描いた。素人の少年たちをハーレムでスカウトして起用したドキュメンタリー風の作品。

＊20　黒人作家アイスバーグ・スリム（本名ロバート・ベック〔1918-92〕）による自伝的小説 *Pimp: The Story of My Life* (1969)（アイスバーグ・スリム著、浅尾敦則訳『PIMP: The Story of My Life』アーティストハウス、二〇〇一年）を指すと思われる。ポン引きの世界で栄華を極める主人公を描いている。

＊21　E. U. Essien-Udom, 1928-.　ナイジェリア人政治学者。在米中に出版された *Black Nationalism* (1962)（『ブラック・ナショナリズム』）は、黒人イスラーム運動を同時代的にとらえた研究である。

＊22　マルコムX著、浜本武雄訳『マルコムX自伝』アップリンク発行、河出書房新社発売、一九九三年。

＊23　C・C・ハーントン著、横山一雄訳『傷だらけの黒人――アメリカの人種差別とセックス』芸文社、一九六八年。

## 第四章　人種差別とフェミニズム――責任の問題

＊1　ハムが父ノアの裸を見たため、ハムの息子カナンは呪われ、しもべのしもべとなって兄弟たちに仕えると予言された（旧約聖書創世記第九章）。

＊2　差別を受けてきた人種や民族、女性などの雇用や高等教育を積極的に推進する措置。一九六五年ジョンソン大統領による行政命令。

＊3　Albert Memmi, 1920-. チュニジア生まれで、母語はアラビア語、フランスで教育を受ける。一九五七年出版の *Portrait du colonisé*（アルベール・メンミ著、渡辺淳訳『植民地――その心理的風土』三一書房、一九五九年）で名を馳せた。

＊4　ラディカル・フェミニズムの主張者。ラディカル・フェミニズムはフェミニズムの一潮流で、性抑圧をすべての抑圧の根源と見なす。

＊5　Adrienne Rich, 1929-. ユダヤ系の詩人。一九六〇年代以降、女性解放運動に関わり、それが作品にも反映されている。

＊6 National American Woman Suffrage Association. 一八九〇年に成立した組織。母体となったのは、ともに一八六九年に設立された、National Woman Suffrage Association, NWSA（全国女性参政権協会）とAmerican Woman Suffrage Association, AWSA（アメリカ女性参政権協会）である。ＮＷＳＡは、エリザベス・ケイディ・スタントンとスーザン・Ｂ・アンソニーらによって設立された組織で、女性に参政権を与えないならば、人種を問わずすべての男性に参政権を認めた憲法修正第一五条を支持しない立場をとった。他方、ＡＷＳＡは、ルーシー・ストーンらによって設立され、憲法修正第一五条を支持した。ふたつの組織の設立は、女権拡張運動の分裂を意味したが、一八九〇年に両組織が合併する形で、全国アメリカ女性参政権協会が成立し、運動は再び統合された。

＊7 Susan B. Anthony, 1820-1906. 女性参政権運動、奴隷制即時廃止運動の活動家。十九世紀の女権拡張運動の中枢を担った。一八六九年にエリザベス・スタントンとともに全国女性参政権協会を設立した。一八九〇年に全国アメリカ女性参政権協会が成立すると、この組織の第二代会長として、また会長辞任（一九〇〇年）後も指導者として、活躍した。

＊8 Carrie Chapman Catt, 1859-1947. 全国アメリカ女性参政権協会会長（在職一九〇〇—〇四、一九一五—四七）。

＊9 Anna Howard Shaw, 1847-1919. 全国アメリカ女性参政権協会会長（在職一九〇四—一五）。

＊10 Lucy Stone, 1818-93. 女権拡張運動の先駆者。奴隷制即時廃止運動でも活動。一八六九年にアメリカ女性参政権協会の創設に携わった。

＊11　Josephine St. Pierre Ruffin, 1842-1924.　女権拡張活動家、ジャーナリスト、編集者。アメリカ初の、黒人女性による黒人女性のための新聞 *Women's Era*（『女性の時代』）の発刊、編集に携わった。

＊12　Henry Highland Garnet, 1815-82.　長老派の牧師、奴隷制即時廃止論者。

＊13　Betty Friedan, 1921-2006.　著述家、運動家。著書 *The Feminine Mystique* (1963)（ベティ・フリーダン著、三浦冨美子訳『新しい女性の創造』大和書房、一九六五年／一九七七年［増補版］／一九八六年［新装版］／二〇〇四年［改訂版］）は、アメリカの第二波フェミニズムの契機を作った。

＊14　Gunnar Myrdal, 1898-1987.　スウェーデンの経済学者。*An American Dilemma: The Negro Problem and Modern Democracy* (1944)（『アメリカのジレンマ』）の著者。

＊15　José Ortega y Gasset, 1883-1955.　スペインの哲学者。

＊16　Combahee River Collective.　ブラック・フェミニスト・レズビアンの組織。一九七四年から一九八〇年まで、ボストンを拠点に活動した。組織の名称は、南北戦争中に多数の奴隷の解放をもたらした北軍の襲撃地（サウスカロライナ州コムビー川）に由来する。

## 第五章　黒人女性とフェミニズム

＊1　一八三三年オハイオ州に創設されたリベラルアーツ（教養科目）の大学。男女共学、人種共学を早くから実施。

＊2 Lucretia Mott, 1793-1880. 奴隷制即時廃止論者、女権拡張論者。エリザベス・スタントンとともに、セネカフォールズで女性の権利大会（一八四八年）を開催。

＊3 Fannie Barrier Williams, 1855-1944. 北部生まれ。南北戦争後、解放黒人のための教師として南部に赴任。女権拡張運動家、教育者、女性クラブ員、ジャーナリストとしてさまざまな活動に従事した。

＊4 Victoria Earle Matthews, 1861-1907. 奴隷として生まれた。結婚後にジャーナリスト、ソーシャルワーカー、女性クラブ員としてさまざまな活動に従事した。

＊5 Frances Ellen Watkins Harper, 1825-1911. 活動家・詩人・小説家。著述や講演を通して女性と黒人全体の地位向上に努めた。

＊6 独立宣言では「人はみな平等につくられている」と謳いながら、憲法では自由人と奴隷とを差別した。

＊7 Alice Paul, 1885-1977. 女性参政権を憲法修正条項で定めるよう求めた、議会組合（後の全国女性党）の創設者。

＊8 C・V・ウッドワード著、清水博／長田豊臣／有賀貞訳『アメリカ人種差別の歴史』福村出版、一九七七年。

＊9 Amy Jacques Garvey, 1895-1973. マーカス・ガーヴィーの二度目の妻。ガーヴィーの死後も汎アフリカ運動、女権拡張運動に携わる。

＊10 Universal Negro Improvement Association. 一九一四年にマーカス・ガーヴィーが創設した組織。

*11　A. Philip Randolph, 1889-1979.　一九四一年にワシントン行進を提案し、一九六三年のワシントン行進をキングとともに指揮した。

*12　Roy Wilkins, 1901-81.　全国黒人地位向上協会で事務局長（在職一九五五―六四）および会長（在職一九六五―七七）として、市民権運動を指揮した。

*13　Rosa Parks, 1913-2005.　一九五五年、アラバマ州モンゴメリー市で黒人を差別するバスの乗車拒否運動を主導した。

*14　Daisy Bates, 1914-99.　一九五七年、アーカンソー州リトルロック市の高校における人種統合の試みに深く関与した。全国黒人地位向上協会アーカンソー支部長。

*15　Fannie Lou Hamer, 1917-1977.　ミシシッピ州の小作農であったが、学生非暴力調整委員会による有権者登録運動に触発され、一九六四年、ミシシッピ自由民主党を結成。

*16　Shirley Chisholm, 1924-2005.　黒人女性初の連邦下院議員（在職一九六九―八三）。

*17　Pauli Murray (Anna Pauline Murray), 1910-85.　法律家として、人種差別・性差別の解消に尽力した。後年監督教会初の黒人女性司祭となった。

# 監訳者あとがき

本書は、bell hooks, *Ain't I a Woman: Black Women and Feminism* (Cambridge: South End Press, 1981) の全訳である。著者ベル・フックスは、著述家、批評家、社会活動家、教育者として、多岐にわたる精力的な活動を現在も続行中である。

ベル・フックスは、本名をグロリア・ジーン・ワトキンズ（Gloria Jean Watkins）という。フックスのシンボルマークとも言える、小文字で始まる筆名（bell hooks）は、母方の曾祖母の名前と母親のミドルネームを意識してつけられたという。小文字で始まることには、著者の名前よりも本の内容が重要であるという、著者フックスの主張が込められている。

フックスは、一九五二年に南部ケンタッキー州ホプキンズヴィルで生まれている。フックスが子ども時代を過ごしたアメリカ合衆国南部は、当時、日常生活のあらゆる場面で黒人と白人を分離する州法、いわゆるジム・クロウ法に支配されていた。加えて、フックスは十代のときに、父親が夫婦げんかの際に母親を銃で脅す場面を目撃している。こうした背景は、高校卒業後南部を出てカリフォルニア州の大学で学びはじめたフックスが、人種差別と性差別について深く考え、本にまとめることにつながった。本書の謝辞によれば、フックスは、原著が刊行される八年前に、本書のための調査・研究を始めたという。本書の構想は、フックスが大学で学んでいたころに遡ることになる。

フックスは、一九七三年にスタンフォード大学で英語・英文学の学位を取得し、一九八三年に、カリフォルニア大学サンタクルス校から英語・英文学の博士号を授与されている。イェール大学、オベリン大学、ニューヨーク市立大学で教鞭を執った後、二〇〇四年以降は故郷ケンタッキー州に戻り、ベレア大学アパラチア地域研究センター特別教授として、構内に寄宿しながら教育と研究に携わっている。

著述家としてのフックスは、きわめて多作である。今日までに、すでに三〇冊以上の書籍を世に送り出している。著作の内容は多様で、ジェンダーや人種以外にも、教育、メディア、現代文化などをテーマにした本がある。一九九六年には自伝を出版しているし、子ども向けの著作もある。最近刊『帰属──場の文化』*Belonging: A Culture of Place*（New York: Routledge, 2009）では、人と場所との関係について、フックス自身が故郷ケンタッキーに帰着するまでの半生に照らして論じている。フックスの全著作のうち、すでに邦訳のあるものは三冊であり、本書は四冊目の邦訳版となる。

三〇冊を超える著作の一部をたどっただけでも、著述家としてフックスが扱うテーマが、刻々と移り変わってきた様子がわかる。それは、とりもなおさず、フックスの知的関心の幅広さを物語っている。そのため、現時点においてフックスをフェミニストとしてのみ語ることには、ベル・フックスという人物の全体像を正しく伝えられないかもしれないという危惧がつきまとう。とはいえ、フックスの著作には、テーマの如何を問わず、フェミニストとしての確たる視座が認められる。ベル・フックスを、第一義的にフェミニストと呼ぶことは誤りではない。

一九八一年に刊行された原著は、フックスによる最初の書籍である。ベル・フックスの名前を世に知らしめ、フェミニストとしてのフックスへの評価を不動のものにした本である。以下で詳述するように、フェミニズムにおける記念碑的な意味をもつ本でもある。本書においてフックスは、人種差別と性差別がアフリカ系アメリカ人（以下、「黒人」と記す）女性に与えてきた負の影響を告発して、それまで白人女性を偏重してきたフェミニズムに一石を投じたからである。

フェミニズムについては、さまざまな立場からすでに多くが語られており、ここであらためて詳述するつもりはない。しかし、本書と著者ベル・フックスをアメリカ史のなかに位置づけ、アメリカにおけるフェミニズム理論の発展史のなかでとらえることは、本書をより深く理解するための一助になる。それゆえ、ここでは、この目的のために概略を述べたい。

フェミニズムとは、女性の権利拡張あるいは女性解放の思想と、こうした思想に基づく運動の総称である。通常、近代（西洋）フェミニズムの潮流は、近代市民革命を源にして十九世紀から二十世紀初頭にかけて興った第一波フェミニズムと、一九六〇年代以降に台頭した第二波フェミニズムに区分される。

第一波フェミニズムでは、近代市民革命によって確立された「市民」に、女性を加えることが目的とされた。女性による（完全な）市民権の要求、と言い換えてもいい。アメリカ史に即して具体的に言えば、アメリカ独立革命を経て近代初の共和国として成立したアメリカ合衆国において、国家建設への参加資格をもつ真の意味での市民は、当初、成人男性に限られていた。そこで、成人女性の市民権を確立するために興ったのが、第一波フェミニズムである。第一波フェミニズムは、主として女性が国家建設に参加する権利、すなわち女性参政権の確立を目指す「女権拡張運動」として展開した。

建国当初のアメリカ合衆国において、選挙権をもつ「成人男性」とは、より厳密に言えば、自由身分で有産階級の成人男性のみであった。幾重もの限定のうち、まず「有産階級の」という限定は、一八三〇年代のいわゆるジャクソニアン・デモクラシー時代までには、ほぼ取り除かれた。第七代大統領アンドリュー・ジャクソン（在職一八二九—三七）にちなんで名付けられたこの時代までに、ほとんどの州で選挙権に財産資格や納税資格を課すことが廃止され、成人年齢（おおむね二十一歳）に達したすべての白人男性に選挙権が与えられるようになった。ただし、財産資格や納税資格の廃止と引き替える形で、選挙権を白人のみに限定する人種資格が新たに採用されることが多かった。また、アメリカ合衆国独立後に成立した州のほとんどは、当初から選挙権を白人男性のみに限定していた。ちなみにアメリカ合衆国で選挙資格を定めるのは、連邦政府ではなく州政府であるので、こうした資格の廃止や採用の時期は州によってまちまちであった。

ジャクソニアン・デモクラシー時代にはまた、選挙資格に残された「男性」という限定に挑む運動も始動した。女権拡張運動である。また奴隷制即時廃止運動（アボリショニズム）もこの時代に始まった。アメリカ合衆国では、すべての奴隷は黒人であった（ただし、すべての黒人が奴隷であったわけではない）から、奴隷制の即時廃止は、すべての黒人に自由身分を与え、ひいては完全な市民権を与える可能性を意味した。奴隷制即時廃止運動と女権拡張運動は、初期においては、互いに協力し合う関係にあった。

その後、奴隷制拡大の是非をめぐる対立が激化し、ついには奴隷制擁護の立場をとる南部一一州が連邦からの独立を宣言して南北戦争に至り、戦争の末に南部連合が敗北するという歴史的推移のなかで、奴隷制度が廃止された。南北戦争後、まず奴隷制廃止を定めた憲法修正第一三条が、次いで、解放奴隷を含めてアメリカ生まれのすべての人を市民と定めた憲法修正第一四条が制定された。憲法修正第一四条はまた、州による市民権侵害の禁止をも定めていた。そのなかには、黒人を含めた二十一歳以上の男性市民に投票権を与えない州に対する、下院議員数の削減という罰則が盛り込まれた。さらに、憲法修正第一五条では、アメリカ合衆国市民の投票権を、人種、肌の色、過去における隷属の有無により制限してはならないことが定められたが、禁止された制限のなかに性別は含まれなかった。

このように女性が選挙権を獲得できないまま、白人男性に加えて黒人男性に選挙権を与える道を拓いた連邦政府への対応をめぐり、女権拡張運動は分裂した。黒人男性に選挙権を与えることを容認したうえで、この権利を女性に拡張しようとした人々と、女性に選挙権を与えないかぎり、黒人男性の選挙権を支持しないと主張した人々との対立であった。このあたりの論争については、フックスも本書のなかで扱っている。(第四章訳注6も参照のこと)

二〇年ほどの間分裂状態にあった女権拡張運動は、一八九〇年の全国アメリカ女性参政権協会の結成を契機に、再び団結した。世紀転換期における革新主義と第一次世界大戦期を経て、一九二〇年に女性参政権を規定する憲法修正第一九条が批准された。こうして、第一波フェミニズムの目的は達成された。

しかしながら、女性が完全な市民権を獲得したことは、アメリカ社会における慣習やアメリカ人一般の意識から、性に基づく差別を完全に消去することには直結しなかった。女性参政権の実現後も、男女間における格差は強固に存続した。この事実が、第二波フェミニズム台頭の素地になった。アメリカ合衆国では、一九五〇年代後半から、既存の社会体制や社会意識の変革を求めるさまざまな運動が興ったが、第二波フェミニズムは、こうした現状変革運動の潮流のなかに位置づけられる。それは、社会的に構築された性別役割分担の廃絶や、性・生殖に関わる社会意識の変革を求めた女性解放運動として、一九六〇年代半ばに台頭した。一九六六年には、女性の完全な平等を求めて全米女性機構が結成され、アメリカ合衆国における女性解放運動の中心的な推力となった。

一九六〇年代半ば以降推し進められた女性解放運動は、一九八〇年ころから、その白人中心主義や中産階級中心主義が批判されるようになった。アメリカ合衆国で批判を先導したのは、黒人女性であった。アメリカの黒人女性によるフェミニズム批判に触発される形で、イギリスでも、旧植民地出身の非白人女性がこれに続いた。中産階級の白人女性が中枢を担う女性解放運動が、中産階級の白人女性の経験だけを「女性」の経験であると規定してきたことに対する異議申し立ては、一般にブラック・フェミニズムと呼ばれる。一九八一年に出版された本書は、その意味でブラック・フェミニズムの先駆けと位置づけられてきた。しかし、フックス自身は本書の第四章において、「ブラック・フェミニズム」をフェミニズムを分断する負の要因として定義している。フェミニズムはあくまでもすべての女性の団結を前提としており、白人のフェミニズムに黒人《ブラック》のフェミニズムを対置することはフェミニズムの実現に逆行するというフックスの主張を尊重すれば、ベル・フックスを「ブラック・フェミニスト」と呼ぶことはためらわれる。

「女性」という集団が一枚岩ではないというフックスなどのフェミニストによる主張は、一九八〇年代以降に展開される、より広い意味での多文化主義の先駆けでもある。以後のフェミニズムは、ジェンダーを単独で考えるのではなく、人種・民族・階級・世代・性的指向などほかのさまざまな要因との関係性のなかで、そこに見られる差異と多様性に留意しつつとらえる方向へと展開して、現在に至っている。今日では、「女性」が一枚岩でないことや、ジェンダーを人種や階級などとの関係性のなかでとらえる必要性は、フェミニズムの学識において自明の理であると言えよう。このような学識をもたらした転換点に、ベル・フックスによる本書の出版があった。

以上に鑑みれば、原著の刊行から三〇年近くが経過した今、邦訳版として本書を上梓することには、フェミニストとしてのフックスの今なお色あせない知見を日本の読者に紹介することはもとより、フェミニスト理論の発展史のなかでベル・フックスが果たした役割を裏づける歴史資料としての本書を、日本の読者に紹介するという意味もある。こう考えれば、本書に見られる学術的な弱点もまた、歴史の産物であると見なすことができる。たとえば、本書の第一章において、フックスは「アフリカの文化」や「アフリカの女性」についての大雑把な語りを展開する。アフリカやアフリカ文化をあたかも一枚岩であるかのように語ることは、西洋的なアカデミズムが陥りがちな弱点として、今日では十分に認識されている。しかし、こうした本質主義が広く是正されていくのは、フックスによる原著の刊行と前後して、多文化主義やポストコロニアル論が興隆して以降のことである。本書は、多文化主義やポストコロニアル論の思潮が形をなす以前の、むしろ、これらの思潮を形づけることに貢献した著作なのである。

本書の翻訳にあたっては、まず翻訳家の柳沢圭子氏が翻訳された原稿に、監訳者が加筆するという手順を踏んだ。柳沢氏の訳文はたいへん正確であったが、一般への啓蒙書として刊行された原著の性格を考慮して、邦訳もなるべくわかり易くすることに務めた。敢えて意訳をした箇所もあるし、固有名詞や専門用語にはできるだけ訳注を付すようにした。このようなプロセスをとっているので、翻訳上の責任はすべて監訳者に帰する。本書をお読みくださった方から、忌憚のないご意見をお聞かせいただければ幸いである。

フェミニズムに関する著作には、一般にあまり馴染みのない術語が含まれ、そのために読者にとって難しく感じられることも多い。監訳者はアメリカ史を専門とし、フェミニズムについては副次的に学んでいるにすぎないため、正直に言えば、いくつかの術語の邦語訳にはいくぶん違和感を覚えた。たとえばpatriarchyに対応する「家父長制」という邦語には、日本社会独自の用語法がつきまとい、なかなか馴染めなかった。おそらく同じ思いを抱く読者もいるのではないかと思う。しかしながら、フェミニズム理論の領域において、すでに定訳になっている訳語を用いないという選択はできなかった。こうした術語については、フェミニズムや女性学の事典を参照し、定訳を用いるようにした。

また、本文中で、フックスが他の著作から引用をしている部分については、引用源の邦訳書が刊行されている場合には、できる限りそれを利用させていただいた。ただし、本書で統一した術語の訳と既刊書の訳語が異なる場合や、フックスが引用文のなかの一部を省略して引用している場合など、既存の訳をそのまま使用することが難しい場合には、本書の訳者による訳文を用いることとした。

本書の翻訳作業をとおして、フェミニズムの用語に関しては城西国際大学国際人文学部の魚住明代氏から、アメリカ黒人史、とりわけ南部再建期に関しては東北大学大学院国際文化研究科の落合明子氏から、それぞれ多くの教えをいただいた。そのほか、津田塾大学学芸学部の髙橋裕子氏からも教えをいただいた。記して謝意をお伝えしたい。質問に対する的確な答えとともに、適切な参考書を即座に提示してくださる、すぐれた研究者を友人にもつことの幸せをあらためて感じている。明石書店編集部の山岡由美氏には、刊行に至るまでさまざまな形でのお世話をいただいた。てきぱきとした仕事ぶりに敬意を表し、この場を借りて御礼を申し上げたい。

二〇一〇年九月二七日

大類　久恵

## 参考書目録


American Anti-Slavery Society, *American Slavery As It Is: Testimony of a Thousand Witnesses*. New York, 1839.

Andreski, Iris, *Old Wive's Tales*. London: Routledge and Kegan Paul, 1970.

Aptheker, Herbert, *A Documentary History of the Negro People in the United States*. New York, 1951.

Babcox, Deborah and Madeline Belkin, *Liberation Now*. New York: Dell, 1971.

Bancroft, Frederic, *Slave Trading in the Old South*. Baltimore: J. H. First Company, 1931.

Baraka, Imamu Amiri, "Black Women," in *Black World*, 1970.

Barber, Benjamin, *Liberating Feminism*. New York: Delta, 1976.

Bennett, Lerone, *Before the Mayflower*. Baltimore: Penguin, 1966.

_____, *Pioneers in Protest*. Baltimore: Penguin, 1969.

Brenton, Myron, *The American Male*. New York: Coward-McCann, Inc., 1966.

Berg, Barbara, *The Remembered Gate: Origins of American Feminism*. New York: Oxford University Press, 1979.

Berlin, Ira, *Slaves Without Masters*. New York: Vintage Books, 1976.

Bernard, Jessie, *The Future of Marriage*. New York: Bantam, 1973.

_____, *Marriage and Family Among Negroes*. New Jersey: Prentice Hall, 1966.

Billington, Ray, ed., *Journal of Charlotte Forten*. New York: Collier, 1961.

Billingsley, Andrew, *Black Families in White America*. Englewood Cliffs, New Jersey: Prentice Hall, 1968.

Bird, Caroline, *Born Female*. New York: Pocket Books, 1968.

Bogin, Ruth and Bert Lowenberg, *Black Women in Nineteenth-Century American Life*. Pennsylvania: Pennsylvania State Univ. Press, 1976.

Botkin, B. A., *Lay My Burden Down*. Chicago: University of Chicago Press, 1945.

Brotz, Howard, ed., *Negro Social and Political Thought, 1850-1920*. New York: Basic Books, 1966.

Brownmiller, Susan, *Against Our Will*. New York: Simon and Schuster, 1975.〔S・ブラウンミラー著、幾島幸子訳『レイプ・踏みにじられた意思』勁草書房、二〇〇〇年（抄訳）〕

Cade, Toni, ed., *The Black Woman*. New York: Signet, 1970.

Carmichael, Stokely and Charles Hamilton, *Black Power*. New York: Vintage Books, 1967.

Cash, W. J. *The Mind of the South*. New York: Vintage, 1941.

Chafe, William, *Women and Equality*. New York: Oxford University Press, 1977.

Child, Lydia Maria, *Brief History of the Condition of Women*. New York: C. S. Francis and Co., 1854.

_____, *An Appeal in Favor of Americans Called Africans*, reprint. New York: Arno Press, 1968.

Chisholm, Shirley, "Racism and Anti-Feminism," in *The Black Scholar*, pp. 40-45, 1970.

Clarke, Jessie, *A New Day for the Colored Woman Worker*. New York, 1919.

Coles, Jane and Robert, *Women of Crisis*. New York: Dell, 1978.〔ロバート・コールズ、ジェーン・ハロウェル・コールズ著、水上峰雄／立原宏要訳『アメリカ女性の仕事と夢』朝日新聞社、一九八三年〕

Cooper, Anna Julia, *A Voice from the South*. Xenia, Ohio, 1892.

Cott, Nancy, *The Bonds of Womanhood*. New Haven: Yale University Press, 1977.

Cudlipp, Edythe, *Understanding Women's Liberation*. New York: Paperback Library, 1971.

Day, Caroline Bond, *A Study of Some Negro-White Families in the U.S.* Connecticut: Negro University Press, 1970.

Daly, Mary, *Gyn/Ecology*. Boston: Beacon Press, 1978.

Davis, Angela, *An Autobiography*. New York: Random House, 1974.〔アンジェラ・デービス著、加地永都子訳『アン

ジェラ・デービス自伝』現代評論社、一九七七年〕

_____, "Reflections on the Black Woman's Role in the Community of Slaves," in *The Black Scholar*, Vol. 3, Number 4, December 1971.

Deckard, Barbara, *The Women's Movement*. New York: Harper and Row, 1975.

Diner, Helen, *Mothers and Amazons*. New York: Anchor Press, 1973.

Doherty, Joseph, *Moral Problems of Interracial Marriage*. Washington: Catholic University of America Press, 1949.

Dougherty, Molly, *Becoming a Woman in Rural Black Culture*. New York: Holt, Rinehart, and Winston, 1978.

Douglass, Frederick, *Narrative of the Life of Frederick Douglass*. Edited by Benjamin Quarles. Cambridge, Mass.: Belknap Press, 1969.〔フレデリック・ダグラス著、刈田元司訳「ある黒人奴隷の半生」『世界ノンフィクション全集39』、筑摩書房、一九六三年／フレデリック・ダグラス著、岡田誠一訳『数奇なる奴隷の半生――フレデリック・ダグラス自伝』法政大学出版局、一九九三年〕

Douglas, Mary, *Purity and Danger*. New York: Praeger, 1966.〔メアリ・ダグラス著、塚本利明訳『汚穢と禁忌』思潮社、一九七二年／一九八五年（一九七二年刊の修正再刊）／一九九五年（新装版）〕

Draper, Theodore, *The Rediscovery of Black Nationalism*. New York: Viking Press, 1969.

Drimmer, Melvin, *Black History*. New York: Doubleday, 1968.

Duniway, Abigail Scott, *Path Breaking*. New York: Schocken Books, 1971.

Eastman, Crystal, *On Women and Revolution*. Edited by Blanche Cook. New York: Oxford University Press, 1978.

Eisenstein, Zillah, ed., *Capitalist Patriarchy and the Case for Socialist Feminism*. New York: Monthly Review Press, 1979.

Elkins, Stanley, *Slavery*. New York: Universal Library, 1963.

Fasteau, Marc, *The Male Machine*. New York: Delta, 1975.

Feldstein, Stanley, *Once a Slave*. New York: William Morrow and Company, 1971.

Figes, Eva, *Patriarchal Attitudes*. Greenwich, Conn.: Fawcett Press, 1970.

Firestone, Shulamith, *The Dialectic of Sex*. New York: Bantam, 1970.〔S・ファイアストーン著、林弘子訳『性の弁証法――女性解放革命の場合』評論社、一九七二年〕

Flexner, Eleanor, *Century of Struggle*. New York: Atheneum, 1970.

_____, *Mary Wollstonecraft*. Maryland: Penguin, 1972.

Frazier, E. Franklin, *Black Bourgeoisie*. New York: Collier, 1962.〔E・F・フレイジァ著、太田憲男訳『ブラック・ブルジョアジー――新興中産階級の勃興』未来社、一九七七年〕

Freeman, Jo, *The Politics of Women's Liberation*. New York: David McKay Co., 1975.〔ジョー・フリーマン著、奥田暁子／鈴木みどり訳『女性解放の政治学』未来社、一九七八年〕

Genovese, Eugene, *Roll, Jordan, Roll*. New York: Vintage Press, 1976.

_____, *The World the Slaveholders Made*. New York: Vintage Press, 1977.

Ginzberg, Eli, *Educated American Women*. New York: Columbia University Press, 1966.〔エライ・ギンズバーグ編、松浦千誉／鈴木千寿訳『女性はいかに未来を拓くか』春秋社、一九七〇年〕

Gordon, Albert, *Intermarriage: Interfaith, Interracial, Interethnic*. Boston: Beacon Press, 1964.

Gornick, Vivian and Barbara Moran, *Women in Sexist Society*. New York: Basic Books, 1971.

Greer, Germaine, *The Female Eunuch*. New York: Bantam Books, 1971.〔ジャーメン・グリア著、日向あき子／戸田奈津子訳『去勢された女』ダイヤモンド社、一九七六年〕

Grier, William and Price Cobbs, *Black Rage*. New York: Bantam Books, 1968.〔W・H・グリアー／P・M・コッブズ共著、太田憲男訳『黒い怒り』未来社、一九七三年〕

_____, *The Jesus Bag*. New York: Bantam Books, 1971.

Griffiths, Mattie, *Autobiography of a Female Slave*. New York: Redfield, 1857.

Gutman, Herbert, *The Black Family in Slavery and Freedom*. New York: Vintage Books, 1977.

Hafkin, Nancy and Edna Bay, *Women in Africa*. Palo Alto, Calif.: Stanford University Press, 1976.

Halsell, Grace, *Black-White Sex*. Connecticut: Fawcett, 1972.〔グレース・ハルセル著、北詰洋一訳『黒い性・白い性——人種差別の根底をさぐる』サイマル出版会、一九七四年〕

_____, *Soul Sister*. Connecticut: Fawcett, 1969.〔グレース・ハルセル著、北詰洋一訳『黒い肌は知った』サンケイ新聞社出版局、一九七〇年〕

Hansberry, Lorraine, *To Be Young, Gifted and Black*. New York: Signet Books, 1970.

Harley, Sharon and Rosalyn Terborg-Penn, *The Afro-American Woman*. New York: Kennikat Press, 1978.

Hernton, Calvin, *Sex and Racism in America*. New York: Grove, 1965.〔C・C・ハーントン著、横山一雄訳『傷だらけの黒人——アメリカの人種差別とセックス』芸文社、一九六八年〕

Isaacs, Harold, *The New World of Negro Americans*. New York: Viking Press, 1963.

Janeway, Elizabeth, *Man's World, Woman's Place*. New York: Delta, 1971.

Jones, Leroi, *Home*. New York: William Morrow, 1966.〔リロイ・ジョーンズ著、木島始／黄寅秀訳『根拠地』せりか書房、一九六八年〕

_____, *Raise, Race, Rays, Raze*. New York: Vintage Press, 1972.

Kemble, Frances, *Journal of Residence on a Georgian Plantation in 1783-1839*. Edited by John Scott. New York: Signet Books, 1975.

Koedt, Anne, ed., *Radical Feminism*. New York: Quadrangle Books, 1973.

Kraditor, Aileen, ed., *Up From the Pedestal*. Chicago: Quadrangle, 1968.

Ladner, Joyce, *Tomorrow's Tomorrow*. New York: Anchor Books, 1972.

Lerner, Gerda, *Black Women in White America*. New York: Vintage Press, 1973.

Lincoln, C. Eric, *The Black Muslims in America*. Boston: Beacon Press, 1961.

Logan, Rayford, *The Betrayal of the Negro*. New York: Collier, 1954.

Meltzer, Milton, *Slavery from the Rise of Western Civilization to Today*. New York: Dell, 1971.

Millett, Kate, *Sexual Politics*. New York: Avon, 1971.〔ケイト・ミレット著、藤枝澪子（ほか）訳『性の政治学』自由国民社、一九七三年／ドメス出版、一九八五年〕
Milner, Christina and Richard Milner, *Black Players*. Boston: Little, Brown and Co., 1972.
Morgan, Robin, ed., *Sisterhood Is Powerful*. New York: Vintage Press, 1970.
Myrdal, Gunnar, *An American Dilemma*. New York: Harper and Brothers, 1944.
Nichols, Charles, *Black Men in Chains*. New York: Lawrence Hill, 1972.
Paulme, Denise, ed., *Women of Tropical Africa*. Berkeley: University of California Press, 1963.
Quarles, Benjamin, *The Negro in the Making of America*. New York: Collier, 1964.〔ベンジャミン・クォールズ著、明石紀雄／岩本裕子／落合明子訳『アメリカ黒人の歴史』明石書店、一九九四年〕
Reid, Inez, *"Together" Black Women*. New York: Third Press, 1975.
Reiter, Rayna, ed., *Toward an Anthropology of Women*. New York: Monthly Review Press, 1975.
Riegel, Robert, *American Feminists*. Kansas: University of Kansas Press, 1963.
Rogers, Katharine, *The Troublesome Helpmate*. Seattle: University of Washington Press, 1966.
Scott, Anne, *The Southern Lady, From Pedestal to Politics, 1830-1930*. Chicago: University of Chicago Press.
Seifer, Nancy, ed., *Nobody Speaks For Me*. New York: Simon and Schuster, 1976.
Sinclair, Andrew, *The Emancipation of the American Woman*. New York: Harper-Colophon, 1965.
Silberman, Charles, *Crisis in Black and White*. New York: Vintage Press, 1964.
Smith, Page, *Daughters of the Promised Land*. Boston: Little, Brown and Co., 1970.〔ペイジ・スミス著、東浦めい訳『アメリカ史のなかの女性』研究社出版、一九七七年〕
Smuts, Robert, *Women and Work in America*. New York: Schocken Books, 1971.
Snodgrass, Jon, ed., *For Men Against Sexism*. Albion, Calif.: Times Change Press, 1977.
Sochen, June, *Herstory*. New York: Alfred Publishing Co., 1974.

———, *The New Woman: Feminism in Greenwich Village, 1910-1920*. New York: Quadrangle Books, 1972.
Spears, John, *American Slave Trade*. New York: Kennikat Press. First printed in 1900.
Spruill, Julia, *Women's Life and Work in the Southern Colonies*. New York: W. W. Norton, 1972.
Stambler, Sookie, ed., *Women's Liberation: Blueprint for the Future*. New York: Ace Books, 1970.〔スーキー・スタンブラー編、ケート・ミレット（ほか）著、高野フミ（ほか）訳『ウーマン・リブ――女性は何を考え、何を求めるか?』早川書房、一九七一年〕
Stampp, Kenneth, *The Peculiar Institution*. New York: Vintage Press, 1956.〔ケネス・M・スタンプ著、疋田三良訳『アメリカ南部の奴隷制』彩流社、一九八八年〕
Staples, Robert, *The Black Woman in America*. Chicago: Nelson Hill, 1973.
Tanner, Leslie, ed., *Voices From Women's Liberation*. New York: Mentor, 1970.
Thompson, Mary, ed., *Voices of the New Feminism*. Boston: Beacon Press, 1970.
Vilar, Esther, *The Manipulated Man*. New York: Farrar, Strauss, and Giroux, 1972.
Wallace, Michele, *Black Macho and the Myth of the Super Woman*. New York: Dial Press, 1978.〔ミシェル・ウォレス著、矢島翠訳『強き性、お前の名は』朝日新聞社、一九八二年〕
Ware, Cellestine, *Woman Power*. New York: Tower Publications, 1970.
Washington, Joseph, *Marriage in Black and White*. Boston: Beacon Press, 1970.
Williams, Eric, *Capitalism and Slavery*. New York: Capricorn, 1966.〔E・ウィリアムズ著、中山毅訳『資本主義と奴隷制――ニグロ史とイギリス経済史』理論社、一九六八年／一九七八年（新装版）／エリック・ウィリアムズ著、山本伸監訳『資本主義と奴隷制――経済史から見た黒人奴隷制の発生と崩壊』明石書店、二〇〇四年〕
Woodward, C. Vann, *The Strange Career of Jim Crow*. New York: Oxford University Press, 1957.〔C・V・ウッドワード著、清水博／長田豊臣／有賀貞訳『アメリカ人種差別の歴史』福村出版、一九七七年／一九九八年（新装版）〕

## ラ

## サ

# 事項索引

◆記述のなかに見出し語そのものがなくても、内容がその語を説明している場合もある。
◆ページ番号の隣にある†は「監訳者あとがき」に掲載されている言葉であることを示す。

45, 50, 61
ブレントン，マイロン　Brenton, Myron　148-149
ポール，アリス　Paul, Alice　268
ボールデン，ドロシー　Bolden, Dorothy　232

## マ

マシューズ，ヴィクトリア・アール　Matthews, Victoria Earle　258
マリー，ポーリ　Murray, Pauli　230, 292
マルコムX　Malcolm X　150, 155, 173, 175-176
ミレット，ケイト　Millett, Kate　27
ムハンマド，エライジャ　Muhammad, Elijah　150, 178
メンミ，アルベール　Memmi, Albert　192
モイニハン，ダニエル　Moynihan, Daniel　164, 166-167, 280-282
モット，ルクレシア　Mott, Lucretia　253

## ラ

ラーナー，ガーダ　Lerner, Gerda　25, 99
ライト，リチャード　Wright, Richard　160-161
ラドナー，ジョイス　Ladner, Joyce　26, 290-291
ラフィン，ジョセフィン・セントピエール　Ruffin, Josephine St. Pierre　204-206, 254-255
リッチ，アドリエンヌ　Rich, Adrienne　193-194, 197
レモンド，チャールズ　Remond, Charles　144
ローガン，レイフォード　Logan, Rayford　203-204
ロード，オードリー　Lorde, Audre　26, 171
ロジャーズ，キャサリン　Rogers, Katharine　54

## ワ

ワシントン，ジョゼフ，ジュニア　Washington, Joseph, Jr.　102, 108-109
ワシントン，ブッカー・T．Washington, Booker T.　144

スコット，アン　Scott, Anne　77, 82
スタイネム，グロリア　Steinem, Gloria　26-27
スタントン，エリザベス・ケイディ　Stanton, Elizabeth Cady　14, 199, 253, 266
ステイプルズ，ロバート　Staples, Robert　60
スティンプソン，キャサリン　Stimpson, Catharine　219-220, 224-226
ストーン，ルーシー　Stone, Lucy　202, 253
ストルテンバーグ，ジョン　Stoltenberg, John　158-159
スプルイル，ジュリア・チェリー　Spruill, Julia Cherry　216-217
スマッツ，ロバート　Smuts, Robert　127-128, 208
スミス，アマンダ・ベリー　Smith, Amanda Berry　14, 33
スミス，バーバラ　Smith, Barbara　26
スミス，ペイジ　Smith, Page　51-52, 56
ソチェン，ジューン　Sochen, June　250-251, 267

## タ

ダイナー，ヘレン　Diner, Helen　120-122, 132
ダグラス，フレデリック　Douglass, Frederick　58, 143-144, 201, 206
チザム，シャーリー　Chisholm, Shirley　292
チャイルド，リディア・マリア　Child, Lydia Maria　47
ディレーニー，マーティン　Delany, Martin　142, 144
デーヴィス，アンジェラ　Davis, Angela　48, 118, 285-286
デッカード，バーバラ　Deckard, Barbara　250, 273
テリル，メアリ・チャーチ　Terrell, Mary Church　14, 144, 204, 251-253, 263-264
テルボーグ-ペン，ロザリン　Terborg-Penn, Rosalyn　201-202, 206
トゥルース，ソジャーナ　Truth, Sojourner　14-15, 141-142, 203, 247-249

## ハ

バーグ，バーバラ　Berg, Barbara　21, 216, 250, 302-303
ハーパー，フランシス・エレン・ワトキンズ　Harper, Frances Ellen Watkins　262, 264
バーバー，ベンジャミン　Barber, Benjamin　228
ハーントン，カルヴィン　Hernton, Calvin　180-181
ハッカー，ヘレン　Hacker, Helen　218-220
バラカ，アミリ　Baraka, Amiri　150, 152-154, 169, 171
ハンズベリー，ロレイン　Hansberry, Lorraine　98-99, 278, 280
フィリップス，ウェンデル　Phillips, Wendell　14
フォートゥン，ジェームズ　Forten, James　144, 206
ブラウンミラー，スーザン　Brownmiller, Susan　86-89, 99
ブラックウェル，アリス・ストーン　Blackwell, Alice Stone　201-202
フリーダン，ベティ　Friedan, Betty　216, 230
フリーマン，ジョー　Freeman, Jo　231
フレクスナー，エレノア　Flexner, Eleanor　250
ブレント，リンダ　Brent, Linda　44-

# 人名索引

◆原則として姓のカタカナ表記の50音順に並べた。姓が同じ場合は名の50音順としている。
◆カタカナ表記の隣に原綴を付した。

## ア

アイゼンステイン，ジーラー　Eisenstein, Zillah　216
アンソニー，スーザン・B．　Anthony, Susan B.　201-202, 265
ウィリアムズ，ファニー・バリアー　Williams, Fannie Barrier　256
ウェア，セレスティン　Ware, Cellestine　26, 292
ウェルズ，アイダ・B．　Wells, Ida B.　144
ウォーカー，アリス　Walker, Alice　26
ウォレス，ミシェル　Wallace, Michele　26-27, 156, 284, 286-287
ウッドワード，C・ヴァン　Woodward, C. Vann　269
エシエン-ウドム，E・U．　Essien-Udom, E. U.　175, 177
オルテガ・イ・ガセット，ホセ　Ortega y Gasset, José　222

## カ

ガーヴィー，エイミー・ジェイクス　Garvey, Amy Jacques　271
ガーヴィー，マーカス　Garvey, Marcus　150, 271
ガーネット，ヘンリー　Garnet, Henry　206
ガットマン，ハーバート　Gutman, Herbert　134-135
キャット，キャリー・C．　Catt, Carrie C.　201, 265
キング，マーティン・ルーサー，二世　King, Martin Luther, Jr.　150, 275
クーパー，アンナ・ジュリア　Cooper, Anna Julia　12, 14, 258-261, 301-302
グリーリー，ホレス　Greeley, Horace　14
グリムケ，アンジェリーナ　Grimké, Angelina　49-51
グリムケ，サラ　Grimké, Sarah　49-51
クレイ，ローラ　Clay, Laura　202, 265
ケイド，トニ　Cade, Toni　17, 24
ケリー，アビー　Kelley, Abby　198-199
ケンブル，フランシス　Kemble, Frances　73-74, 77
コヴェル，ジョエル　Kovel, Joel　155
ゴードン，ケイト・N．　Gordon, Kate N.　201, 265
コット，ナンシー　Cott, Nancy　80

## サ

ジェノヴィージー，ユージーン　Genovese, Eugene　62, 78, 103
シャイン，レナード　Schein, Leonard　161, 163, 172
ショー，アナ・ハワード　Shaw, Anna Howard　201, 265
シンクレア，アンドリュー　Sinclair, Andrew　53, 265

［著者紹介］

## ベル・フックス

（bell hooks 1952－2021）

著述家・文化批評家・社会活動家・教育者。本名はグロリア・ジーン・ワトキンズ。1952年ケンタッキー州生まれ。ジム・クロウ制度下の南部ケンタッキー州で、人種別学の学校に通う。スタンフォード大学で学士号、カリフォルニア大学で博士号を取得した後、イェール大学などいくつかの大学で教鞭を執るかたわら、著述活動にいそしむ。生涯を通じて30冊以上の書籍と数多くの論文・評論を著した。2004年に故郷ケンタッキー州に戻り、以後同州にあるベレア大学特別教授として学生の指導にあたる。2010年には学内にベル・フックスセンターを設立。同センターは、学内外の人種・性的少数派の活動や教育を支援する組織としての活動を継続している。2014年には同大学にベル・フックス研究所を設立し、ここに著作物を寄贈した。2018年には、永年にわたる著述活動が顕彰され、カーネギー・センターが推薦するケンタッキー州著述家殿堂に加わった。2020年にはタイム誌の企画による「100年間の今年の女性」のひとりとして、1984年の「今年の女性」に選抜された。同誌は、フックスを「公衆の知識人」と評したが、「インターセクショナリティ」という術語が人口に膾炙する以前から、この概念をわかり易いことばで著してきた功績は大きい。2021年病没。「監訳者あとがき」も参照のこと。

［監訳者紹介］

## 大類 久恵

（おおるい ひさえ）

津田塾大学学芸学部英文学科卒業。カンザス大学大学院アメリカ研究科修士課程修了。筑波大学大学院歴史・人類学研究科博士課程中退。現在、津田塾大学学芸学部英語英文学科教授。専攻はアメリカ合衆国史、アメリカ地域研究。主要業績としては、『新時代アメリカ社会を知るための60章』（共編著・明石書店・2013年）、『アメリカの奴隷制と黒人』（共訳書・明石書店・2007年）、『アメリカの中のイスラーム』（単著・子どもの未来社・2006年）、『20世紀のアメリカ黒人指導者』（共訳書・明石書店・2005年）。

［訳者紹介］

## 柳沢 圭子

（やなぎさわ けいこ）

上智大学外国語学部英語学科卒業。訳書に『シュリンクス』（金剛出版・2018年）、『恥の烙印』（金剛出版・2017年）、『統合失調症と家族』（金剛出版・2010年）、『ろう文化の歴史と展望』（共訳・明石書店・2007年）、『自殺で遺された人たち（サバイバー）のサポートガイド』（明石書店・2007年）など。

**世界人権問題叢書73**

**アメリカ黒人女性とフェミニズム**
ベル・フックスの「私は女ではないの？」

---

2010年10月25日　初版第1刷発行
2024年8月30日　初版第3刷発行

著　者　ベル・フックス
監訳者　大類久恵
訳　者　柳沢圭子
発行者　大江道雅
発行所　株式会社 明石書店
〒101-0021 東京都千代田区外神田6-9-5
電　話　03 (5818) 1171
ＦＡＸ　03 (5818) 1174
振　替　00100-7-24505
https://www.akashi.co.jp/

装丁　明石書店デザイン室
印刷　モリモト印刷株式会社
製本　モリモト印刷株式会社

---

Printed in Japan
ISBN 978-4-7503-3285-7
本書の無断複写（コピー）は著作権法上での例外を除き、禁じられています。
定価はカバーに表示してあります。
落丁本・乱丁本はお取り替えいたします。

# 世界を動かす変革の力

## ブラック・ライブズ・マター共同代表からのメッセージ

アリシア・ガーザ［著］
人権学習コレクティブ［監訳］

◎四六判／並製／360頁　◎2,200円

全米そして全世界を動かすブラック・ライブズ・マター運動共同創始者による初の著書。自らの生い立ちから発し、従来の黒人解放運動とは異なる、新たな時代の幅広い協働が必要という社会運動論を語りおこす。世界的に社会の分断が深まる中、必読の書。

**《内容構成》**

監訳者はしがき
序章

**第1部　私たちはどこから来たのか**

第1章　私の生い立ち
第2章　私の世代

**第2部　新しい世代の出現**

第3章　活動家の道へ
第4章　はじめての闘い
第5章　闘うために団結する
第6章　ブラック・ライブズ・マターの誕生
第7章　蜂起と抵抗

**第3部　次の運動に向けて**

第8章　運動の意味
第9章　団結と連帯
第10章　新しい運動、新しいリーダーシップ
第11章　投票という運動
第12章　アイデンティティ政治の力
第13章　インポスター症候群と家父長制
第14章　拠点無くして運動なし
第15章　政治教育と常識
第16章　あえて複雑さを抱え込む
第17章　肩書きや地位や名声
第18章　「力(パワー)」がすべてだ

エピローグ　自分のケアを忘れずに

〈価格は本体価格です〉

# 女性の世界地図

## 女たちの経験・現在地・これから

ジョニー・シーガー［著］
中澤高志、大城直樹、荒又美陽、
中川秀一、三浦尚子［訳］

◎B5判変型／並製／216頁　◎3,200円

世界の女性はどこでどのように活躍し、抑圧され、差別され、生活しているのか。グローバル化、インターネットの発達等の現代的テーマも盛り込み、ますます洗練されたカラフルな地図とインフォグラフィックによって視覚的にあぶり出す。好評既刊『地図でみる世界の女性』の改訂版。オールカラー。

《内容構成》

### 世界の女性たち
差別の終結（CEDAW）／差別を測る／ジェンダー・ギャップ／平均寿命／レズビアンの権利／二分論を超えて／結婚と離婚／児童婚／世帯／難民／危険地帯／平和をもたらす女性たち／#フェミニズム

### 女は女の場所に置いておく
さまざまな箱の王国／合法的な束縛／「名誉」殺人／DV／レイプ犯と結婚させる法律／レイプ／殺害される女性／持参金殺人／原理主義者が女性に襲いかかる

### 出産にまつわる権利
出産／避妊／妊産婦死亡率／中絶／男児選好

### 身体のポリティクス
スポーツ／美／美容整形／女性器切除／セックス・ツーリズム／買売春／人身売買／ポルノグラフィー

### 健康・衛生
乳がん／HIV／結核／マラリア／飲料水／トイレに関する活動／公害惑星

### 仕事
有償・無償の仕事／分断された労働力／世界の組立工場／収入の格差／失業／児童労働／水のために歩く／農業と漁業／仕事のための移民

### 教育とつながり
就学年数／学歴が積めない／学位への前進／識字率／コンピューター／インターネットとソーシャルメディア／オンラインハラスメント／世界がつながっているという神話

### 財産と貧困
土地の所有／住宅の所有／毎日の貧困／極限の貧困／富と資産の格差／頂点の男性／銀行口座が持てない

### 権力
女性の選挙権／政治における女性／軍隊／国連／いろんなフェミニズム

〈価格は本体価格です〉

**ホワイト・フラジリティ** 私たちはなぜレイシズムに向き合えないのか？
ロビン・ディアンジェロ著　貴堂嘉之監訳　上田勢子訳　◎2500円

**ナイス・レイシズム** なぜリベラルなあなたが差別するのか？
ロビン・ディアンジェロ著　甘糟智子訳　出口真紀子解説　◎2500円

**抑圧のアルゴリズム** 検索エンジンは人種主義をいかに強化するか
サフィヤ・U・ノーブル著　大久保彩訳　前田春香、佐倉統解説　◎2800円

**無意識のバイアス** 人はなぜ人種差別をするのか
ジェニファー・エバーハート著　山岡希美訳　高史明解説　◎2600円

**日常生活に埋め込まれたマイクロアグレッション**
人種、ジェンダー、性的指向：マイノリティに向けられる無意識の差別
デラルド・ウィン・スー著　マイクロアグレッション研究会訳　◎3500円

**フェミニズムズ** グローバル・ヒストリー
ルーシー・デラップ著　幾島幸子訳
井野瀬久美惠解題　田中雅子翻訳協力　◎3500円

**ホワイト・フェミニズムを解体する**
インターセクショナル・フェミニズムによる対抗史
カイラ・シュラー著　飯野由里子監訳　川副智子訳　◎3000円

**それ、フェミニズムに聞いてみない？**
日々のもやもやを一緒に考えるフェミニスト・ガイド
タビ・ジャクソン・ジー、フレイヤ・ローズ著　惠愛由訳　◎2200円

**ジェット・セックス** スチュワーデスの歴史とアメリカ的「女性らしさ」の形成
ヴィクトリア・ヴァントック著　浜本隆三、藤原崇訳　◎3200円

**ハロー・ガールズ** アメリカ初の女性兵士となった電話交換手たち
エリザベス・コッブス著　石井香江監修　綿谷志穂訳　◎3800円

**ウイスキー・ウーマン** バーボン、スコッチ、アイリッシュ・ウイスキーと女性たちの知られざる歴史
フレッド・ミニック著　浜本隆三、藤原崇訳　◎2700円

**黒人と白人の世界史** 「人種」はいかにつくられてきたか
世界人権問題叢書 104　オレリア・ミシェル著
児玉しおり訳　中村隆之解説　◎2700円

**アメリカの奴隷解放と黒人** 百年越しの闘争史
世界人権問題叢書 107　アイラ・バーリン著
落合明子、白川恵子訳　◎3500円

**黒人法典** フランス黒人奴隷制の法的虚無
世界人権問題叢書 119　ルイ・サラ＝モランス著
中村隆之、森元庸介訳　◎3800円

**ダーク・マターズ** 監視による黒人差別の歴史とテクノロジー
シモーヌ・ブラウン著　野中香方子訳　◎3500円

**ブラック・ブリティッシュ・カルチャー**
英国に挑んだ黒人表現者たちの声
臼井雅美著　◎3600円

〈価格は本体価格です〉